日本語教育学の新潮流 19

日本語教師の成長
ライフストーリーからみる教育実践の立場の変化

飯野令子

Japanese language teacher development:
Examining changes in educational perspectives through life stories

First published 2017
Printed in Japan

All rights reserved
©Reiko Iino, 2017

Coco Publishing Co., Ltd.

ISBN 978-4-904595-95-4

はじめに

　本書は、日本語教師のライフストーリーから、従来とは異なる日本語教師の成長観を提示しようとするものである。日本語教師は、日本語を母語としない人に日本語を教えるという職務や、多くの教師が専任教員ではないという労働環境から、日常的に複数の教育機関を移動したり、一定期間ごとに職場を変えたり、世界中に広がる日本語学習者のもとへ国境を越えて移動したりしている。また、日本語教師が教える対象とするのは、幼い子どもから、自分の親や祖父母の世代まで、非常に幅広く、学習の目的も実に多様である。日本語教師は移動するたびに、いわゆる学校教員は体験しないような、きわめて大きな変化に直面する。私もそのような移動と変化を体験してきた日本語教師の一人である。

　私が最初に日本語教師の職を得たのは、東京の日本語学校であった。その学校には、韓国、台湾、香港出身の若い学習者が多かった。みな日本の大学や専門学校への進学を目指していた。多くの日本語学校がそうであるように、授業は、構造シラバスの教科書に沿って、日本語のみを使用し、絵カードや実物などさまざまな道具を用いて、導入、ドリル練習、応用練習をさせるものであった。

　その後、アジアの大学へ赴任し、日本語専攻の学生に日本語を教えた。現地人教師は、現地語を使って文法を説明し、学生たちは教科書を丸暗記する学習方法であった。それでも、学生たちは日本語を聞いたり話したりすることができた。私は日本語のネイティブ教員として、学生に生の日本語を聞かせたり、実際の場面で日本語を使わせたりすることが主な役目であった。多くの学生たちは、日系企業に入ること、通訳になることを目指していた。

　ここまでは、20歳前後の若者が将来、よりよい職を得るための進学、

就職のための日本語教育に関わっていた。ところが、次に赴任したのは同じ国でも、小学校、中学校で日本語教育が行われている地域であった。その日本語教育は、大人が自分の意思で、将来のために学ぶ日本語とは目的が全く異なっていた。日本語を教える現地人教員も、大学教員のような日本への留学経験のある研究者ではなく、子どもたちの全人的な成長を担う、学校の先生であった。特に小学校では、ほとんど日本語を話すことができないような先生が多くいた。しかし、子どもたちが興味を持って簡単な日本語を学べる、魅力的な授業をする先生が何人もいた。私は、それまでかかわってきた日本語教育との違いに大きな戸惑いを感じた。文型・文法や機能など、日本語という言語そのものを中心に学んでいくことに、あまり意味がないことを感じ、大人の日本語教育と子どもの日本語教育の違いを意識するようになった。子どもの日本語教育、子どもに日本語を教える非母語話者日本語教師に対する日本語教育がどうあるべきか、という問題意識を持って大学院に進んだ。

　大学院博士後期課程在学中に、欧州へ赴任することになった。欧州ではまた、それまでに経験したことのない日本語教育に出会った。それは、大人の学習者であっても、日本語を進学や就職のための手段にしたり、実際に使用するために学んでいるのではなく、日本という国や日本語そのものへの興味、関心から、趣味や教養、生涯学習として学ぶというものであった。実際、長く学んでいても決して上達しているようには見えない年配の学習者が、毎週、日本語クラスに楽しそうに通ってくる様子を目の当たりにした。それまで私は、大人が日本語を学ぶのは実利のため、子どもの日本語教育は全人的な成長のため、という大まかなくくりで捉えていたところがあった。ところが大人でも、実利を求めない日本語学習があることを知った。

　このような移動の過程で、日本語教師に対する見方も変わっていった。私は欧州へ赴任する前までは、日本語母語話者教師であれば多かれ少なかれ、私が受講したのと同じような内容の日本語教師養成講座を受講したり、日本語教育能力検定試験を受けたりしていて、日本の日本語学校で行われているような授業ができると思っていた。ところが、私が赴任した国では、母語話者日本語教師でも、私と同じような養成歴や教授歴を持つ教師はほとんどいなかった。私が教えられ、疑っていなかっ

た日本語教育の常識に対して、素朴な感覚で反論されることが何度もあった。そのたびに、なぜ自分がそうしてきたのか、改めて自分なりに答えを見つける必要があった。中には、単にそう学んだだけで、自分で考えたことがなかったもの、必ずしもそうする必要はないと思えることもあった。

　博士後期課程への進学時から、日本語教師の成長を研究テーマとしていたものの、成長をどう捉えるかは大きな課題であった。欧州で、同じ日本語教師でも、一人ひとりの経験が大きく違うことを実感していたころ、新刊の案内で藤原顕・遠藤瑛子・松崎正治（2006）『国語科教師の実践的知識へのライフヒストリー・アプローチ——遠藤瑛子実践の事例研究』が目に留まった。ほぼ同時期に日本語教育の分野でも、横溝紳一郎（2006）「日本語教師養成・研修における「教師のライフヒストリー研究」の可能性の探求」で、学校教師のライフヒストリー研究が、日本語教育にも援用できることが提案されていた。私はこれらをきっかけに、教師のライフヒストリー研究に出会い、その後、日本語教師のライフストーリー研究を、成長を把握する方法として採用するようになった。

　はじめは単純に、日本語教師が語るライフストーリーを聞き取って、教師一人ひとりの経験を理解しようとしていた。ライフストーリーは教師の中に確固としてある、という認識であった。しかし、社会学や心理学のライフストーリー研究に関する文献を読み、自分でも日本語教師のライフストーリーを聞き取る経験を重ねていくうちに、教師のライフストーリーは聞き手である私とのやりとりによって、その場その場で生み出されるという感覚を持つようになった。それは、教師たちの語りが、その場の思いつきのように語られたり、中には矛盾があったり、一貫性がないこともあったからである。だからといって、教師たちの語りが信用できないというのではない。教師たちのライフストーリーは、私の個人史やこれまでの経験との関係性において、教師たちがその時々に、その状況下で語った結果なのである。そのため本書では、語り手の教師たちと私との関係、語りの場の状況をできる限り開示することで、本書と読者との間にも、それぞれの関係が結ばれ、そこに何かしらの結果が生まれ、それが今後の日本語教育の発展につながると信じている。

　本書は、2011年7月に早稲田大学大学院日本語教育研究科に提出した

博士学位申請論文「日本語教師の成長の再概念化――日本語教師のライフストーリー研究から」を加筆・修正したものである。本書では、2007年から2010年にかけて聞き取った、日本国内外合わせて33名の日本語教師のライフストーリーの中から、5名のライフストーリーを選んで解釈し、考察している。5名は、インタビュー当時は欧州在住であったが、それ以前は日本や他の国での日本語の教授経験もあった。また、インタビューの数年後には、5名のうち3名の教師が他の地域、他の国の機関へ移動していた。取り上げた5名の教師は、欧州の母語話者日本語教師というくくりではなく、世界中を移動する日本語教師の一例として、読者と関係を結び、共感と振り返りをもたらすものである。

　本書は6つの章から構成される。まず第1章は、日本語教育において、これまでどのような学習観から、どのような教育実践が行われてきたか、それに伴い、教師の成長がどのように捉えられてきたか、歴史的な変遷をたどり、本研究の背景と問題の所在、研究の目的を述べる。続く第2章では、心理学における代表的な3つの学習論とそれに基づく日本語教育の実践、日本語教師の成長に関する研究について記述する。それらを踏まえて、研究の視座として、本書における教師の成長の捉え方を提示する。第3章では、本書の研究方法として、日本語教師のライフストーリー研究を行うことを述べる。第3章は博士学位申請論文からさらに考察を深め、大幅に修正した。まず、学校教師のライフヒストリー研究からライフストーリー研究への変遷を述べ、その背景にある社会学と心理学のライフストーリー研究の捉え方の違いに言及する。それらをもとに、本書におけるライフストーリーの捉え方と、ライフストーリー研究を行う意義を明らかにする。第4章では、5名の日本語教師のライフストーリーを、解釈と共に個別に記述する。解釈の視点として、教育実践の立場の変化に注目する。そして第5章では、5名の教師のライフストーリーを横断的に考察する。教育実践の立場の変化がどのように起こるかを5名の例から具体的に示す。そこには、他者との相互作用・対話があり、教育実践のアイデンティティ交渉がある。それらをもとに、日本語教育コミュニティとの関係から、日本語教師としてのアイデンティティ交渉が行われることを示す。第6章では、5名の日本語教師のライフストーリーから把握した成長過程を踏まえて、教師の移動と教育実践の立場

の変化、実践コミュニティの変容、他者との相互作用・対話、そして教育実践のアイデンティティと日本語教師としてのアイデンティティの交渉が、お互いに影響し合って、教師の成長がもたらされることを示す。それが、教師個人にとどまらず、教師がかかわる教育実践の発展、ひいては日本語教育全体の発展にも貢献する、教師の成長であることを述べる。

　本研究を進めることができたのは、多くの方々のご指導、ご協力をいただいたからである。まず、早稲田大学大学院日本語教育研究科の先生方には深く感謝を申し上げたい。修士課程入学から博士後期課程、博士論文提出まで、一貫してご指導くださった川上郁雄先生には、私に年少者日本語教育という世界を開いていただき、研究の内容のみならず、研究者としての心構え、振る舞い、すべてを教えていただいた。博士論文の副指導の吉岡英幸先生、細川英雄先生には、私が欧州に赴任している間も、帰国のたびにお時間を作っていただき、貴重なご助言をいただいた。またお二人ともそれぞれ、私の欧州の任地を訪問してくださり、旅先にもかかわらず、熱心にご指導くださった。そして博士論文の主査をお引き受けくださった舘岡洋子先生には、事前審査会で貴重なご指摘をいただき、それをきっかけに、研究をさらに深めることができた。その他にも、同研究科の先生方には、折に触れ、さまざまな場面でご指導、ご助言をいただいた。さらに、同研究科の先輩、友人、後輩の皆さんには、所属する研究室を越えて、いつも貴重な助言や刺激、励ましをいただいた。重ねて御礼申し上げたい。

　私の研究は、ライフストーリーをお聞かせくださった日本語教師のみなさんのご協力なくしてはあり得なかった。ご自分のお話をしてくださるだけでなく、友人や同僚の先生を協力者として紹介してくださる方々もいた。それらの多くの先生方のご協力の上に、この研究は成り立っている。インタビューさせていただいたものの、論文に取り上げることのなかったライフストーリーも多い。しかし、論文に載せることはなくても、すべての先生方のお話が、私の研究の礎になっていることは間違いない。快くお話を聞かせてくださった、今も世界中で活躍される日本語教師の皆さんに、深く御礼申し上げる。

出版に先立ち、プリンストン大学の佐藤慎司先生には、博士論文に貴重なコメントをいただいた。お忙しい中、お時間を作ってくださったことに、心より感謝申し上げる。そして、博士論文の完成直後から出版についてのご相談に乗ってくださり、出版を引き受けてくださったココ出版の吉峰晃一朗さん、粘り強く編集作業をしてくださった田中哲哉さんに、重ねて御礼申し上げたい。
　最後に、本書の執筆は家族の協力なくしてはあり得なかった。夫はもちろん、幼い子どもたち、夫の両親、私の両親、家族全員がいつも私の仕事、研究を応援し、支えてくれている。得難い家族に恵まれたことを心から感謝している。

2017年8月

飯野令子

目次

はじめに………iii

第1章 │ 問題の所在と研究の目的………1

1.1 研究の背景………1
 1.1.1 「教師の成長」概念の登場と普及………2
  1.1.1.1 行動主義から認知主義への学習観の転換………2
  1.1.1.2 学習者の多様化への対応………5
 1.1.2 「教師の成長」概念における成長とは………6

1.2 問題の所在………7
 1.2.1 異なる立場の教育実践の混在………7
 1.2.2 日本語教師の移動………10
 1.2.3 「教師の成長」の多義性………11
 1.2.4 「教師の成長」概念の限界………13

1.3 研究の目的………14

1.4 本書の構成………16

第2章 研究の視座：
日本語教師の成長を捉える視点……21

2.1 日本語教育実践の立場の背景にある学習観と教師の成長……21
2.1.1 第一の立場の学習観と教師の成長……21
2.1.1.1 日本語教師の資質の研究……23
2.1.2 第二の立場の学習観と教師の成長……26
2.1.2.1 日本語教師の成長過程の研究……27
2.1.2.2 日本語教師の成長要因の研究……29
2.1.2.3 日本語教師の成長を促す方法の研究……30
2.1.2.4 日本語教師の教育観の変容の研究……32
2.1.2.5 第二の立場の学習観の「個体能力主義」……34
2.1.3 第三の立場の学習観と教師の成長……35
2.1.3.1 社会文化的アプローチの学習論……35
2.1.3.2 第三の立場の日本語教育実践……37
2.1.3.3 第三の立場の日本語教育実践と教師の成長……42

2.2 第三の立場から学習と移動との関係を捉える……46
2.2.1 学習と移動との関係を捉える視点……46
2.2.2 日本語教育における学習と移動との関係……49

2.3 移動する日本語教師の成長を第三の立場の学習観で捉える……51
2.3.1 教師の成長を捉える背景としての実践コミュニティ……52
2.3.2 教師が関わる実践コミュニティの変容……53
2.3.3 教師の移動、教育実践の立場の変化、他者との相互作用・対話……54
2.3.4 実践コミュニティとの関係性によるアイデンティティ交渉……55

第3章 | 研究方法：
日本語教師のライフストーリー研究……61

3.1 なぜ日本語教師のライフストーリー研究か……61
3.1.1 学校教師のライフヒストリー研究……61
3.1.2 学校教師のライフヒストリー研究における相互行為……64
3.1.3 社会学と心理学のライフストーリー研究……67
3.1.3.1 社会学のライフストーリー研究……67
3.1.3.2 心理学のライフストーリー研究……69
3.1.3.3 社会学と心理学のライフストーリーの捉え方の比較……71
3.1.4 教師のライフストーリー研究……74
3.1.5 本研究のライフストーリーの捉え方とその意義……77

3.2 研究の手続き……79
3.2.1 研究協力者の選択方法……79
3.2.2 インタビューの実施手順……80
3.2.3 研究倫理……81

3.3 分析の視点……82

3.4 ライフストーリーの記述方法……83

3.5 5名の教師の略歴とインタビュー実施の概要……84

第4章 | 分析：5名の日本語教師のライフストーリーの記述と解釈……93

4.1 I ……93
4.1.1 初期の教育実践の立場……93
4.1.2 教育実践の立場の変化……97
4.1.2.1 教材制作……97
4.1.2.2 コース設計……108

4.2 S ……121
4.2.1 初期の教育実践の立場……121
4.2.2 教育実践の立場の変化……123
4.2.2.1 新教授法……123
4.2.2.2 欧州の機関での教育実践……131

4.3 Y ……140
4.3.1 初期の教育実践の立場……140
4.3.2 教育実践の立場の変化……153
4.3.2.1 文型・文法を積み上げない日本語教育……153
4.3.2.2 現地人教師の外国語教授法……160

4.4 N ……162
4.4.1 初期の教育実践の立場……162
4.4.2 教育実践の立場の変化……166
4.4.2.1 日系人コミュニティの日本語教育……166
4.4.2.2 学習者同士の学び合い……171
4.4.2.3 現地の日本語学習法……178

4.5 O ……186
4.5.1 初期の教育実践の立場……186
4.5.2 教育実践の立場の変化……194
4.5.2.1 欧州の補習校での教育実践……194
4.5.2.2 欧州の大学での教育実践……204
4.5.2.3 欧州の成人教育機関での教育実践……208

第5章｜考察：5名の日本語教師のライフストーリーの横断的考察……215

 5.1 初期の教育実践の立場……215

 5.2 教師の移動……218

 5.3 教育実践の立場の変化……221

 5.4 実践コミュニティの変容……227

 5.5 他者との相互作用・対話……231

 5.6 日本語教育コミュニティとの関係性による教師のアイデンティティ交渉……235

第6章｜結論……245

 6.1 5名の日本語教師の成長モデル……245

 6.2 日本語教師の成長の再概念化……249

 6.3 日本語教師の成長の再概念化の意義……253

 6.4 今後の課題と展望……257

参考文献……263

索引……276

第1章 問題の所在と研究の目的

1.1 研究の背景

　1990年代、日本語教師の養成・研修において、一定のよい教師像に向かって持つべき知識や技術をトレーニングによって身につける「教師トレーニング」から、個々の教師が担当する学習者に最適な教育実践を目指す「教師の成長」への転換が起こったとされる（岡崎・岡崎1997, 横溝2000, 2001, 2006b）。その後、日本語教育において「教師の成長」の必要性は共通の認識となり、1980年代から注目されるようになった学習者の多様化への対応という課題も、これで解決できると考えられてきた。ところがその後も、学習者の多様化に対応できない教師を問題視する指摘はあとを絶たない。例えば、佐久間（1999）は、日本国外の日本語教育に携わる日本人教師が、日本国内で携わった教育実践あるいは教師自身が学んだ「最新」の教育実践をそのまま日本国外の日本語教育に持ち込むことが、現地で軋轢を生んでいることを指摘している。佐久間はこの問題の原因を、日本国内と日本国外の日本語教育の違いに収斂させているが、日本国内においても多様な教育現場があり、同様の問題が起こっている。その例として、年少者日本語教育の川上（2006）は、来日直後のJSL児童・生徒の初期指導に関わる支援者が、「日本語の知識（文字、文法、表現など）を学習者に与えることを主要な目的とし、その目的のためにはこのような活動を行う、あるいは模擬的場面でこのような練習を行うといった観点で授業を組み立てがちである」（川上2006: 24）ことを問題視している。年少者日本語教育では、そうしたこれまでの成人を対象とした日本語教育で当然視されてきたことが、必ずしも有効ではないというこ

とである。また、日本国内の地域の日本語教育においても、支援者が地域の外国人に語彙・文型などの言語項目を与えること、そこから生まれる日本人と外国人の教える－教えられるという関係で行われる日本語教育を「学校型」とし、そこから脱する必要性が指摘されている（米勢2002）。これらは、日本語教育を「専門的」に学び、教育実践の経験を積んだ、いわゆる「専門性」を持った日本語教師が、日本国外や年少者、地域の日本語教育などに携わった際にしばしば起こる問題である（佐久間2006, 西口2008）。

このような多様な現場で問題視される日本語教師は、「成長する教師」ではないのだろうか。なぜこのような問題が起きるのかを明らかにするため、まず「教師の成長」という概念が、どのように日本語教育に登場し、どのような意味で使われ、普及してきたかを概観する。

1.1.1 「教師の成長」概念の登場と普及
1.1.1.1 行動主義から認知主義への学習観の転換

日本語教師の養成・研修は、日本語教授法の背後にある学習観の影響を受け、教授法の歴史とともに変遷してきた。行動主義心理学の学習観にもとづいたオーディオリンガル・メソッド（Audiolingual Method：以下、ALM）や直接法などが盛んであった時代には、教師養成・研修においても、一定のよい教師像に向かって、教師養成・研修実施者が、参加者に知識や技術を段階的に与え、それをトレーニングによって身につけさせることが中心的に行われていた。その後、心理学において行動主義から認知主義への転換が起こり、外国語教育においてはコミュニカティブ・アプローチ（Communicative Approach：以下、CA）が登場した。日本語教育においてもCAが興隆し、「学習者中心」や自律学習が注目されるようになると、教師養成・研修においても、教師が自分の教育実践に必要な知識や技術を自ら学びとっていく、職業的な自律の必要性が議論されるようになった。

古川（1990）は、日本国外の教師教育に関する研究のレビューから、行動主義的なアプローチから認知心理学的なアプローチへの移行によって、「学習者に「何を与えたら」（＝外から規定できるシラバス）「どのような学習結果」（＝観察可能な結果）が得られたか、だけから学習を考えるので

はなく、学習者が何をどのように学習しているかという過程を理解することが不可欠」であるという認識に立つようになったとする。そのため、「教える」という仕事も、「一定の「外部から規定できる知識」や「観察可能な技能」のセットによって定義できるものではなく、一人一人の学習者や個々の学習場面についての理解と、その理解に基づいた援助方法を判断して実行し、その過程を継続的に改善していくプロセス」（古川1990: 3）であると考えられるようになったと指摘する。そして日本語教育が、学習者の「自己学習能力の開発」を議論するところまで来ているため、教員の教育（養成や研修）も、実践的知識を外的に規定される知識の体系として考えることから、自らこれを体制化する（さまざまな宣言的知識、手続き的知識が相互に関連して一つの体制をなす）力や体制を再編成するための力の開発についての議論を始めなければならないとし、日本語教師の職業的な自律、つまり自ら成長していく力を持つことの必要性を説いている。

　同じ頃、文化庁が日本語教育学会に委嘱した『教授活動における日本語教師の実践的能力と授業技術に関する調査研究』は、教授能力を持つ教師の育成のため、教授能力を評価する観察の方法を開発するために行われた。その初年度中間報告書（1990）では、教師の自己評価に言及し、自己開発能力の養成のための授業観察の方法、およびNunan (1988) から、アクション・リサーチの方法を紹介している。また、その中間報告書（1991）では、教授能力育成に関する日本語教員養成・研修機関へのアンケート調査のまとめの中で、教員養成・研修プログラムの性格づけを、Richards & Nunan (1990) から「トレーニング（訓練の場）」と「ディベロップメント（成長のきっかけを与える場）」とに分ける考え方を紹介し、日本語教員養成・研修においても、そうした役割分担をする必要性を指摘した。また、「日本語教育が文法を細目化して教えることからコミュニケーションを総体として体験させる方向へ動いているのに似て、教員養成も項目化された「何を教えるか」よりも実習生に「どんな体験をさせるか」「どんな問いかけをするか」を大事にする方向へ」、また「学習者の自律学習、自己管理能力養成に注目し始めたように、教員養成も実習生が実習生同士、実習生－教員、実習生－学習者の相互交渉を通じて学び、独自の言語教育観を育む方向へと進んでいる」（日本語教育学会1991:

111）とも指摘している。さらに、その最終報告書（1992）では、Bartlett (1990) などから、反省力、内省力のある教師の育成を提案している。そして、新たな教師観として、「自律的な教師」、「成長を続ける教師」、「異文化接触を楽しむ教師」を提示している。

加えて、同時期に行われた文部省科学研究費補助金研究『日本語教師の教授能力に関する評価・測定法の開発研究』では、初年度の報告書が「日本語教授能力の測定」（岡崎1990）としてまとめられたものの、教育現場の多様性から、他者の視点から教授能力を測定する観点の特定が断念され、第二年度からは自己評価・自己研修システムの試案作成およびその試行に方向転換された。その中でRichards & Nunan (1990) の、どう教えるかを体得する「教師トレーニング」から、その教授行動をいつ、なぜ取り入れるかを自分で考える、「教師の成長」への転換が紹介されている。その背景として、岡崎（1991b）は、マイクロティーチングと呼ばれる教師のスキルを個々に切り離して繰り返し練習するあり方に代表される、行動主義心理学にもとづいた教師養成への決別があったとする。そして、日本語教育においては、学習者の多様化のもと、一定の方法を、直面する学習者の条件に合わせて捉え返すことのできる、成長する教師を育成するために、学習者の観察を含む評価活動が有効であるとし、自己評価システムの試作と試行が行われた。そして続く第三年度には、教授能力の向上のための自己評価システムの試案の開発が行われた。

このように、心理学における行動主義から認知主義への学習観の転換は、1990年ごろの日本国外の学校教育や外国語（第二言語）教師の養成・研修の研究に影響を与えていた。それは、日本語教育実践でCAが興隆し、日本語学習者の学習過程が注目され、自律学習が推進されるようになったこととも結びつき、日本語教師の養成・研修においても、教師がどのように必要な知識や技術を獲得するかが注目され、教師が反省や自己評価によって自らそれらを獲得していく「教師の成長」という概念が紹介されるようになった。そして、1990年代以降、「教師の成長」のための方法に注目が集まり、授業のビデオ撮影などによって、教師が自らの教育実践を振り返ったり、他の教師の授業を観察して意見交換したりすることを中心に、自己研修の方法の提案、自己研修の実践報告などが盛んに行われるようになった。

1.1.1.2　学習者の多様化への対応

　心理学における学習観の転換もさることながら、日本語教育では特に、学習者の多様化への対応が「教師の成長」の必要性の大きな要因とされてきた。1980年代以降、日本語教育は学習者の急速な多様化に直面し、すべての学習者に有効な唯一絶対の教授方法はないことが認識されるようになったとされる（岡崎・岡崎 1990, 1997）。そのため、日本語教師の養成・研修においても、一律のトレーニングをしていては、多様な学習者に対応する教師が育成できないということである。岡崎・岡崎（1997）は、教授能力は細かく定式化された技術によって構成されるという見方、あるいは、これまで考えられてきた良い教師の教授活動のあり方を目指して、それらを体得することでは、高度に複雑な教育・学習過程の現象を理解し、そこにある問題や学習者の多様性に対応することが難しいとした。そのため、教室の個々の場面で状況を十分に考慮に入れながら、その都度意思決定を行っていくことが必要であり、その意思決定に注目した教師養成・研修を実施することが重要であるとした。また林（2006）も、自己研修型の教師養成・研修の登場の大きな理由として、学習者の多様化を挙げている。多様な学習・教育環境下の、多様な教育現場で、学習者への対処方法や教師の役割を、固有の条件下で自ら探りながら実践する教師が求められたからであるという。

　一方、畠（1989）は、学習者の多様化とは別の側面から、そもそもCAがその特徴として、一つの教授法を絶対視し、その他の教授法を切り捨てるような立場をとっておらず、教授法も多様であってよいという考え方で、完全に出来上がった教授法は元々存在しえないものであるという認識の上に立っていることを示した。また岡崎・岡崎（1990）と岡崎（1991a）は、CAが、コミュニケーション能力の養成という基本的方向を据えた上で、語学教育全般の中にさまざまな取り組みを呼び起こし、同時に、一人ひとりの教師の中に、言語教育観を育み成長させる土壌となることを指摘している。つまり、CAとは元来、唯一絶対の教授法を否定しており、個々の教師が自ら置かれた状況に即した教育実践を模索せざるを得ないものであった。したがって、学習者の多様化の問題を解決するために、「教師の成長」が必要であったというより、日本語教育でも広く普及するようになったCAに、「教師の成長」という概念を生み出す下

地があり、それが、日本語教育が直面する大きな課題である学習者の多様化の問題と結びつけられ、「教師の成長」概念も普及してきたと考えられる。

1.1.2 「教師の成長」概念における成長とは

「教師の成長」概念の普及に大きな影響を与えた岡崎・岡崎（1997）は、教師を含む専門職の成長研究で用いられた「内省的実践家」（Schön 1983/2007）が「成長する教師」であるとして紹介した。岡崎らは「内省的実践家」とは「自分（や他の教師）のクラスで繰り広げられる教授・学習過程を十分理解するために、自分（や他の教師の）教授過程を観察し、振り返る中で教授・学習過程の重要な諸点を発見していく教師」（岡崎・岡崎1997: 24）であるとしている。また、「内省的実践家」としての教師は、「〈既に獲得している経験や技術を尊重し〉、その上で〈各人なりの意味の構築〉を行い、〈教師としての成長の主体を教師自身におき〉、〈自律的な教師研修〉を行うことを通じて教室で起きている事態について自分自身で観察し、考え、意思決定を行っていく教師」（岡崎・岡崎1997: 26）であるとする。さらに、Wallace（1991）の、教師を含む専門職に対する教育モデルの中の、受容された知識と経験的知識に支えられて、教育実践と内省が繰り返されるという内省モデルを紹介している。これによって、「職業的能力」が形成され、専門性の向上が図られるという。またBartlett（1990）から、内省とは自分や自分の学習者を取り巻く教育の枠組みについて考え行動することも含んでいるとする。そして、内省の基本は、教師が自らに問う質問のタイプを〈どのように〉タイプの質問から、〈何を、なぜ〉タイプの質問へと変えることであり、そのような質問を自分に向け、考える作業を続けていくことが、内省的教師に求められる内省であるとする。その上で岡崎らは、教室現象を、教室を取り巻くコミュニティや社会全体との関係で考察していく重要性も指摘し、内省の捉え方の広がりも示した。

こうした岡崎らの議論では、教師個人の内省にもとづく認識の変容が、「教師の成長」と同義に捉えられている。そのため、教師が自らの教育実践を振り返り内省するアクション・リサーチなどが成長のための方法論として紹介され、日本語教育に普及するようになった（岡崎・岡崎

1997, 横溝 2000, 2001, 2006a)。また、「成長する教師」は「自己研修型教師」（岡崎・岡崎 1990, 1997）とも呼ばれることから、「内省的実践家」＝「自己研修型教師」が持つとされる「自己教育力」（横溝 2002, 2006a）の育成も目指されるようになった。つまり、内省にもとづく認識の変容を「教師の成長」とし、「成長する教師」は内省や「自己教育力」などの能力を持つとされる。こうした「教師の成長」概念は、多様な学習者に対応できる教師育成の方向性を示すものとして、日本語教師の養成・研修に大きな影響を与えてきた。

1.2　問題の所在

　「教師の成長」の重要性は、今日、日本語教育関係者の共通の認識となっており、多くの日本語教師養成・研修機関、あるいは日本語教育機関でも教師に対して、「教師の成長」のためのプログラムを実施したり、研修を行っていると考えられる。また、自主的に自己研修に取り組んでいる教師もいるだろう。ところが、1.1「研究の背景」の冒頭で述べたように、日本国外、年少者、地域の日本語教育などの現場では、経験のある日本語教師がそれらの現場に対応できずに、しばしば問題視されている。その背景には、これまでの「教師の成長」概念では見落とされてきた、今日の日本語教育の現状があると考えられる。それは、日本語教育における異なる立場の教育実践の混在と、その中の日本語教師の移動、そして「教師の成長」の多義性である。

1.2.1　異なる立場の教育実践の混在

　これまで日本語教育には時代の流れとともに、異なる立場の教育実践が登場してきた。ネウストプニー（1982）は、日本語教育を含む外国語教育の大まかな時代区分として、第1期：文法翻訳教授法（Grammar-Translation Method：以下、GTM)、第2期：ALM、第3期：ALM以後の教授法（Post-Audio-Lingual：以下、PAL）の三期に分けられるとした。そして、PALの教授法のためにALMがなくなったとも言えず、第1期のGTMも残存しているので、この時代区分が同時に、現行の教授法の類型論になるとした。その後、1990年代以降を加えた時代区分として、佐々木（2006）

は、日本国内の日本語教育が、伝統的教育観による「教育する」時代、1980年代半ばからの「支援する」時代、1990年代半ばからの「共生する」時代にシフトしてきたとし、それぞれを、言語構造の理解と定着を重視するALM／直接法の時代、コミュニケーション・ニーズ分析を重視するCAの時代、社会的成員としての学習者を重視する自律学習／協働学習の時代としている。そして佐々木も、このような変遷が日本語教育全体に浸透しているとは言えず、一つの教育理念が他の教育理念に完全に取って代わるという状況ではないことを述べ、日本国内の日本語教育にはこれら三つの立場が混在していることを指摘した。また細川（2007）も、1960年代から現在までの日本語教育の変遷を三つに分けている。その中で、60～70年代を、教育内容に重点を置く「言語の構造化」の時代、80年代を、教育内容をどのように教えるかという方法を重視する「言語の機能化」の時代、90年代以降を、教室における教師と学習者あるいは学習者間の関係を重視する「言語の活動化」の時代とし、それぞれの教育実践の形態を、「教師主導」、「学習者中心」、「学習者主体」としている。そして細川も、これらの三つの立場が共存しており、今後も共存が続くと考えられるとする。

　以上の3者の時代区分を比較すると、ネウストプニーの第1期のGTM時代については、佐々木と細川では触れられていない。それは、佐々木と細川が注目している日本国内の日本語教育は、出現当初からオーラル・メソッドなど直接法を中心としてきたためであると考えられる。ただし、日本国外では現在もGTMが実践されている[1]。

　次に、ネウストプニーの第2期のALM時代は佐々木と細川の第1期に相当する。同様に、ネウストプニーの第2期から第3期への移行は、佐々木と細川の第1期から第2期への移行と重なるとみられる。

　ところが、佐々木の第2期から第3期への移行と、第2期、第3期それぞれの内容は、細川とは多少異なっている。佐々木は、第2期から第3期への移行を、客観主義的教育観から構成主義的教育観への転換としている。これは、心理学における行動主義から認知主義への学習観の転換と一致する転換であり、ALMからCAへの転換と重なるものである。佐々木の第3期が自律学習を強調している点も、それがCAと同様の立場にあることを示している。しかし、佐々木の第3期は同時に、協働や

社会の構成員としての参加をキーワードとし、状況的学習論に関する研究を参考文献として挙げている点などから、認知心理学や構成主義を越えて、社会文化的アプローチの学習観（第2章で詳述）や社会的構成主義の視点も見られる。つまり、佐々木の第3期は、細川の第2期と第3期を折衷したものである[2]。

一方、細川の第3期は、CAにおいても、客観的に存在する確固とした日本語そのもの、つまり「本質的」なものを獲得しようとしていることを批判し、CAとは一線を画すものである。また細川（2008a）が、学習者が日本語を使用する活動の中で、教室内に社会を形成し、参加者の関係性を構築し、アイデンティティを形成していくことを日本語教育における学びとすることからも、細川の第3期は、状況的学習論を代表とする社会文化的アプローチの学習観および社会的構成主義に立つものであると考えられる。

3者の日本語教育実践の立場の区分には若干の違いがあるものの、すべての立場の教育実践が、なくなることはなく、共存し続けているという認識は共通している。本研究においても、日本語教育にはこのような多様な立場の教育実践が混在していると考え、日本語教育の実践の立場を表1のように区分する。まず、日本国外には現在もGTMの立場がある。そして、日本国内外に見られるALMを代表とする行動主義の学習観に立つものを第一の立場、CAを代表とする認知主義の学習観に立つものを第二の立場とする。さらに、客観的に存在する確固とした日本語を、個人が頭の中に知識や技能として獲得していくとする、行動主義や認知主義の学習観、および構成主義を批判的に捉える、社会文化的アプローチの学習観や社会的構成主義に立つものを第三の立場とする。

このように、多様な立場の日本語教育実践の混在という視点を持って、1.1「研究の背景」の冒頭の、教師の多様な実践現場への対応の問題を見てみると、日本国外、年少者、地域の日本語教育では、教師がそれまでに実践していた立場とは異なる立場の教育実践が求められたことに原因があるといえる。これは日本語教育に、多様な立場の教育実践が混在しているだけでなく、教師がその中を移動しているために、起こる問題でもある。

表1 日本語教育の実践の立場の区分

ネウストプニー(1982)	佐々木(2006)	細川(2007)	本研究
第1期 GTM			GTM
第2期 ALM	教育する 言語構造の理解と 定着重視 ALM・直接法 客観主義	1960〜70年代 教育内容重視 言語の構造化 教師主導	第一の立場 ALM 行動主義の学習観
第3期 PAL	1980年代半ば〜 支援する コミュニケーション・ ニーズ分析重視／CA 客観主義	1980年代 教育方法重視 言語の機能化 学習者中心	第二の立場 CA 認知主義の学習観／ 構成主義
	1990年代半ば〜 共生する 社会的成員としての 学習者重視 自律学習・協働学習 構成主義	1990年代以降 教育関係重視 言語の活動化 学習者主体	第三の立場 社会文化的アプローチの学習観／ 社会的構成主義

1.2.2 日本語教師の移動

　現在、多くの日本語教師は、ある程度の期間ごとに国や地域、教育機関を移動したり、日常的に複数の教育機関の間を移動している。国や地域、教育機関などを空間的に移動すれば、それぞれの国や地域の日本語教育に関する施策、教育機関の方向性、対象とする学習者や同僚教師の背景などから、教師が移動前に関わっていた教育実践とは異なる立場の実践に関わる可能性がある。また、勤務機関以外で実施される研修や研究会に参加したり、大学院に進学するなど、日常的な実践の場以外への移動によって、異なる立場の教育実践に触れる機会を持つ教師も多いだろう。このように日本語教師は空間的に移動することが多く、それによって異なる立場の教育実践に接触する可能性も高い。また仮に、教師自身が空間的には移動せず、長く同一機関に勤務し続け、日常的な実践の場のみにいたとしても、担当する学習者は次々と入れ替わり、同僚教師

の多くが移動している。同僚教師との意見交換や、目の前の問題を解決するために新しい教材や参考図書を読むなどして、異なる立場の教育実践に触れる可能性は十分に考えられる。このように、すべての教師は空間的に移動する可能性を持ち、教師を取り巻く教育機関、学習者や同僚、教材や参考書など周りの環境は常に変化している。それらを主なきっかけとして教師たちは異なる立場の教育実践に接触している（飯野2011）。

　1.1「研究の背景」の冒頭の、日本国外、年少者、地域の日本語教育に関わる教師の問題は、教師が日本国内から国外の機関へ、また成人から年少者へ、そして大学や日本語学校など「学校型」の教育機関から地域の日本語教室へ、それぞれ移動したために起こった問題であるといえる。いずれも教師が、空間的に移動することで、異なる教育実践の立場に接した結果である。

1.2.3 「教師の成長」の多義性

　1.1.2で述べたとおり、「教師の成長」概念では、成長とは内省によって認識を変容させることであり、「成長する教師」は内省する力、あるいは「自己教育力」があるとされてきた。日本語教育に多様な教育実践の立場が混在し、教師がその中を移動しているとすれば、教師が何を内省するのか、振り返る教育実践の内容や、そこで見直す教育観の内実も多様になる。

　ところが、これまでの「教師の成長」に関する研究の多くが、既にコース設計されたクラスを分担する一教師として、文型・文法、語彙などの言語項目を教師が学習者に与え、それらの言語項目の定着のために、パターン練習から応用練習へと進めていくような、第一の立場にあるALMや直接法の実践を当然視した上で行われてきた。そのため、そこで改善しようとしているのは、教師主導の実践における、発問の仕方や誤用訂正の方法など、第一の立場における教師の教授行動や教授技術であり、意識化したり見直したりする教育観も授業内での個々の教授行動や教授技術を支えるものが中心となってきた。

　これに対して、第二の立場にあるCAにおける「教師の成長」とは、日々の授業のみならず、コースカリキュラム全体を計画、立案し、実行し、学習者のニーズや達成度に合わせて、それらを評価し、見直すとい

う、コースデザインの全過程を担う教師であるとされる（岡崎・岡崎1997）。コース全体を見据えた教授活動を学習者とのインターアクションをもとに検証しながら、コース設計を支える教育観を見直していくのである。そのような教師像として、岡崎・岡崎（1990, 1997）は、Nunan (1989) が提示した「自己研修型教師（self-directed teacher）」の考え方が示唆を与えるとする。それは、「教師各自がこれまでの教授法や教材の持つ可能性を批判的に捉えなおし、これまで無意識に作り上げてきた自分の言語教育観やそれに基づいた教授法やテクニックの問題点を学習者との関わりの中で見直していくという作業を自らに課す」（岡崎・岡崎1997: 15）教師である。

　さらに、第三の立場の教育実践では、教師は、学習者が他者との関係性を構築し、アイデンティティの形成や更新、自己実現ができる環境を設計する。そのため、例えば細川（2006）は、ことばによる活動とは何か、教室としてどのような力を育成するかという、教育理念としての教育観を、他者との関係の中で見直していく必要性を指摘している。このような教師像として細川は、「多くの教育的立場に立ち会うことで、自らの言語観や教育観をその都度問い直し、その内省と他者とのインターアクションによってその立場を更新しつづける、強い意志を持った日本語教師」（細川2006: 242）を提示している。

　このように、研究者や教師養成・研修実施者の教育実践の立場の違いによって、振り返る実践の内容や、その中で見直す教育観は異なり、成長のあり方も異なる。ただし、こうした教師の成長の多義性は、日本語教師が日常的に空間を移動し、多様な実践の立場に接触する状況では、大きな問題となる。つまり、ある教育実践の立場では「成長する教師」であっても、他の立場の教育実践が行われている現場に移動すると、現場との間に軋轢を起こす可能性があるのである。1.1「研究の背景」の冒頭の例で言うと、教師が日本国外、年少者、地域の日本語教育へ移動したとき、それぞれの現場の教育実践の立場と、教師の移動前の立場が異なり、教師が移動前に行っていた立場を貫いたために、それが問題となって浮かび上がったと考えられる。その教師は、移動する前は、その教育実践の立場の枠組みの中で「成長する教師」であったかもしれない。しかし、移動先では問題とされてしまった。つまり、教育実践の立場間

の移動は、重要な問題であるにもかかわらず、「教師の成長」概念では、その問題に応えることができないのである。

1.2.4 「教師の成長」概念の限界

これまでの「教師の成長」概念は、日本語教育に多様な立場の教育実践が混在していることに注目するのではなく、どのような立場の教育実践に関わる教師にとっても、内省にもとづいて何らかの認識を変容させることを成長とし、一般化してきた。そして、「成長する教師」に必要とされる内省する力や「自己教育力」などの能力を生み出した。そのために「教師の成長」とは、教師が関わる実践の文脈から切り離された能力の獲得によってもたらされ、それがあれば成長し続けられるとされた。

しかし、多様な教育実践の立場が混在する日本語教育において、「教師の成長」は、実は、それを語る語り手の教育実践の立場の枠組みの中にあり、成長のあり方も多様であった。たとえ教師個人が、「成長する教師」の条件である内省する力や「自己教育力」という能力を持ったとしても、その能力は、それを獲得した教育実践の立場の文脈に埋め込まれている。そのため、教師が異なる立場の教育実践が行われている現場に移動すると、現場で軋轢が生じることがあった。つまり、これまでの「教師の成長」概念では、立場の異なる教育実践が行われている現場へ移動する教師の成長は議論できなかった。さらに言えば、内省する力や「自己教育力」などの能力を持った「成長する教師」は、どのような実践にも対応できるはずであるため、これまで、教育実践の立場の違いが認識されたとしても、それと「教師の成長」との関係を議論する必要性は認識されなかった。その結果、個々の実践現場で教師が対応できない問題は、教師個人の能力の問題とされてきた。しかし、ここで見直さなければならないのは、教育実践の立場の枠組みの中だけで議論されてきた「教師の成長」概念であり、教師個人が内省する力や「自己教育力」などの能力を持つとする、「成長する教師」の捉え方である。

今日の日本語教師の成長は、異なる立場の教育実践の混在と、その中の教師の移動とともに捉えることが不可欠であり、教育実践の立場と教師の成長との関係を議論しなければならない。そのためには教師の成長を、教師が実践と切り離し、教師個人が認識を変容させたり、ある能力

を獲得したりすること、すなわち、教師個人の内面の問題として捉える「個体能力主義」（石黒1998）を見直す必要がある。つまり、多様な立場の教育実践間を移動する教師の成長を、教師が関わる教育実践の文脈とともに、教師を取り巻く環境や他者との相互作用にもとづく、社会的な関係性の中で捉える必要があるということである。

1.3 研究の目的

　ここでもう一度、1.1「研究の背景」の冒頭の、日本国外、年少者、地域の日本語教育では、なぜ教師が問題となったかを考えてみたい。まず、日本国外の日本語教育は、必ずしも日系企業に就職したり、日本の大学に進学したり、日本で生活するなどのために行われているのではない。日本語の知識や技能を獲得するより、日本語を学ぶことを通して得られる別の何かに重点が置かれる場合がある（佐久間2006）。また年少者日本語教育では、日本語ができないことが子どもたちの問題のすべてとされ、日本語の知識量に注目される傾向があるが、それよりも重要なのは、子ども一人ひとりの発達段階に応じた、長期的な観点に立った言語能力の育成である（川上2005, 2006）。つまり、言語構造に従ってその知識を順番に教えていったり、ある場面で必要な言語項目を身につけさせようとするのではなく、子どもの認知発達とともに言語能力を考えていく必要があるのである。そして地域の日本語教育においては、社会的に要請されるその目的が、「外国人の日本語能力の伸長だけを目的とするものではなく、参加する地域住民も共に学んで変容し、双方の自己実現が可能な多文化共生社会の創出」（池上2007: 105）にある。つまり、これらの実践現場では、あらかじめ決められた言語知識や言語技能を獲得することを中心的な課題としない、第三の立場にある実践が求められている。ところが、言語知識や言語技能の獲得を中心的課題とする第一の立場や第二の立場の実践現場から教師たちが移動してきたことによって、教師の教育実践の立場が問題となって浮かび上がったのである。

　こうした教育実践の立場の対立に直面したとき、関係者に必要とされる行動が、一方が無条件にもう一方に従う、あるいは一方が強固に教育実践の立場を貫くことではなく、関係者同士の相互作用・対話である。

佐久間（1999）は、日本国外では、日本国内の日本語教育は一つのあり方にすぎないこと、国や機関によって日本語教育の目的や方法が大きく異なることを認識し、現地の日本語教育事情や学習者への理解を深め、それぞれの日本語教育の目的や方法を追求し続けることを提言している。また川上（2009a, 2009b）は、年少者に対する日本語教育実践で、子どもと実践者が、「相互主体的な関係」の中で、「ことばの学び」を創り上げて行くことを主張する。そして、子どもの日本語能力の現れ方の変化に伴って、実践者も子どもの日本語能力に対する見方を変え、実践者と子どもの間のやりとりや働きかけ自体が、子どもとの間で相互作用的に変化していくとする。つまり、教育実践のあり方が、子どもと実践者の関係性の変化とともに変容していくのである。
　したがって、教育実践の立場との関係から教師の成長を議論していくためには、教師の成長を教師個人の内面のみの問題として捉えるのではなく、教師を取り巻く環境や実践関係者との相互作用・対話による社会的な関係性の中で、その関係性全体の変容として、実践の変容とともに捉えることが必要なのである。このような成長の捉え方は、上述の第三の立場の学習観とも共通するものである。
　これまで、日本語教育実践の第一の立場から第二の立場への転換に伴って、教師養成・研修でも、「教師トレーニング」から「教師の成長」への転換があった。前者は与えられた知識や技能をそのまま蓄積していくこと、後者は新たに得た知識や技能をそれまでの経験と結びつけ、自ら再構成していくという違いがあった。その後、第一の立場も第二の立場もともに、知識や技能を教師個人の内面に獲得していくという学習に対する共通の認識に立っているとの批判から、知識や技能の獲得を中心的な課題としない第三の立場の教育実践が登場した。しかし、教師養成・研修では、第二の立場から登場した「教師の成長」概念からの転換はいまだに起きていない。
　第三の立場の学習観から捉える教師の成長は、教師個人の知識や技能の変化だけでなく、それらを環境や他者との関係性の変容とともに、社会的な関係性の中で捉えることになる。これは、これまでの「教師の成長」概念における「個体能力主義」を克服することになり、「教師の成長」概念からの転換を意味する。そして前述の、日本国外や年少者、地

域の日本語教育における教師の問題は、教師個人の問題としてではなく、日本語クラスや日本語コースにおける、人や事物の関係性の再編の過程として立ち現われ、教師の成長はすなわち関わる実践の発展としても捉えられるのである。

したがって本研究では、多様な立場の教育実践の中を移動する教師の成長を、ただ教師個人の内面に知識を蓄積したり、技能を獲得したりするのではなく、教師が環境や他者との相互作用・対話によって、その関係性が変化し、関わる教育実践が変容していくという、教育実践の発展と同時に、社会的な関係性の中で起こることとして捉える。そうすることによって、教師の成長を、教育実践の立場間の移動を視野に入れて議論しうるものとして、再概念化することを目的とする。

1.4 本書の構成

以上のように本研究では日本語教師の成長を、上述の第三の立場の学習観に立って捉える。そのため、第2章では、第一の立場の背景にある行動主義心理学の学習観、第二の立場の背景にある認知心理学の学習観と、それぞれの立場の日本語教育実践を概観し、それらの立場にある日本語教師の成長に関する研究を批判的に検討する。それに対して、本研究の視座となる、第三の立場の学習観を、社会文化的アプローチと総称される研究から明らかにする。そして、第三の立場の日本語教育実践の特徴を社会的構成主義の言語観とともに把握する。さらに、第三の立場の教育実践に参加する日本語教師の成長を捉えた研究を概観し、その問題点を指摘する。その上で、社会文化的アプローチの学習と移動の関係の議論をもとに、日本語教師の成長を、移動とともに捉える方法を検討する。それらを踏まえ、日本語教師が移動とともに、関わる実践コミュニティとの関係から、教育実践のアイデンティティ交渉を積み重ねることによって、教師の教育実践の立場の変化、教師が関わる実践コミュニティの変容、日本語教師としてのアイデンティティの変容が相即的に起こり、それが日本語教育コミュニティの発展にもつながる、教師の成長となることを示す。

第3章では、このような日本語教師の成長を捉えるために、教師のラ

イフストーリー研究を行うことを述べる。まず、これまで学校教師の研究で行われてきたライフヒストリー研究について概観する。その後、社会学および心理学で注目されるようになったライフストーリー研究について述べ、両分野のライフストーリー研究を比較、検討する。そして、それらの影響を受けて、学校教師の研究でもライフストーリー研究が行われるようになった過程を述べる。それらをもとに、本研究におけるライフストーリーの捉え方を述べ、本研究でライフストーリー研究を行う意義を明らかにする。その上で、本研究で行ったライフストーリー研究の手続きを詳細に示し、最後に、本研究で分析・考察する5名の日本語教師の略歴とインタビュー実施の概要を述べる。

第4章では、5名の日本語教師のライフストーリーを、解釈とともに個別に記述する。各教師について、初期の教育実践の立場が現れている部分と、教育実践の立場に変化が見られた部分とに分けて記述する。その中で、個々の教師が教育実践の立場の変化をどのように理解し説明しようとしているかを、教育機関・研修機関間の移動、教育機関内の役割の変化を絡めて解釈し、解釈の根拠となっているインタビュー・データを筆者との対話の形で直接引用した。また、その過程での他者との相互作用・対話の結果として、教師が関わる実践コミュニティの変容、教師のアイデンティティのあり方が理解できるように記述した。

第5章では、5名の教師のライフストーリーを横断的に考察する。まず教師たちの、初期の教育実践の立場を明らかにし、その後、教師たちがどのように教育機関間を移動し、教育機関内の役割を変えているかを把握していく。そしてその移動と役割の変化が、教師の教育実践の立場の変化にどのようにつながっていくかを考察し、それがどのように教師が関わる実践コミュニティの変容を起こすかを明らかにする。さらに、その一連の過程で行われる、他者との相互作用・対話が、教師の教育実践のアイデンティティの交渉であり、それをもとに、日本語教育コミュニティとの関係から、日本語教師としてのアイデンティティ交渉が行われ、日本語教師として多様なアイデンティティがあり得ること、それらが日本語教育の発展につながる可能性があることを指摘する。

第6章では、5名の日本語教師のライフストーリーから把握した成長過程を踏まえて、教師の移動と実践の立場の変化、実践コミュニティの変

容、他者との相互作用・対話、そして教育実践のアイデンティティと日本語教師としてのアイデンティティの交渉が、関連し合って、教師の成長がもたらされることを示す。そして教師の成長を、「教育実践のアイデンティティにもとづく日本語教師としてのアイデンティティの交渉過程」と定義する。それは、複数の教育実践の立場を理解し、それらの検討から、自分の教育実践を設計すること、それと同時に、日本語教育コミュニティの広がりや限界を意識化し、自分の教育実践の立場をもとに他者との対話を続け、教師としての自分自身を日本語教育コミュニティの関係性の中に位置づけ、位置づけし直していくことであることを示す。それが、教師個人にとどまらず、教育実践の発展、ひいては日本語教育全体の発展にも貢献する、教師の成長であることを述べる。

注 [1]	日本国外において、その国・地域・機関の日本語教育の歴史的背景や目的に合わせて、GTMが存在していることは、田中（1988）で紹介されている。また、本研究の協力者である欧州在住の日本語教師の中にも、現地の日本語教師が現地語による文法の解説と翻訳を中心とした教育実践を行っていることを語る者が何名もいた。一方、CAと同時期に登場したTPR（Total Physical Response）、サジェストペディア（Suggestopedia）、サイレントウェイ（Silent Way）など（これらの総称として以下、新教授法）は日本語教育の実践の中に部分的に取り入れられるなどして、その理念が適用されてきた。これらは、認知心理学の学習観にもとづくことから、CAと同様の立場にあると考える。
[2]	佐々木の第3期が細川の第2期と第3期を折衷したものになっているのは、三代（2009）も指摘するように、佐々木が、久保田（2000）の議論にもとづき、構成主義と社会的構成主義を同じ立場として論じていることに原因があると考えられる。一方で、佐々木の論考の中には、佐々木自身がALMの立場の枠組みで日本語教師としての養成を受け、教育実践を開始し、その後CAに出会ったものの、当初はその方法を受け入れられなかった経験がつづられている。その後、徐々にCAへの理解を深め、自律学習の重要性を強く実感するに至った経緯、それに加えて、学習者同士の協働や社会への参加を重視するようになった過程が述べられている。そこからは、個々の日本語教師が教育実践の立場を移行する場合、ある時点で全て切り替わ

るわけではなく、新しい教育実践の立場に出会っても、すぐには受け入れられず、少しずつ理解を深めながら、時間をかけて移行していく過程が読み取れる。また、佐々木の第3期が、本研究でいう第二の立場と第三の立場を折衷したものであることは、ひとりの教師が、一つの立場だけに位置するとは言えないことも示唆している。

第2章 研究の視座：
日本語教師の成長を捉える視点

　第1章で述べたように、これまでの「教師の成長」概念では、成長を教師個人の内面のみの問題としていたのに対し、本研究では成長を、教師個人の内面のみの問題とせず、教師を取り囲む環境や他者との、社会的な関係性の中で捉える、第三の立場の学習観に立つ。そのためにまず、第一の立場と第二の立場の学習観、およびその学習観にもとづく日本語教育実践と日本語教師の成長に関する研究を概観し、その特徴を把握する。それに対して、第三の立場の学習観を支える社会文化的アプローチと呼ばれる研究から、第一の立場、第二の立場との違いを明らかにし、第三の立場にもとづく日本語教育実践と、日本語教師の成長に関する研究を概観する。その上で、これまであまり議論されることのなかった、移動と学習との関係を、第三の立場の学習観から捉える方法を検討し、移動する教師の成長を捉える視点を示す。

2.1 日本語教育実践の立場の背景にある学習観と教師の成長

2.1.1 第一の立場の学習観と教師の成長

　第一の立場の日本語教育実践は、行動主義心理学の学習観にもとづいている。それは、学習を刺激に対する反応の結びつきとし、与えた刺激に対応させるべき反応を誘発し、その反応の発現の直後に報酬を与えるという「条件付け」によって形成されるものである（佐伯1998）。このような行動主義心理学の学習観がもたらした教育について、佐伯（1998）は、以下のように述べる。

　　教育の世界では、しばしばものごとの「基礎・基本」を身につける

ことの重要性が叫ばれる。そのような「基礎・基本」を身につける手段には、かならずといってよいほど、「やさしい問題から順に難しい問題に進む」という、階段を上るように一歩一歩、練習問題を解いていくコースが設定され、それぞれの段階での「反復練習」が強調される。このようにして獲得された反応様式が、新しい課題状況でも発揮されることによって、基礎技能が「活用できるようになるのだ」とされてきた。「学習」というものがこのように「あとで役に立つ」行動様式の積み重ねで構成されるという考え方を支えてきたのが行動主義心理学であった。　　　　　　　　　　　　（佐伯1998: 5）

　西口（1999）は、この佐伯が述べる行動主義心理学の学習観の原理が、日本語教育の伝統的な教授方法である、直接法による文型積み上げ方式の原理と非常によく符合するとしている。
　第一の立場の教育実践の登場以前から行われてきたGTMは、文字言語第一主義で、目標言語の単語にはすべて対応する母語の訳語があるという言語観を持ち、外国語の学習とは翻訳であり、それは知的訓練になるとする言語学習観であった（小林2010）。それに対して、直接法にもとづく伝統的な日本語教授法と、その中に練習方法として多く採り入れられたALMはともに、音声言語第一主義で、構造化された文型・文法、語彙などの言語項目を教師が段階的に学習者に提示する、構造主義的な言語観に立っている。ただし、言語学習観に関して、直接法は幼児が母語を習得する過程を教室で再現するため、絵や実物や動作で作りだされる場面を理解し、それを刺激として、それに対する反応である言語表現の練習をする。一方、ALMでは言語表現を、キューワード（刺激）に対する、正しい文（反応）という習慣形成によって習得させようとする（西口1995）。しかしいずれも、構造化された言語項目を、刺激と反応という訓練によって身につけさせようとするものである。
　こうした行動主義心理学の学習観は教師教育にも影響を与え、「教師トレーニング」においても、教授のための知識や技能を、基礎・基本から段階的に、反復練習によって身につけていくこと、それが後に教室で役に立つ行動様式の積み重ねになるとして行われた。そして、このような考え方は、教師が持つ資質や能力の項目を列挙し、教師はそれを獲得

していくことによって成長するという成長観に結びついた。日本語教師の成長に関する研究でも、この学習観の中で行われてきたものに、教師の資質の研究がある。

2.1.1.1 日本語教師の資質の研究

日本語教師の資質や能力については、文化庁や日本語教育学会から、公的な指針として示されたものがある。最初に示されたのは、『日本語教員に必要な資質・能力とその向上策について』（文化庁文化部国語課1976）であった。その中では、「能力」は知識的・技術的な項目、「資質等」はこれらの能力を支えている資質、適性、心構え、態度等とされた。これは、「日本語を話すことができさえすれば外国人に日本語を教えることができるというように、安易に考えられがちである」（文化庁文化部国語課1976: 3）ため、その専門性を明確にするために出されたものであった。その後、『日本語教員養成について』（日本語教育施策の推進に関する調査研究会1985）で、大学等での日本語教員養成のための標準的な教育内容が示され、『日本語教員検定制度について』（日本語教員検定制度に関する調査研究会1987）では、日本語教育能力検定試験の出題範囲が示された。いずれも、日本語および日本語の教授に関する知識・能力の項目が示された。

その後、日本語教育学会が文化庁の委嘱を受けて行った『教授活動における日本語教師の実践的能力と授業技術に関する調査研究』では、文化庁文化部国語課（1976）に倣い、「資質」を「能力」と区別して、人格や性格に関するものとし、資質向上の可能性を探っている。その最終報告書（日本語教育学会1992）においては、資質は能力の基礎であり、能力は教授行動となって現れるが、資質は現れないものとした。その上で、将来に渡って教師の資質を伸ばす方法としての教師教育（development）、内省のできる教師育成の試みが示され、「教師の成長」への志向が見られるようになった。ただしこれは、日本語の4技能を伸ばすための教授活動についての調査研究とは別に示された。

さらにその後、大学等での日本語教員養成のための新たな指針として出された『日本語教育のための教員養成について』（日本語教員の養成に関する調査研究協力者会議2000）では、「日本語教育における現代的な課題や日本語学習者の学習需要の多様化に対応し、今後の日本語教員養成にお

ける教育内容として、画一的な「標準的な教育内容」ではなく、「基礎から応用に至る選択可能な教育内容」を示すことを基本とする」（日本語教員の養成に関する調査研究協力者会議2000: 6）という方針のもと、「コミュニケーション」を核とし、三つの領域と五つの区分、そして、それぞれの内容と、具体的なキーワードからなる教育内容が示された。その中の、教育に関わる領域の、言語と教育の区分の、言語教育法・実習の内容として「自己点検能力」、キーワードとして「教師の自己研修（ティーチャー・ディベロップメント）が含まれている。その点で、「教師の成長」が視野に入るようになったと言えるが、これは言語や言語教育や文化に関する広範な教育内容のうちの1項目として挙げられているにすぎない。

　このように公的な指針や研究の中では、日本語教師に必要とされる知識、資質、能力の項目が列挙され、それを獲得していくのが教師の成長であると考えられてきた。ただし1990年代以降、広範な教師の知識や能力の一部、あるいは能力の基礎にある教授活動には現れない資質として、「教師の成長」に関する記述が見られるようになった。

　一方、研究者による個別の研究においては、教師が持つ知識、能力、資質などをすべて合わせて資質とされることがあり、その一つとして近年、「自己教育力」が大きく注目されるようになった。そのきっかけとなったのが横溝（2002）の論考である。横溝は、教育学の先行研究から、教師にとって必要な資質が、「人間性」「専門性」「自己教育力」の三要素で構成されているとした。そして、英語教育の分野でもこの三要素が挙げられているものの「専門性」へのウエイトが高いこと、また日本語教育においては高見沢（1996）を例に、「専門性」が圧倒的で、「人間性」には若干の言及があるものの、「自己教育力」への言及が見られないことを指摘した。そして「人間性」と「自己教育力」に注目する必要性と、「人間性」と「専門性」を磨き上げるエネルギーである「自己教育力」の重要性を説いている。また横溝は、岡崎・岡崎（1997）の提示した「自己研修型教師」が「自己教育力」のある教師といえることから、「自己教育力」の重要性を重ねて強調している。

　また、同じく日本語教師の資質について、伊東・松本（2005）は、教育学や日本語教育の先行研究から「知識」「人間性」「専門性」「自己教育力」「説明責任能力」「言語運用能力」という六つのカテゴリーで論説し

ており、この中にも横溝（2002）が提示した「人間性」「専門性」「自己教育力」が含まれている。ただし、伊藤らは、日本語教師に必要な「日本語能力」および「コミュニケーション能力」について、特に詳しく論じている。

　こうした日本語教師一般に求められる資質の研究以外に、特定の分野に従事する日本語教師に求められる資質についての研究も行われてきた。例えば、佐久間（1999）はタイへ派遣された日本人教師の報告書および、現地の日本人教師とタイ人教師双方からの聞き取り調査をした。その結果、日本国外で活動する日本人日本語教師に求められる要素として、①日本語教師としての知識・能力、②研究者としての知識・能力、③任国に関する知識・能力、④人間的な魅力、⑤情報処理・事務処理に関係する知識・能力、⑥その他（学位、業績、実績など）を、それぞれの具体例とともに挙げている。佐久間は、これらすべてを兼ね備えた「理想型」の教師を求めるには無理があることを述べつつ、教師のタイプに合わせ、不足部分を意識的に伸ばしていく支援プログラムや自己研鑽の必要性を強調している。佐久間の研究は1990年代半ばの、タイで教育実践する教師たちの報告書の記述や聞き取り調査による発言をもとにしており、この中に「自己教育力」に相当する言及は見られない。

　これと類似した研究として、平畑（2007）は、日本国外の日本語教育と関係の深い有識者へのインタビューから、日本国外で活動する日本語教師の資質として「教育力」「人間性」「社会的視点」という三つの上位カテゴリーと60の下位カテゴリーを抽出した。さらに平畑（2009）では、先の60の下位カテゴリーの項目について、日本国外での教育経験を持つ日本人日本語教師へ質問紙調査を実施し、それらの資質の構造化を試みた。その結果、「日本語教師に常に必要な三つの資質」として「意欲」「人間性」「教育能力」があり、これらは横溝（2002）が示した三つの資質、すなわち「自己教育力」「人間性」「専門性」にそれぞれ類似するものであるとした。そして、その上に、「特に海外において必要とされる資質」として、「日本人性」「コーディネート能力」「国際感覚」が必要であることを示した。平畑は、これらの資質を示す意味は、教師養成において、教師志望者と教師教育者がともに考える材料を提供し、課題として取り組み続けることにあると述べている。佐久間も平畑も、日本国外で

教育実践する日本語教師に必要な資質を抽出し、それらについて意識的になり、それぞれの教師が不足部分を獲得していくことが教師の成長につながると捉えているのである。

以上のように、従来から、日本語教師の資質に関する研究では、公的な指針の必要性や個々の研究者の興味関心に合わせて、先行研究からの知見や研究者の経験からの考察、インタビューやアンケート調査をもとに、それぞれに多様な項目が挙げられており、どの資質に重点を置くかも、それぞれの研究によって異なる。ただし、1990年代、「教師の成長」概念が登場してからは、多種多様に挙げられる資質の中で、「内省する力」、「自己点検能力」、「自己教育力」などの、いわば「成長する力」が資質の一つとして、多くの研究者に注目されるようになった。この「成長する力」という資質が現れたことにより、教師の資質の研究は一見、脱状況・脱文脈的に抽出された資質項目の獲得を成長とすることから逃れたような印象を受ける。しかしこれは、日本語教師が持つべきとされる資質の中に、日本語や日本語教授に関する知識や技能の他に、「成長する力」という、個々の教師の実践の文脈から切り離され、一般化された力が存在するとされ、それに注目が集まったにすぎない。教師の資質の研究は、「成長する力」に注目するようになったとはいえ、その成長に対する見方は、個々の教師の実践の文脈から切り離され、一般化された「よい教師」像に向かって、脱状況・脱文脈的に抽出された資質項目を積み上げていく、行動主義的な学習観の中にあるといえる。

2.1.2 第二の立場の学習観と教師の成長

第二の立場の日本語教育実践の登場は、行動主義心理学から認知心理学への学習観の転換によってもたらされた。佐伯（1998）によると、認知心理学が、行動主義的学習観を批判する最大のポイントは、学習における学習者の「意味」を無視していたことであるという。人間は無意味なものを「丸暗記」するのは不得意であり、何らかの意味づけや既有知識との関連をつけたり、自分流に「再構成」してはじめて「取り込む」ことが可能になる。そしてこのような知識獲得＝学習が生起するには、学習者側の積極的な意味づけ活動を必要とするという。

日本語教育実践でもCAの登場によって、学習者がどのようにことば

を学ぶのかが注目されるようになった。そして学習者が必要や興味・関心のあるコミュニケーション過程を体験することによって、言語の機能を身につけることが目指された。この学習観は、「学習者中心」の概念につながり、教師が教えるのではなく、学習者が学ぶための教育実践が注目されるようになった。また、「学習者中心」の概念は、学習者が自分に必要な言語学習を自らデザインしていく、自律学習にもつながった。これは認知心理学の学習観の、学習者にとっての意味の重視、学習者が知識を構成する能動性の重視などと合致する。西口（1999）は、日本語教育においては、認知心理学の学習観によって、学習者の知的能力を重視して、学習者に「対象に働きかけて考えさせる」教育方法が普及したことを指摘した。またCAの主要な教授原理である「課題状況の中での問題解決」という考え方も、こうした学習観の実現体であるとして、認知心理学の学習観の貢献を評価すべきとしている。

　そして、この学習観を背景に、「教師の成長」概念も登場した。「教師の成長」概念では、教師は、教育実践と切り離され、項目化された教授技術を段階的に身につけていくのではない。教師は自らの教育実践を振り返り、内省する中で、担当する学習者に対する教授活動で何が必要かを考え、自らの教育観をも見直し、必要な知識や技能を自分の経験と関連づけて再構成しながら体得していく。そのような教師が「成長する教師」である。この学習観にある日本語教師の成長に関する研究には、教師の成長過程の研究、成長要因の研究、成長を促す方法の研究、教師の教育観の変容を捉える研究がある。

2.1.2.1　日本語教師の成長過程の研究

　日本語教師の一般的な成長過程のモデルを示そうとする研究は、これまでにいくつか行われている。例えば横溝（2008）は、CLL（Community Language Learning）の学習者の5段階の成長段階を日本語教師の成長過程に援用して、日本語教師の成長モデルを示した。これは学部生や養成講座受講生（1段階）が教育実習（2段階）を経て、化石化したり成長の方法がわからない時期（3段階）に入り得ることを想定し、その後、自分から授業改善に取り組む自己研修型教師（4段階）、最後に、完全に独り立ちして成長し続けられる自己研修型教師（5段階）になるというモデルである。

これは、教師教育者の目から見た教師志望者が進む段階を示しており、教師教育者が各段階でいかに関わるかという問題意識が前提にあると考えられる。また、横溝（2002）が教師の資質の研究で、他の資質向上の原動力となる「自己教育力」を特に重視していることから、成長過程の研究においても、「自己教育力」を持った自己研修型教師となることを成長の最終段階にしていると考えられる。ただし、横溝（2002）で挙げたその他の資質については、成長過程とどのような関係にあるのか触れられておらず、教師の資質の研究と成長過程の研究は切り離されている。

　また、三井・丸山（1991）は日本語教師の興味・関心の変化とその要因を探ることが日本語教師の成長過程をも探ることになるとし、研究者自身の経験の考察から、教師の成長過程を「日本語教師の興味・関心の変遷あるいは成長過程仮説」として提示している。それは教師の成長過程を「0期　日本語教育理解期、機関理解期」、「Ⅰ期　指導内容理解期」、「Ⅱ期　学習者理解期」、「Ⅲ期　指導発展期」の4期に分け、教師の興味関心は、教える内容から教える対象へ、そして教える主体としての自分へと移行していくのではないかとしている。さらに、興味・関心の変遷、つまり教師の成長を促す要因を仮説として挙げている。

　以上は、日本語教師養成に携わる研究者自身の、経験と関心をもとに、一般化した成長過程を示したものである。横溝は、完全に独り立ちして成長し続けられる自己研修型教師となることを教師の成長の最終段階としていること、また三井らは教師の興味・関心の変遷を成長としていることなどから、項目化された知識や技術を獲得していくのではなく、教師の内省にもとづく認識の変容を成長とする、「教師の成長」概念における成長を示そうとしているといえる。ただし、個々の教師が具体的にどのような教育実践を行い、どのような成長過程をたどるかを縦断的に追ったものではなく、日本語教師の資質の研究と同様に、個々の研究者の経験や関心によって、多様なモデルが示されている。「教師の成長」概念の中で、教師の成長過程を示そうとしたものであっても、個々の教師の実践の文脈とは切り離され、直線的、段階的に一般化される点では、第一の立場の学習観とも共通する。

2.1.2.2　日本語教師の成長要因の研究

　上記の三井・丸山（1991）の教師の成長過程の研究は、教師の興味・関心の変遷を成長とし、それを促す要因の仮説を立てた。これに続く丸山（1992）、山田・丸山（1993）は、日本国内在住の日本語教師への記述式のアンケートとインタビュー調査によって、その仮説を検証した。そして、日本語教師としての根本的な価値観となる「原初ビリーフ」の形成は、日本語教育との最初の出会いと、CAが大きな方向付けをしていることを示した。また、ビリーフの変容要因として「指導経験」「自己啓発経験」「機関における職務上の経験」「日本語教育を離れた個人的な経験」などを挙げた。丸山らは、日本語教師のビリーフの変容を成長として、個々の教師の学習経験や教授経験全体から、その形成と変容の要因を調査した。そして、それらが日常的で多種多様であり、同じ要因であっても、教師の受け止め方はさまざまであることを示した。これらから、個々の教師への個別的な評価・研修の必要性を指摘した点は示唆に富む。

　類似の研究として、亀川（2006）も、ビリーフの変容を日本語教師の成長とし、日本国内の日本語教育機関の教師に対して、学校教師の成長調査で使用された質問から選定した項目で、アンケート調査を実施し、成長をもたらす因子を抽出した。また、それらの因子の、年齢、教授歴、対象学習者などの属性による比較も行い、属性別の教師養成・研修の方向性を示した。

　以上の研究は、教師のビリーフの形成・変容という、認識の変容を成長とし、特に丸山（1992）、山田・丸山（1993）では、教師自身が成長要因を記述することによって、その多様性を把握しようとしており、「教師の成長」概念の中にある研究であるといえる。ただし、成長の要因のみを取り出すため、教師のどのようなビリーフがどのように変わったのか、それがどのように起こったのか、個々の教師の文脈が把握できるものではない。つまり、ここでも教師の成長が、個々の教師の実践の文脈から切り離されて議論されている。また、亀川（2006）のように、研究者が選定した質問項目を教師に選択させることで、成長要因の一般的な傾向を示し、それを教師養成・研修につなげるとすれば、それは研究者が設定した枠組みの中で、一般的に良いとされる教師像に向けて、一律化した

教師の育成を目指すことになる。個々の教師の実践の文脈から切り離すことや、一般的に良いとされる教師像に向けて一律化した教師の育成を志向するのは、第一の立場の学習観とも共通するものである。

2.1.2.3　日本語教師の成長を促す方法の研究

　第二の立場の学習観にある日本語教師の成長に関する研究は、上述のような、研究者の経験的考察や調査などから、一般的な教師の変容過程を捉えようとするものだけではない。個々の教師の具体的な教授行動の観察から、その背後にある教育観などの認識の変容を捉え、それを成長とし、そうした成長を促す方法の研究も行われてきた。「教師の成長」概念が注目され始めた1990年代はじめから多く行われてきたのが、授業のビデオ撮影などによって、教授行動を観察することであった。それによって教師が、自分の教授行動を一つひとつ疑ってみること、また自分や同僚の授業を観察し、同僚と率直に意見を出し合うことによって、教授行動に対するさまざまな見方があると知ること、さらにそれらを通して自分の教授行動を支える教育観を意識的に捉え、自分の行動を絶対視しないこと、価値観を固定化しないことなどが必要であるとされてきた（例えば、古川1990, 齋藤他1992, 才田1992, Gehrtz三隅・才田1993など）。特定の方法論として、岡崎・岡崎（1997）はアクション・リサーチを紹介した。岡崎らは、教師が、言語教育とはこのようにすべきものだとか、このようにすることが効率的だとかいった言語教育についての一定の見方（言語教育観）にもとづいて行動しているため、言語教育観を意識にのぼらせ、対象化し、さらにその枠を超える方法として、アクション・リサーチが有効であるとした。また横溝（2000, 2001, 2006a）は、このアクション・リサーチの実施方法を詳細に紹介し、そのテーマは教師が教えること、学習者が学ぶことに関するものであれば何でもよく、例えば、指名の仕方、クラスルーム運営、成績不良学習者への対処、褒め方、誤りの直し方、質問・発問の仕方、アイコンタクトの取り方などを挙げている。このような授業観察やアクション・リサーチの方法は、研究者が、教師養成経験や先行研究の知見などを統合して、提案したものであった。

　この他に、教師自身が、特定の方法を自己研修として実施した結果を報告したものもある。例えば、寺谷（1999）は、同僚教師とお互いに相手

の授業分析をし合い、フィードバックを与え合うことによって、自分が固執していた教授スタイルから脱却し、よりよい教授スタイルを再構築するというPeer Coachingの実施過程を報告した。また野口他（2005）は、同僚教師間で聞き手、話し手、観察者という役割を担い、話し手が教授活動に関して話すことによって、自らの問題点を明らかにし、解決方法を模索する過程で、自らのビリーフに気づき、問題解決の方向性を見出すというCooperative Developmentの実施過程を報告した。さらに高橋・柴原（1992）も、自己研修として、刺激回想法、ダイアリー、授業記録など、いくつかの振り返りの材料を組み合わせて、同じクラスを担当する同僚教師と検討し合った。それを通して、授業におけるお互いの教授スタイルや意思決定のパターンを変える試みを報告した。他に、下平（1992）は、研修の教育実習期間中に書いた自らのダイアリーを分析して、教師としての自己を振り返り、当時、自分が何を問題としていたか、何に固執していたかなどを探った。そして、自分の価値への固執を意識化し、その時点では当たり前だと思っていたことを問い直す過程を報告した。また菅原（1994）は、約10か月間、授業の直後に気づいたこと考えたこと感想などを自由に書いた自身のジャーナルを分析した。そして、授業をどのように自己評価していたかを探り、その自己評価を内省して、自己評価基準とその背後にある暗黙のビリーフを意識化し、対象化して、意識的に別の視点で評価し、授業を別の視点から見直すようになる過程を報告した。

　これらの研究においては、教師が、他者（過去の自分を含む）との相互作用から、自らの実践を振り返ることで、実践を支える自らの教育観に意識的になり、見直すこと、いわゆる内省することが、認識の変容となり、教授行動の変化につながって、それが成長とされてきた。ただし、これらの研究の中では、教師が、どのような立場の教育実践に、どのように関わっているか、そこで見直す教育観とはどのようなものかなどは不問とされ、どのような教育観であっても、それに変化があったかどうかが問題とされている。そして、大河原（2002）のように、内省の内容は不問とし、内省そのものが深まったかどうかを中心的な課題とする研究も行われるようになった。

　つまり、これらの研究では、研修実施者の教育実践の立場によって、

振り返る教育実践の内容、見直す教育観の内実は多様に異なり、成長のあり方も多様なのである[1]。ここで問題なのは、教師が内省することによる認識の変容を成長としてきたこと、つまり、教師の成長を教師個人の内面のみの問題として捉えてきたために、教師養成・研修の方法論ばかりが注目され、教師が関わる教育実践の立場と、教師の成長とが切り離されて議論されてきたことである。そのため、多様な立場の教育実践が混在する中を移動し、異なる複数の教育実践の立場と関係する教師の成長が議論されることもなかったのである。

2.1.2.4　日本語教師の教育観の変容の研究

　日本語教師の成長を促す研究の多くでも指摘されているように、「教師の成長」概念における成長には、教師の教育観の意識化と見直しが大きく関わるとされてきた。そのため、教師の成長に関する研究の一つとして、日本語教師の教育観の変容に注目した研究が行われてきた。

　まず、日本語教師の教育観の変容を捉える研究として、教師の教育観を把握する調査を、同一集団に、時期を変えて2回実施するものがあった。例えば、岡崎（1996）、藤田・佐藤（1996）は、大学の日本語教師養成課程の学生が教育実習の前後で、教育観にどのような変化があるかを調査した。これらは、大学の教育実習の担当教員が、教育実習の効果を調査したものであり、個々の学生がどのような背景からどのような教育観を形成し、何をきっかけにそれが変化したかなど、個々の学生に注目したものではない。したがって、こうした調査の結果は、個々の学生の文脈から切り離されていること、また質問紙による調査は、学生自身の視点から教育観の変化を捉えるのではなく、質問紙の中の教育観のみが調査されるなどの問題があった。

　このような研究に対して、教師の教育観の形成過程を、教師自身の視点で、教育実践との関係から捉えるため、インタビューを用いた研究も見られるようになった。例えば小玉・古川（2001）は、非母語話者日本語教師に社会言語学的インタビューを実施し、そのナラティブを分析することで、教師のビリーフと教育実践とのつながりや、その価値観を持つに至った経緯や背景などを理解し、その結果を日本で実施する教師研修に生かそうとした。また鈴木（2002）は、オーストラリアの非母語話者日

本語教師へのインタビューから、教育観の形成過程を把握するとともに、教育実践も観察し、教師の信念が実践に反映されない要因を分析した。さらに太田（2009, 2010）は、オーストラリアの学校教師である非母語話者日本語教師のライフストーリー・インタビューから、日本語教師としての学びの過程とその内容を、教育実践のみならず、教職に入る以前の外国語学習経験や私生活も含め広範に捉えた。そして、言語教育政策や言語教育理論にはない、現場の教師が持つ視点に注目し、その重要性を指摘した。これらの研究は、インタビュー調査によって、その時点での教師の教育観の形成過程を、教師自身の視点から、因果関係とともに、教育実践と関連づけて示そうとした点で示唆的である。ただし、調査時点での教育観が完成したものとして扱われ、その形成過程が調査されたものであり、一旦形成した教育観の見直しや、それに伴う教育実践の変容の可能性も含めて捉えようとしたものではなかった。

　一方、教師がその時点で持っている教育観の形成過程ではなく、無意識だった教育観の意識化や、教育観の見直しを捉えた研究として、木谷・梁島（2005）がある。木谷らは、非母語話者日本語教師が1年間の研修中に記述したジャーナルを分析し、教授観や学習観を含む意識変化を明らかにしようとした。これは、教師が実践する国を離れ、日本での研修プログラムに参加するという、教師の日常的な教育実践から離れた、特別な文脈での教師の意識変化を捉えている。つまり、研修プログラムの実施者が、その立場の枠組みの中で、教師の意識変化を捉えることによって、研修プログラムを評価しているのである。この研究は、教師が日常的に教育実践を行う場に戻ったとき、どのような実践の変化があるかまでを把握できるものではない。また飯野（2011）は、教師の言語観・言語学習観とそれにもとづく教育実践のあり方を、教師の実践の立場とし、2名の日本語母語話者教師のライフストーリーを聞き取った。そのデータから、教師の空間的な移動による、異なる実践の立場との接触と、自らの実践の立場の意識化、およびその見直しと変容を捉えた。教師の日常的な実践の場における認識の変容とそれに伴う教育実践の変化を包括的に捉えようとしているが、その焦点は、言語観・言語学習観の変容がどのように起こるかという、教師の内省の構造にあった。

　以上のような、教師の教育観などの認識の変容を捉えて、成長を把握

しようとした研究は、必ずしも教師の教育実践から切り離され、研究者や教師養成・研修実施者の立場で教育観の変容を捉えたものだけではなかった。しかし問題は、教師の教育観などの認識の変容を、教師の成長として注目することは、教師の成長が教師個人の内面のみで起こるとする捉え方につながることである。それは教師の成長を、教師が関わる教育実践と切り離し、教師個人が何らかの能力を獲得することを成長とする議論に容易に結びつく危険性をはらんでいる。

2.1.2.5　第二の立場の学習観の「個体能力主義」

「教師の成長」概念の背景にある認知心理学の学習観は、学習者が新たな知識を獲得するとき、既に持っている知識と関連づけながら自分なりに再構成して取り込んでいくと考える。それはピアジェの発達理論の系譜にある、構成主義に通じるとされる（佐藤公治1996, 佐藤学1996）[2]。構成主義における学習とは、自分自身の経験を通して知識構造を作り上げ、その作り直しを繰り返していくことであり、知識や理解は学習者自らが構成することを強調する。ただし、学習＝意味の構成を、個人を単位とする心理的過程とみなし、個人主義的に理解しているため、その過程を構成する社会的な関係と社会的な文脈、およびその知識が社会的に構成され組織される性格を検討の外に置いているとされる（佐藤学1996）。そしてこの批判は、認知心理学にも向けられている。認知心理学が取り組んできた人工知能研究も、頭の中の内的な世界やそこでの過程だけが問題にされるため、外部との相互作用が無視されてきた（佐藤公治1996）。つまり、認知心理学も構成主義も、行動主義心理学と同様に、学習を個人が知識や技能を獲得していくこと、あるいは個人の内的構造の変化など、個人の内面のみの問題としている「個体能力主義」では同様であった。

このような、認知心理学の学習観を背景とする第二の立場の日本語教育実践も、第一の立場の教育実践と同様に、個人の内面に言語知識や言語技能などを獲得していくものであるといえる。西口（1999）は、CAでも「ロールプレイ、プロジェクトワークなどの、意味やコミュニケーションを重視した学習活動」が行われたが、「依然として習得すべき言語知識や言語技能というものがあって、それを学習者に身につけさせるため

の手段としてそうした学習活動が行われている」（西口1999: 14）とした。同様に、細川（2007）も、CAでは、タスク達成を目標としていても結局は、語彙・文型の獲得が目的となることを指摘している。

そして「教師の成長」も、教師個人が既有の知識や経験と結びつけながら新たな知識を獲得していくこと、教育観などの認識を変容させていくこと、それらを可能にする「成長する力」を獲得することという、教師個人の内面の変容を成長とした「個体能力主義」にある概念である。そのため、これまで「教師の成長」概念の中にある多くの研究は、他者と相互作用しながらも、内省にもとづいて認識を変容させる、教師個人の変容が中心的な課題であった。その結果、教師がどのような実践を振り返るのか、どのような教育観を意識化し見直すのかという内省の内容は不問とされ、「教師の成長」の議論は教師が関わる教育実践と切り離して行われてきた。そのため、「教師の成長」を語る研究者や研修実施者によって成長のあり方は異なるにもかかわらず、それが顕在化することなく、「教師の成長」はそれぞれの教育実践の立場の枠組みの中で議論され、多様な異なる教育実践の立場との関係性から教師の成長が議論されることもなかったのである。

2.1.3　第三の立場の学習観と教師の成長
2.1.3.1　社会文化的アプローチの学習論

第三の立場の学習観は、社会文化的アプローチ[3]と総称される研究にもとづくものである。社会文化的アプローチの学習論では、学習が個人の内面の変化ではなく、他者や事物との相互作用の中での活動であるとされる（佐伯1998）。そのため学習について、個人を分析単位とするのではなく、学習者と相互作用する他者や事物などの状況を含めて分析単位とする。その関係性の変化から学習を説明することによって、学習の「個体能力主義的」な理解を克服し、学習を歴史や社会、文化の中に埋め込まれた実践として捉えるのである。

このような学習の媒介性、学習が生起する状況での、他者や事物の重要性を最初に指摘したのはヴィゴツキーである（高木1996）。ヴィゴツキーの学習理論は、「心理学的道具」としての言語を媒介とした意味構成を学びとする理論であり、子どもの精神発達はコミュニケーションの言語

「外言」が個人の思考の言語「内言」へと「内化」する過程であるとする。発達はまず社会的な次元における「外言」の獲得として成立し、次に心理的な次元における「内言」への「内化」として進行する。そして子どもが独力で達成できるレベルと教師や仲間など、より有能な他者の援助によって達成できるレベルとの間を「発達の最近接領域」と名づけ、子どもの学びが社会的に構成されることを示している（佐藤学1996）。またヴィゴツキーの「発達の最近接領域」を、後に教授学的な観点から解釈したスキャフォールディングの研究がある。そこでは、課題達成における子どもの役割の変化が学習として描かれる（山下2005）。

　ヴィゴツキーの学習理論は、学習者と、より有能な他者との関係に注目したものであったが、それを拡張し、社会的実践の現場全体を構造化された学習の文脈として捉え、学習者の行為とどのように関係しているのか叙述する枠組みとして、Lave & Wenger (1991/1993) は正統的周辺参加（Legitimate Peripheral Participation：以下、LPP）の理論を打ち出した（高木1996）。LPPでは、学習者が社会文化的な実践を行うコミュニティに参加し、新参者から十全的参加者へと、他者や事物との関係性を変化させて、より深く実践に関与していくことを学習とした。その過程で学習者は、知識や技能が変化するのみならず、「熟練した実践者としてのアイデンティティの実感が増大」(Lave & Wenger 1991/1993: 98) し、全人格的な変容をする。それはまた、実践コミュニティの再生産と変容にも関わっていくとする。

　LPPは社会的実践の現場で、ある程度確立され安定している協同作業システムに注目し、そこでの学習者の位置から、学習過程を記述しようとしたものである（高木1996）。これに対してエンゲストローム（1999）の活動理論は、ある程度確立され安定している協同作業システムが、社会的実践の現場にいるメンバー自身によって作り変えられることに注目した。活動理論はヴィゴツキーの媒介理論を源とするものである。ヴィゴツキーは人間の活動は常に人工物によって媒介されているとし、「主体―媒体（人工物）―対象」（媒介三角形）の組みを、もうこれ以上分解することのできない活動の基本単位であると考えた（加藤・有元2001）。この人工物とは紙やハンマーなどの道具だけでなく、言語、空間なども含まれ、人間は出会う環境ごとに、それぞれ求められる問題の解決のために、媒

介物と新たな機能システムを構成していくと考えられた (石黒2004)。これに対してエンゲストローム (1999) は、媒介三角形は人間の認知機能についてのスキーマ的な最小構造としては使えるが、人間の活動の集団的性質や活動システムを説明できないとし、媒介三角形に、規則、コミュニティ、分業という要素を付け加えた活動システムの一般的モデルを提示した。この活動システムの一般的モデルに、実践をあてはめて記述、分析し、実践に悪循環が生じている場合は、その矛盾を同定し、それに対処することによって、活動システムを発展的循環に変換することが可能であるとする (コール・エンゲストレム2004)。そして、活動システムを参加者が協同で再吟味し、活動システムを変革していく過程を「拡張的学習」と呼び、それは実践メンバーの対話によって開かれるものであるとする。また、その変革の可能性を「発達の最近接領域」として分析するための理論的枠組みの構築を試みている (エンゲストローム1999, 高木1996)。エンゲストローム (1999) は、活動のアイデンティティを一義的に決定するのは「対象」であり、活動システムの発達とは「対象」の質的転換であるとし、「対象」を常に問い直すことの重要性を指摘している。このような活動システムの発展的循環が活動理論における学習であり、活動システムに参加する個人はこのシステムの全体的な変化に関わっているとする。

以上のような、社会文化的アプローチと呼ばれる研究では共通して学習を、個人の内面に知識や技能を獲得するのではなく、他者や事物との相互作用によって起こる関係性の変化とする。そのため、学習を分析する単位は個人ではなく、他者や事物などその文脈を含めたものとなる。ただし、その分析単位と学習の捉え方については多様であり、上述のように、学習者とより有能な他者を分析単位とし、両者の関係性の変化を学習としたり、また、社会的実践を行う実践コミュニティを分析単位とし、学習者の参加形態の変化を学習としたり、さらに活動システムを分析単位とし、システムの変革を学習とするものなどがある。これらの学習論は、1990年代後半から、日本語教育でも援用されるようになった。

2.1.3.2　第三の立場の日本語教育実践

日本語教育実践で、ヴィゴツキーの学習理論に見られるような、学習

者と支援者との関係性を分析単位とし、その変化から学習を捉えようとする研究は、年少者日本語教育において見られる。川上（2006, 2009a）は、年少者日本語教育において支援者は言語知識や言語技能を一方的に与えるのではなく、子ども一人ひとりの成育背景と現在置かれている状況、特性や言語力を把握した上で、発達段階と言語力に適した、その時々にその子どもに必要なことばの力を育成することが重要であるとする。そして支援者は、子どもが他者との関係性の中に、意味のある文脈を発見したときにことばの学びが起こることを踏まえ、それが起こるような教育実践を子どもとの関係性の中で探っていき、実践を行いながら常に子どもの言語力や行動の変容に対応し、実践を変容させていく、相互主体的な関係の重要性を強調する。ここには、子どものことばの学びが常に他者とともにあり、学びとは、子どもが他者との関係性を変化させていく中にあるという立場が見てとれる。

　一方、LPPをもとにした日本語教育実践のあり方は、まず佐伯（1995a, 1995b）によって紹介された。佐伯は教科教育の改善に主眼を置く論述の中で、LPPをもとに、学習とはアイデンティティ形成（自分とは何者であるかが自覚的に明確になること）であるとし、その具体例の一つとして、地域の日本語読み書き学級が学習コミュニティに変容した教育実践を紹介している。それは学級で起きたある事件をきっかけに、学習者たちが自分の物語を語る活動が始まり、それによって学級の中の教師と学習者との関係、学習者同士の関係が変わったとするものである。その結果、教師は学習者が語るのを支援するために日本語を教え、学習者同士は互いに個人としての語りに耳を傾け、認め合う関係になったという。一人ひとりの物語は、語り手のみならず、教師や他の学習者との相互作用を通じて、クラス全体として形作られ、同時にそれをわかり合うという、コミュニティとしての実践となった。佐伯が紹介したこの日本語教育実践は、LPPにもとづく、第三の立場の実践であったといえる。

　日本語教育でLPPが広く知られるようになったのは、西口（1999）の論考がきっかけであった。西口は、日本語学習も個人が知識を獲得したり技能を向上させたりする過程ではなく、人と人との間や人工物によって構造化されたシステムと協調関係を構築していく過程で「日本語がよくできる（日本語非母語話者の）わたし」という熟練のアイデンティティを形

成していくこととして捉えられるとした。そしてLPPにもとづく日本語教育の方法は、最も典型的には地域の日本語教育で議論されている方法を指すとした。地域の日本語教育では、学習者の身近な日常の中に、対等なパートナーとしての日本人との活動とコミュニケーションの場所を形成する。そこで行われる社会的実践を通して、日本人と外国人の新たな対等な関係性を創造し、併せて日本人側も変容を遂げ、外国人にも日本語力の変化も含めたコミュニケーションのメンバーとしての新しいアイデンティティを創造しようという提案がなされているとする。そして、日本語教育者はこうした多文化共生社会を生きる人を創る社会的実践の編成に携わることになるという。岡崎（2002, 2008）も同様の視点から、地域の日本語教育のあり方を述べ、そこでの活動として例えば、外国人と日本人の参加者が対等な関係で、お互いの現実を語りあい、共生を実現するための問題を解決するという実践を通して、「共生言語としての日本語」を外国人と日本人の双方が学ぶことを提案している。そして教師は、両者の交流の促進と双方向の学びの触媒となるような関係性となり、そのようなコミュニケーションが行われる教育実践を設計する役割となるとする（岡崎2002）。

　またCAの「学習者中心」に対して「学習者主体」（細川1995）を提唱する細川（2007）は、教育関係としての教師と学習者および学習者間の関係性への視点を強調する。そして細川（2008a）は、学習者のアイデンティティの構築・更新という全人的変容を日本語教育における学びと捉え、教師は学習者がコミュニケーション活動を行う社会を教室で編成することが重要であるとする。またその社会では、教師や学習者同士やその他の参加者が対等な議論の相手となる関係性が、学習過程の大きな役割を果たすとする。こうした細川の日本語教育実践も、教室の参加者が社会的実践を行うコミュニティを形成し、その中でアイデンティティの形成・更新を行うという、LPPと共通する視点がある。

　LPPは日本語教育にも広く普及しており、その理論を教育実践の設計に取り入れたり、日本語クラスの学習の理解に用いたりする研究は、1990年代から見られる（例えば、岡崎1998、下平2001など）。ただしそれらの中には、第一の立場で教育実践が行われているクラスに参加する、学習者同士および学習者と環境との関係性に注目して学習を分析したり、あ

るいはCAによるタスク中心のクラスを実践コミュニティとしているものなどがある。つまりLPPなど、社会文化的アプローチの学習論を用いて教育実践が設計されたり、学習過程が分析されたりしても、そこで行われているのは、第一の立場や第二の立場の教育実践である場合があるのである。

　ここで、第三の立場の日本語教育実践の、第一の立場や第二の立場の教育実践との違いを検討したい。上述のように、第三の立場の学習観の大きな特徴は、学習を個人の内面の知識や能力の獲得としないことである。言語の学習についても同様の見方をするため、第三の立場の日本語教育実践では、客観的に存在する確固とした日本語を獲得していくこと、その運用方法を習得していくことを中心としない。それは、第三の立場の学習観が、社会的構成主義とも深く関係し、言語の捉え方が、第一の立場や第二の立場と大きく異なっているからである。

　社会的構成主義では、人は社会・文化的文脈の中でその影響を受け、直接的には他者と相互作用することを通して自らの考えや知識が構成されると考える。この考えは、学習や発達の心理学では、構成主義との対比の中で普及してきたとされる（佐藤1999）。構成主義と社会的構成主義は学習者の能動的な知識構成を認識成立の基本として位置づけている点では共通の前提に立っている。しかし、構成主義は前述のように学習を、個人を単位とする心理的過程とみなし、「個体能力主義」的に理解している。それに対して社会的構成主義は、「頭の中の知識という観念の行き詰まり」（ガーゲン2004a）から議論が始まるように、学習について「他者の存在を含めた社会的な場の中での交流の結果によって認識が作られたり、また、自己の認識を相対化する機会が提供されるような、他者に開かれた系の中で考える」（佐藤1999: 57）という大きな違いがある。そして、社会的構成主義では、人間の意識と精神活動は言語活動によって初めて可能になるのであり、人は言語を拠り所にして、個人的・社会的な活動を展開できるとする。言語とコミュニケーションの活動があってはじめて知識構成を、個人の閉じた系ではなく、より開かれた社会的な系の中に位置づけることが可能になってくると考えるのである（佐藤公治1996）。このような、社会的構成主義の特徴は、デューイの学習理論とも共通しており、佐藤学（1996）は、社会的構成主義の学習論をデューイに

即して、四つの要素から成り立っているとする。それは学びを、言語を媒介として意味を構成する言語的実践としていること、問題解決過程における「反省的思考＝探求」としていること、具体的な作業における「社会的コミュニケーション」としていること、自己と社会（アイデンティティとコミュニティ）を構成し続ける実践としていることである。社会的構成主義においては「意味」が、人と人のコミュニケーションを通じて社会的に構成され、その真理がコミュニティにおける言語的実践において保障される。そしてそれを構成する言語は、誰もが一致する固定した意味を持つ記号系なのではなく、それが使われる文脈、誰がなぜ使っているかによって意味が決まるものであるとする（佐藤学1996）。

言語が、誰もが一致する固定した意味を持つ記号系であるとする見方は、事物や人々を今ある通りのものにしている、それらの内部に本質が存在するとする「本質主義」である。反本質主義は社会的構成主義の第一の特徴として挙げられる（バー1997）。それは社会的構成主義が、自分自身理解する方法としてのパーソナリティの存在も否定し、それに代わって、潜在的に社会的な概念であるアイデンティティを使用することにも現れている（バー1997）。

上述した、川上（2006, 2009a）や細川（2007, 2008a）の日本語教育実践は、言語の知識や技能などを習得することが目的となっている第一の立場や第二の立場の実践を批判する。第三の立場では言語を、客観的で確固とした構造や機能のある本質的なものとしてではなく、他者との関係性の中に現れ、可変性のあるものとして捉えるからである。同様に岡崎（2002, 2008）の「共生言語としての日本語」も、あらかじめ決められた言語項目があるのではなく、参加者間に現れることばを、外国人、日本人にかかわらず、双方が学んでいくものとされる（牲川2006, 三代・鄭2006）。このような、第三の立場の日本語教育実践では、言語の知識や技能などを習得することを中心とせず、クラスというコミュニティ、あるいは教師と学習者、学習者間の関係性の中で、言語による相互作用・対話が行われ、お互いに影響を与え合い、関係性が変化し、コミュニティが変容し、参加者のアイデンティティの形成・更新など、全人的な変容を学習とする。そして、教師はそのための環境を設定することが役割となるのである。

2.1.3.3　第三の立場の日本語教育実践と教師の成長

　第三の立場の学習観は、他者とともに行う社会的実践に参加することで、学習が起きるとする。そのため、教師養成・研修においても、他の教師とともに日本語教育実践に取り組むことで、教師の成長がもたらされるという考えが生まれた。林（2006）は、教師養成・研修の形態の変遷を大きく四つの型、「見習い型」「トレーニング型」「自己研修型」「参加型」に分類している[4]。「トレーニング型」「自己研修型」「参加型」はそれぞれ、本研究の第一の立場、第二の立場、第三の立場にある教師養成・研修の形態であると考えられる。ただし、「教師の成長」概念の中にある「自己研修型」の養成・研修であったとしても、前述のように、振り返る対象となる教育実践は第一の立場の場合も、第三の立場の場合もあり、目指す成長のあり方はさまざまである。同様に「参加型」の養成・研修だからといって、必ずしも第三の立場にある教育実践に参加するわけではなく、第一の立場や第二の立場の教育実践に参加する可能性もあり、それによって目指す成長のあり方も異なる。そのため以下では先行研究の中で、第三の立場の教育実践に参加した教師の研究から、その成長の捉え方について検討する。その中には、教師個人の内面の変化を捉えたものと、教師と学習者との関係性の変化を捉えたものがある。

　①第三の立場の教育実践における教師個人の内面の変化

　池田（2007）は、大学院での「多言語多文化共生意識創造と相互学習」をめざした教育実習において、現職教師でもある実習生へのインタビューや授業のビデオなどを分析した。その中で実習生たちが、外国人と日本人の参加者の主体的な対話が起きていない問題に直面し、それを解決するまでの経緯を追った。実習生たちは問題解決のための議論を経て、「教師が話題や話す相手を固定し、プレッシャーを与えている」、「まとめが予め準備したものに近づくように筋道をつけていた」という原因を導き出した。それによって実習生の一人は、自らの過去の経験を振り返り、「日本語学校で、学習者の管理、知識を与えることを無意識にやっていた」、「教師の役割はまとめることだと思っていた」と語り、日本語学校で培った自らの前提（教師観、教授観）を問い直したとする。新たな価値観に気づき、教室活動を進める上での新しい視点と選択肢を形成した

ことから、この実習生には、教師の役割を拡大する内省が見られたとしている。また、武（2006）は、日本語学校に勤務した経験のある大学院生が「学習者主体」を実践するクラスに実習生として参加し、その間に記述したレポート類や電子メール、最終的にまとめた修士論文などを分析した。その過程で大学院生は、それまで持っていた誤用訂正、フォリナートーク、教室内コミュニケーション、ことばを教えることに関する教育観という四つを捉え直し、さらに修士論文では「言語とは学習者が自分で獲得していくものであり、教師から一方的に与えることでは網羅できない」という言語教育観を形成したという。そして、「学習者自身が発話を調整する自己モニター力が必要であり、その育成のためには学習者の意識化を促進するトレーニングの場を提供することが必要だ」という具体的な提案も行われたとする。

以上は、日本語学校で教育実践の経験のある大学院生が、日本語学校から大学院に移動し、第三の立場にある教育実践に、実習生として参加したものである。そこで大学院生たちは、無意識に持っていた自らの教育観とそれにもとづく教育実践の設計方法を意識化し、学習者との相互作用、および他の実習生や関係者などとの対話から、それを見直し、参加した教育実践における自らの教育観を新たに形成した。ただし、ここで注目されているのは、実習における実習生の教育観の意識化と変容という、一つの教育実践内での、教師個人の内面の変容に限られている。

一方、こうした、ある一つの教育実践内での教育観の変容が、他の教育実践に移動したとき、どのような影響を与えたかについて調査した研究もある。古市（2005）は、共生日本語教育の実習に参加した大学院生に、実習終了後にインタビューし、大学院生たちが実習経験をどのように意味づけているかを調査した。その結果、多くの実習生が日本語教師を、日本語を教えるという狭義の役割から捉えており、この教育実習だけでは教師の役割や日本語教育の意味を拡張することは困難だと考えられたという。つまり実習生たちは、自分の教育観とは異なる第三の立場にある教育実践に参加し、当時はその意義を感じて取り組んでいた。しかし、それを特別なものと捉え、実習から移動した後の教育実践にそれが影響していないことが明らかになったのである。それに対して人数的には少ないが、自らの海外滞在経験や職場での葛藤など、自分自身の経

験を通して共生日本語教育を咀嚼し、自らの理念と統合し、後の教育実践につなげていることがうかがえる実習生もいたという。そのような教師のインタビューの分析からは、それまでの自分の体験を振り返り、共生日本語教育の理念とすり合わせ、それらを自らの手で結びつけられたときに、共生日本語教育の理念が他の教育実践につながる可能性があることが示唆されたという。この研究は、ある一つの教育実践内での教師の変容のみならず、その変容と、教師の移動との関係に注目している点で示唆的である。しかし教師個人が、その実習にどのような意味づけを与えるか、他の経験と実習経験を結びつけられるか、新たな経験を既有の経験と結びつけて自分なりの理解を構成していくことができるかという、教師個人の内面の変化が主要な問題になっている。

　このように、これまで、第三の立場の教育実践に参加することによって、教師の成長を捉えようとした研究においても、教師の教育観など内面の変容のみが成長として捉えられることが多かった[5]。

　②第三の立場の教育実践における教師と学習者との関係性の変化
　年少者日本語教育では、第三の立場の教育実践を行う教師の成長を、教師（支援者）と学習者との関係性の変化として、第三の立場から捉えた研究が見られる。例えば、齋藤（2006b）は、大学院での実習の一環としてJSL中学生に対する1対1の取り出し指導を行った。はじめは生徒の在籍学級との連携を考え、支援者が学習内容と手順を事前に決定し、理科の指導を行った。ところが生徒は関心を示さなかったり、拒否反応を起こしたりした。その原因として齋藤は、日本語支援の時間に教科の学習をする合意がなかったこと、内容が生徒の学びを深められる内容、手順、速さにそぐわなかったことなどを挙げている。その後、支援を続けるうちに、生徒自身が教科学習の課題を日本語支援の場に持ち込むようになり、支援者は生徒が日本語支援で何をしたいと思っているのかを探り、考えるようになった。そして生徒は、在籍学級での活動に参加できることを前提として、生徒自身が達成したい課題を決定し、支援者も生徒の声を聞きながら、生徒とともに課題に足場を組んでいったことを報告している。

　同様に尾関（2007, 2009）も、自身が大学院での実習の一環として実施

した、JSL児童に対する日本語支援について、自らの変容とともに報告している。尾関ははじめ、その児童の家庭支援を、学校での学習内容を取り入れてデザインした。しかし児童は学校の宿題にも意欲的に取り組めず、文字を読んだり書いたりすることも億劫がった。その一方で、日本人の友人からもらった手紙を懸命に理解しようとする姿、つたない日本語で一生懸命返事を書こうとする姿を目の当たりにした。そのことから、支援のあり方を根本的に考えさせられ、教科学習を学校の文脈に沿って支援していくことに疑問を感じるようになった。その悩みの中で「学びに対する意識の転換」が起き、児童にとって意味のある文脈で、児童が「言いたいことを言うためのことば、意味のある手段としてのことばを育てていかなければ」、児童にとって「本当の意味での「学び」は起きないのではないか」(尾関2007: 16) と考えるようになった。尾関ははじめ、それまでの知識や経験から、JSL児童には教科学習の支援が必要だと考え、支援者主導で知識を与えるような支援を行った。ところが、児童から反発があったことで、学びが起きていないことに気づき、それまでの教育観を見直して、児童が主体的にことばを学べる環境を作ることが必要であるという、新たな教育観を形成した。それによって実践が変わり、それまでの、支援者は与え、子どもは受け取るという関係性が変わり、子どもが主体的に学ぶ環境を支援者が作るようになった。子どもと支援者、二人の役割、関係性が変わり、二人が取り組む実践の目指す方向性が変わっていったことが具体的に示されている。

　これらの論考では、教師（支援者）が学習者と相互作用すると同時に、大学院で教育実践についての議論を繰り返し[6]、その結果、学習者との関係性を変え、教育実践が変化した。すなわち学習の過程を第三の立場の学習観から捉えている。ただしこれらの論考に描かれているのは、一つの教育実践内の、学習者と教師との1対1の関係性の変化のみである。特に教師に注目すると、教師が論考の中で行っている教育実践以外に、これまでどのような教育実践に関わり、移動してきたか、また論考の中の実践と並行して行っている他の実践との関係性などが描かれることはなかった。

2.2 第三の立場から学習と移動との関係を捉える

　以上のように、これまでの日本語教師の成長に関する研究には、第三の立場の教育実践に参加した教師の成長に注目したものがあり、教師個人の内面の変容を捉えるだけでなく、特に年少者日本語教育の実践では、学習者と支援者である教師の、関係性の変化を捉えるものがあった。ただし、それらは一つの教育実践内での変化を捉えるのみであった。つまり、これまでの教師の成長に関する研究では、移動という観点を持って第三の立場の学習観から教師の成長を捉えたものはなかった。同様に、第三の立場にある日本語教育実践の研究においても、そこで描かれるのは日本語クラスをひとつの場として、その中での出来事のみであった。学習者が他の場からそこへ移動してきたこと、また他の場へ移動していくこと、あるいは日本語クラスと他の場とを日常的に移動していることと、学習との関係について議論されることもなかった。そのため以下では、第三の立場の学習観と移動との関係の捉え方を、主にLPPを取り巻くアイデンティティの議論から検討する。

2.2.1 学習と移動との関係を捉える視点

　学習を個人の内面に知識や技能を獲得することではなく、社会的な関係性の中で捉えようとする第三の立場の学習観にとって、学習者が他者と間主観的に、アイデンティティを形成したり変容させたりすることは、学習を捉える重要な視点となってきた。社会文化的アプローチの代表的な理論であるLPPは学習を、社会的実践を行うコミュニティに参加し、新参者から十全的な参加者へと、「熟練した実践者としてのアイデンティティの実感が増大していく」（Lave & Wenger 1991/1993: 98）過程とし、学習を、アイデンティティの変容という全人格的なこととして捉えた。このアイデンティティとは「人間と実践共同体における場所およびそれへの参加との長期に渡る生きた関係」（Lave & Wenger 1991/1993: 30）であるとされる。つまり学習とは、実践コミュニティへの参加が深まるにつれて、他者や事物との関係性が変化し、技能の変化が起こり、新参者が何者かになっていく過程であるとし、一方的に社会の側の視点で捉えるの

でもなく、また個人の心理的な変容として把握するのでもなく、個人とコミュニティとの動態的な関係性によってもたらされるものと考えられている。

ただしこのアイデンティティの変容とは、特定の実践コミュニティへの参加の過程において、熟練への同化と差異の中で起こり、一人前へ同一化しようとする道筋の中での自己の位置づけとして現れると考えられる（亀井2006）。つまり、あるコミュニティでの一人前、あるいはある社会的カテゴリーとの同一性の獲得に向けたアイデンティティの変容を成長と捉える、従来のアイデンティティ論と共通するものである。ところが、社会的構成主義のアイデンティティ論は、アイデンティティを言語的な構築物として社会的に捉えることで、あるコミュニティ、社会での単一で直線的な方向性を持ったアイデンティティの変容を成長とする考え方を見直すようになった。

ポスト構造主義のジェンダー理論家のバトラー（1999）は、アイデンティティは言説行為の反復という過程を通じて事後的に構築された沈殿物であるとし、また、言説実践の場で生産・再生産される過程的、流動的、折衝的なものであるとする（上野2005）。またホール（2001）はアイデンティティが、断片化され分割され、決して単数ではなくさまざまで、しばしば交差していて、対立する言説・実践・位置を横断して多様に構成され、たえず変化・変形のプロセスの中にあるとする。つまりアイデンティティは、あるコミュニティでの一人前や、ある社会的カテゴリーに同一化されるものではなく、言説実践による他者との交渉によって、多様に生産・再生産される過程であると考えられるのである。

アイデンティティをこのように捉えた場合LPPでも、実践コミュニティでの他者との関係性の中で絶えず行う言説実践の結果として、アイデンティティの変容を捉えることはできる。しかしLPPの学習とは結果的に、特定のコミュニティの一人前への同一化としての、単一で直線的な方向性を持った変容過程として捉えざるを得ない（高木1992, 田辺2002）。それはLPPが、学習者のアイデンティティの構築をある一つの実践コミュニティとの関係から単層的に把握していることに原因がある。LPPが学校から職場、別の職場へといったライフコース上の移動、あるいは文化間、実践コミュニティ間の移動の中で展開する現実的な学習の叙述に

十分機能しないことは、以前から指摘されてきた（高木1999, 2001, 香川・茂呂2003）。

これに対して、Wenger (1998) は、人が複数の実践コミュニティに所属し、その緊張関係の中で生きていることから、同時に複数の実践コミュニティの成員になっていることを前提とする「多重成員性」という概念を導入した。そして学習者が、諸成員性間の「結節」を、葛藤や矛盾をやりくりする「調停」という過程を通して構成することで、重層的なアイデンティティを構築していくとことを示した（高木1999, ソーヤー2006）[7]。さらにHodges (1998) は、自らの実践コミュニティへの参加過程での違和感から、実践コミュニティへの同一化に対する葛藤を描き、非同一化（dis-identification）として経験されるアイデンティティの局面を顕在化させ、非同一化が実践コミュニティとの関係の中であり得ることを示した（高木1999, 田辺2002, 亀井2006）。このように、アイデンティティの変容は、単一の実践コミュニティにおいて目指される一人前への同一化だけではなく、個人史の中でたえず反復する実践によって形成された、歴史化された自己をまきこんだ複雑な相互作用の結果であり（田辺2002）、複数の実践コミュニティとの関係、あるいは、ある実践コミュニティに対する非同一化も含め、多元的な可能性があり得るのである。

学習を社会的な関係性の中で捉えようとした場合、LPPのように実践コミュニティとの関係で、アイデンティティの変容を学習の一側面として捉えることは可能であるが、それは必ずしもある一つの実践コミュニティでの一人前への同一化という、単一で直線的な方向性を持つものではない。アイデンティティは、学習者が複数の実践コミュニティを移動する中で、それらすべてとの関係を通じて、常に変化し続けていくものである。学習者が複数の実践コミュニティのそれぞれで、他者との関係性から、それまでの歴史を背負った自己を位置づけ、それを他者との対話の中で提示し、間主観的に位置づけし直していく、アイデンティティの交渉が、学習として捉えられるのである。

したがって、複数の実践コミュニティ間を時間的に移動し、同時に複数の実践コミュニティに関係する学習を捉えるには、学習者がそれまでに関係してきた複数の実践コミュニティとの関係性を背負い、現在関係する複数の実践コミュニティのそれぞれで他者と対話し、それぞれで多

様な位置づけをもたらすアイデンティティ交渉を捉えることが、学習を捉えることであると考える。

2.2.2　日本語教育における学習と移動との関係

　日本語教育において、学習を学習者の移動とともに捉えようとした研究はこれまでほとんどなかったが、それに目を向けたのは年少者日本語教育の川上（2006, 2009a, 2009b, 2011a）である。川上（2011a）は大人とともに国や文化を越えて移動するという、「移動する子ども」を分析概念として使用している。その概念の中心にあるのは、幼少期の言語形成期に複数言語環境で成長するという経験である。そして言語教育の面からその定義を、①空間を移動する、②言語間を移動する、③カテゴリー間（第二言語教育、外国語教育、継承語教育など）を移動することであるとした。一人ひとりの子どもの言語生活は、この3条件が複雑に絡み合った上に成り立っており、その動態性に合わせた教育実践の重要性を指摘したのである。そのために子どもの背景と現在の様子を理解し、認知的な発達やことばの力に合わせて、子どもと支援者が相互主体的な関係の中でことばの学びをともに創り上げていくことを主張した。ただし、子どもが移動していること、移動してきたことそのものは、支援者が理解すべき子どもの背景であって、子どもの移動と教育実践における学びとが関係づけられて議論されることはなかった。

　子どもが移動し、いくつかの異なる文化コミュニティを経験することが、認知的にも社会的にも柔軟性を育み、新たな文化のあり方を生み出す可能性があることは、従来から指摘されている（ロゴフ2006）[8]。しかし、「移動する子ども」に関する研究は、子どもの移動の状況を理解し、移動が子どもの学びに与える悪影響を指摘し、それにどう対処するかに貢献してきたが、反対に、移動と不可分に起こる学びには注目してこなかった。

　一方、「移動する子ども」のアイデンティティ形成が、ことばの学びに関係し、また、ことばの学びがアイデンティティを形成するという、両者の関係性は指摘されてきた（川上2010, 2011a, 2011b, 齋藤2006a, 森口2006）。なかでも齋藤（2006a）は、JSL児童生徒（＝「移動する子ども」）の成長について、適応すべき文化が存在し、そこに同化させるといった視野で捉え

るのではなく、JSL児童生徒の主体的なアイデンティティ形成の諸要因を明らかにし、それを、成長を捉える原点にすべきとした。そしてJSL児童生徒の成長とは、児童生徒が生活世界での言語行為に自らアクセスすることを通じて、①ことばや概念を学び、②他者との係わり合いを通じて自己のアイデンティティを表象し、③他者とのやりとりや自己の内省を通じてアイデンティティを調整し、④自己の立場や考えを表明しさまざまなリソースを用いながら「なりたい自分」に近づいていく、という自分についての主体的なアイデンティティを実現していく過程であるとした。子どもが周囲との関係性の中で、アイデンティティを表象し、調整する、アイデンティティ交渉に注目し、それを成長として、子どものアイデンティティ交渉のための言語支援をしていくべきであるとする齋藤の視点は示唆的である。ただし、ここでも注目されているのは学校生活など、ある一つのコミュニティに新た参加した子どもが、そのコミュニティの中で、いかにアイデンティティ交渉していくかということである。したがって、子どもが複数のコミュニティを移動してきたこと、同時に複数のコミュニティの間を移動していることまでを視野に入れて議論してはいない。

　日本語教育で、複数のコミュニティ間の移動とアイデンティティとの関係から学習を捉えようとした研究に、飯野（2009b）の日本語教師の研究がある。飯野は、一人の日本語教師の成長を、教師が参加してきた複数の実践コミュニティ間の移動とともに捉えるために、LPPを分析の枠組みとした。ただしLPPは実践コミュニティ自体をいかに変えていくかという問題が検討できないという指摘がある（香川・茂呂2003）ため、活動理論（エンゲストローム1999）の枠組みを併用した。つまり教師が参加する実践コミュニティを、活動システムのモデルに合わせて記述し、活動システムの対象が見直され、活動システム全体が変容することを実践の発展と捉えた（エンゲストローム1999, 石黒2004）。その上で、LPPをもとに教師の成長を、教師のアイデンティティの変容として捉え、それが実践コミュニティの発展とともに起こることを示した。また、教師が直接関わる複数の実践コミュニティの外側にある、日本語教育という大きな実践コミュニティに目を向けたとき、日本語教育との関係における、教師自身の位置づけの変化が把握できた。そのことから、教師は日本語教育

という実践コミュニティに正統的に参加していることを示し、教師の成長を、広く日本語教育全体の発展とともに捉える可能性と、日本語教育全体を発展させるという視点で教師の成長を問うことを提言した。この論考では、教師が教授歴で参加してきた複数の実践コミュニティのそれぞれで、どのような活動システムが形成されていたかを順に記述していくことで、教師の空間的な移動と、個々の実践コミュニティの変容と、それらを通した教師のアイデンティティの変容が相即的に描かれた。ただし、移動と教師の成長との関係を十分に検討しておらず、また結果としての教師の実践の変化や実践コミュニティの変容、アイデンティティの変容に注目し、変化の過程で何が起こっていたか、教師と環境や他者との相互作用・対話にも注目していない。

　このように、日本語教育においても、第三の立場の学習観から、学習と移動との関係に注目したいくつかの研究があり、その中では学習者の成長とアイデンティティに深いつながりがあることが示されてきた。ただし、これまでの日本語教育の研究では、学習者（教師）がそれまでに関わってきた、また同時に関わっている複数のコミュニティとの関係から、それぞれのコミュニティにおける他者との相互作用・対話による、学習者のアイデンティティ交渉に注目してきた。その過程での他者との関係性の変化やコミュニティの変容を包括的に捉える研究はなかったのである。

2.3　移動する日本語教師の成長を第三の立場の学習観で捉える

　本研究では教師の成長を、教師の移動と、複数の異なる立場の教育実践との関係性とともに、第三の立場の学習観から捉える。そのためには、教師が関わる複数のコミュニティでの、他者とのアイデンティティ交渉、それに伴う他者やコミュニティとの関係性の変化、そしてコミュニティの変容を、複数の異なる立場の教育実践との関係から、包括的に捉える必要がある。以下では、本研究で教師の成長を捉える視点となる、実践コミュニティ、実践コミュニティの変容、教師の移動、教師の教育実践の立場の変化、他者との対話・相互作用、教師のアイデンティティ交渉について、それぞれの意味と互いの関係性を述べる。

2.3.1 教師の成長を捉える背景としての実践コミュニティ

　LPPの実践コミュニティは、会社の部署や学校のクラスといった制度的な社会組織と一致するものではない。それは与えられたものではなく、ある特定の実践によって参加者が組織化されたものであるとされる（上野1999、ソーヤー2006）。つまり、学校のクラスといった制度的に与えられた枠組みの中にあるコミュニティでも、その参加者たちの中に、何らかの生産的な実践に協働的に取り組む関係性が形成されれば、LPPでの実践コミュニティと言える。しかし、学校のクラスが必ずしもそのような実践コミュニティに当たるとはいえない[9]。

　本研究では、日本語教師が形成する日本語クラスや日本語コースを実践コミュニティと呼ぶが、それらがLPPの実践コミュニティに当たるような、実践による組織化が行われているかどうかに注目するのではなく、LPPが実践コミュニティを背景として、個人の学習を社会的な関係性の中で捉えた視点を援用する。そして教師個人の技能や認識の変容を、教師が関わる日本語クラスや日本語コースの変容、その中の参加者との関係性の変化とともに捉えることで、教師の成長を社会的関係性の中で捉えようと試みるのである。

　またLPPは、ある特定の実践コミュニティとの関係性における、アイデンティティの変容過程を学習の一側面として捉えた。ただし前述のように日本語教師は、複数の教育機関の間を日常的に、あるいは一定期間ごとに移動し、その移動は日本国内外に渡る。日本語教師のアイデンティティの変容を捉える場合、ある一つのクラス、ある一つの日本語コースという、特定の実践コミュニティとの関係だけから捉えるのでは、その変容過程を包括的に捉えきることができない。一方で、日本語教育のさまざまな情報や知見は、雑誌や教材、参考書などの出版物、研究会や学会、シンポジウム、インターネットなどで発信され、教師自身が発信する場合もあり、その動向が世界中の日本語教育に影響を与えている。また、個々の教師は教授歴を通して多様な教育現場を経験し、多くの同僚教師に接し、個人的なネットワークが世界中に及ぶ。つまり世界中で教育実践を行う日本語教師が、日本語教育というコミュニティの参加者であり、他の教師と緩やかにつながりつつ、その再生産に関わっていると言っても過言ではない。したがって、日本語教育全体をも実践コミュ

ニティとすることで、それとの関係性から日本語教師のアイデンティティの変容が捉えられると考える。ただし上述のようにLPPの実践コミュニティは、ある特定の実践によって参加者が組織化されているのに対し、日本語教育という実践コミュニティ（以下、日本語教育コミュニティ）は、個々に教育実践に取り組む日本語教師たちの緩やかな結びつきである。ここでもLPPを用いて日本語教育コミュニティを分析の対象とするのではなく、LPPが実践コミュニティとの関係で、参加者のアイデンティティの変容を捉え、それを学習として理解した視点を援用し、日本語教師が日本語教育コミュニティとの関係性からアイデンティティを形成、変容させる過程を捉えることで、日本語教師の成長を、教師個人の内面の変化にとどまらず、社会的な関係性の中で捉えることを試みるのである。

したがって本研究では、教師が関わる日本語クラス、日本語コース、および日本語教育界全体を教師の成長を捉える背景としての実践コミュニティとする。ただし上述のように、これらがLPPの理論で提示された実践コミュニティの概念と、完全に一致するとは考えていない。本研究で実践コミュニティを用いるのは、LPPが個人の学習を社会的な関係性の中で捉える方法として、実践コミュニティとの関係性から学習を捉えた視点を援用するためである。そして日本語教師を取り巻く実情に合わせて、教師の技能や認識の変容を、日本語クラスや日本語コースという実践コミュニティの変容、その参加者の関係性の変化とともに捉える。また、教師のアイデンティティを日本語教育コミュニティとの関係性から捉える。このように教師の成長を実践コミュニティとの関係から捉えることによって、個々の教師の実践コミュニティへの参加のあり方を、日本語クラスや日本語コースの発展、日本語教育界全体の発展とも関連づけて理解し、教師の成長を捉える視点を示すことをねらいとする。

2.3.2 教師が関わる実践コミュニティの変容

これまで日本語教育の分野では、LPPや活動理論の枠組みは、日本語クラスや日本語コースでの学習者の学びのあり方の理解やリソースの配置を記述するためなどに援用されてきた[10]。しかし日本語教師の成長を、第三の立場の学習観から捉えるためには、単に教師が関わる実践コ

ミュニティをLPPや活動理論の枠組みで理解したり記述したりするだけでなく、実践コミュニティの変容と教師の成長とが相即的に起こることを示す必要がある。上述のようにLPPは、比較的安定した実践コミュニティが再生産される過程で、学習を理解する枠組みであるのに対して、活動理論は活動システムの変革を学習とした。それは活動システムの「対象」、つまり目的が内側から見直されるときであり、それが個々の参加者の学習でもあるとされる。活動システムの目的が変われば、それが活動システム全体に影響を与え、必要な人工物や関わるコミュニティの成員、その役割や規則も変わっていくとする。それを援用すると、日本語クラスや日本語コースなどの実践コミュニティで、参加者が教育実践の目的に関わり、参加者によって教育実践の目的が検討され見直され、それにしたがってコミュニティ内の参加者の関係性も変わることが、日本語クラス、日本語コースという実践コミュニティの変容であり、それが、実践コミュニティに参加する日本語教師の学びであり、実践コミュニティの発展でもあると考えられる。同様に、日本語教育コミュニティにおいても、その中心的な課題が、参加者によって検討され、見直されることも、日本語教育コミュニティの変容であり、発展であると考える（飯野2009b）。

2.3.3 教師の移動、教育実践の立場の変化、他者との相互作用・対話

　本研究における日本語教師の移動とは、日本語クラス、日本語コースという実践コミュニティ間の移動であり、それは異なる教育実践の立場との接触をもたらし、それが教育実践の立場の変化にもつながっていくと考える。そしてLPPから示唆されることは、学習者は参加する実践コミュニティの中で、他の参加者との関係性を変えたり、役割を変えたりして、それが知識や技能の変化、アイデンティティの変容などにつながることである。こうした学習者の実践コミュニティでの役割の変化を高木（2001）は、コミュニティの内部の移動とした。日本語教師も実践コミュニティ間を空間的に移動するだけでなく、実践コミュニティ内での関係性や役割の変化がある。こうした実践コミュニティ間と実践コミュニティ内の移動は、いずれも教育実践の立場の変化に深く関わると考えられる。そして教師の教育実践の立場の変化は、教師の学習観とともに、

教育実践の目的や、教育実践の参加者の関係性を変化させ、それはすなわち実践コミュニティの変容を意味する。

このような教師の教育実践の立場の変化は、他者との相互作用・対話があって初めて実現する。教師は異なる教育実践の立場に接したことをきっかけに、他者と相互作用・対話するからこそ、自分の教育実践の立場を意識化し、それを検討していくと考えられる。

2.3.4 実践コミュニティとの関係性によるアイデンティティ交渉

こうした教育実践の立場を、他者との相互作用・対話によって検討していく過程は、教師の教育実践のアイデンティティの交渉過程であり、その結果、教育実践の立場が変化し、日本語クラスや日本語コースが変容すると考えられる。同時に、異なる教育実践の立場に接し、自分の教育実践の立場が絶対ではないと気づくことは、日本語教育の広がりの中に自分を位置づけることになる。その位置づけをもとに他者と相互作用・対話することは、日本語教師としてのアイデンティティ交渉の過程であると考える。この交渉は、個々の日本語クラスや日本語コースとの関係性から行われる、実践のアイデンティティ交渉にもとづいて、日本語教育コミュニティとの関係性において行われる。こうした実践のアイデンティティ交渉をもとにした日本語教師としてのアイデンティティ交渉が、日本語クラスや日本語コースの発展、さらには日本語教育コミュニティの発展とともにある、教師の成長として捉えられる。

したがって本研究では、教師が移動することによって、異なる実践の立場に接し、他者と相互作用・対話することで、教師の教育実践の立場の意識化および変化が起こると考える。それによって日本語クラス、日本語コースという実践コミュニティ内の参加者の関係性が変化し、実践コミュニティの新たな目的が生まれ、実践コミュニティが変容する。それが教師の教育実践のアイデンティティ交渉の過程である。さらにそれにもとづいて日本語教育コミュニティを意識化し、それとの関係性から日本語教師としてのアイデンティティ交渉が行われ、それが日本語教育コミュニティの発展をも担うことになる。つまり教師の移動による、教育実践のアイデンティティの交渉の積み重ねが、教師の教育実践の立場の変化、日本語クラス、日本語コースという実践コミュニティの変容、

日本語教師としてのアイデンティティの変容、日本語教育コミュニティの発展を相即的に起こし、それが教師の成長であり、教師の成長は教師個人のみならず、教師が関わる実践コミュニティの発展とともに捉えられると考える。

注 [1]　池田（2007）は、「内省的実践家」を育成する日本語教育実習において、授業内容（日本語力伸長と多言語多文化共生意識創造）、実習生の参加形態（協働的参加と分業的参加）、内省の取り入れ方（教師トレーニング型と内省モデルにもとづくもの）の三つの観点で、それぞれ異なる内容の実習について、内省でも特に、授業中の教師の意思決定に注目して、再生刺激法を用いて調査した。そして、実習生が内省を行うといっても、どのような実践にどのように関わるか、どのようなタイプの研修プログラムに参加するかによって、内省の内容は異なり、成長のあり方も異なることを指摘した。つまり実習設計者の教育実践の立場によって、実習生の成長のあり方が異なることを明らかにしたのである。ただし池田はこの結果を受けて、実習設計者が授業内容、実習生の参加形態などの観点（本研究でいう教育実践の立場）の組み合わせから、実習生にどのような学びの違いがあるかに留意して、実習を設計することを提言するにとどまっている。そこには、本研究が課題とする、異なる複数の教育実践の立場との関係性の中で、教師の成長を議論する視点はない。

　　　　　　また池田は、内省の中でも授業中の意思決定を調査の根幹とした。それは成長する専門家の姿として「技術的熟達者」に対して、「内省的実践家」という概念を提唱したSchön（1983/2007）が、その特徴として「行為の中の省察」に着目したことによる。「行為の中の省察」は行為後の「行為についての省察」につながり、行為の中で瞬時に形成してきた理解の意味を問い、実践の構造や問題を捉える自らの「枠組み」を発見するとともに、それを捉え直し、「枠組みを組み変えていく」機会となり、一つの問題の解決がさらに大きな問題の理解へと螺旋的に発展する過程になるとされる（秋田2001）。日本語教育では他に、例えば、坪根・小澤・嶽肩（2005）、小澤・嶽肩・坪根（2005）が、教師本人ではなく、他の教師の授業を録画した同一のビデオを、新人・ベテランの日本語教師に見せ、見ながら考えたことを口頭で再生させることで、日本語教師の実践的思考を解明しようとしたものがある。確かに、授業中の教師の意思決定を調査

することは、「教師の成長」概念の中にある成長の一部の解明につながるだろう。しかし、このような研究においても、教師がどのような立場の教育実践に関わり、その中でどのような意思決定をしたか、その内容を不問として議論を進めれば、第二の立場に限らず、一つの教育実践の立場の枠組み内の、授業中の教授行動を問題とし、その中でのみ成長を議論することになる。

[2] 佐藤学（1996）は、構成主義の学習論には、①ピアジェの発達理論の系譜をひく研究、②人工知能をモデルとする認知心理学的な構成主義、③デューイとヴィゴツキーをルーツとする文化・歴史心理学、④文化人類学的な構成主義の四つの系譜があるとし、その中で③と④の系譜を社会的構成主義としている。本研究では佐藤公治（1996, 1999）に倣い、佐藤学のいう①の系譜を構成主義、②の系譜を認知心理学、③と④の系譜を社会的構成主義とした。

[3] この呼称は、石黒広昭編（2004）『社会文化的アプローチの実際―学習活動の理解と変革のエスノグラフィー』で文化歴史学派、社会歴史的アプローチ、活動理論、状況論などの総称として使用されているのに倣った。

[4] 林（2006）は「見習い型」が、現在のように教師養成・研修プログラムが確立する以前に、各機関や教育現場において先輩の仕事を手伝いながら見習っていく形で行われていたと考えられ、現在も各機関の独自の教育方法はこの形で伝授されているとする。「トレーニング型」は多くの教師を育てるために系統だったプログラムとして、一定の質の、一定の量の教員をシステマティックに養成しようとする場合に取り入れられることが多いとする。「自己研修型」は自らの実践を反省、内省して、新たなあり方を探る方法を身につけようとする自己研修を、研修期間内だけではなく日々の実践の中で継続的に行うことを可能にする方法であるとする。そして「参加型」はボランティア参加型の授業への参加や、アシスタントとしての参加、コースやプログラムを企画・運営する形での参加など、実践への参加をし、実際の授業改善や問題解決に向けての協働の活動に参加して、そのやりとりの中で自分なりの教育実践のあり方を探るものであるとする。

[5] 日本語教師の養成についてLPPの視点から論じた小澤（2002）は、教師の学び方を、知識や情報を受け入れることから、具体的な状況に密着した中で教師である自分自身を形成し、「教師」文化を編み出していく実践としなければならないとした。そして日本語教師の教育では、「実践的能力」の形成が中心に据えられ、「授業を振り返る」ことの重要性がさまざまな専門家によって指摘されていること、授業を振り返る「内省的な教師」を目指した種々の試みが行われて

いることを挙げ、日本語教育においても「知識の注入」型教育から、LPPが促進するような「実践の中での」教育へという方向転換が既に始まっているとする。さらに、具体的にどのように実践能力を高めるか、特に「実践的専門家である教師」の熟練性あるいは専門性はどのようなところにあるか分析・考察する方法論の確立の必要性を指摘している。ただし、小澤はLPPを、行動主義心理学の学習観に対する、認知心理学あるいは構成主義の学習観と同一視しており、「教師の成長」概念とも同一の学習観にあるものとしている。そして教師がどのような教育実践に関わるかは問題とせずに、実践的専門家である教師の育成を提唱しており、これまでの「教師の成長」概念をそのまま踏襲している。つまりLPPをもとに、実践に参加することによって教師を育成することの重要性を指摘しているものの、目指す成長のあり方は教師個人の内面の変容のみを問題とする「内省的な教師」になることとしている。

[6] 論考の中には直接記されていないが、これらの教育実践の背景には、大学院でのJSL児童・生徒の支援に関する議論があることは、川上（2009a）が、「大学院の授業や研究室での長時間に渡る議論を通じて生まれてきた論文」（川上2009a: 6）と述べていることからもわかる。

[7] 高木（1999）およびソーヤー（2006）は、Wenger（1998）の結節の構築（重層的なアイデンティティの構築）が、学習者が埋め込まれている諸実践コミュニティの複雑で多元的な構造と配置を参照系としつつも、最終的なアイデンティティ構築を学習者個人の認知的達成としたことを問題視する。そして高木は、重層的なアイデンティティの構築を何らかの共同的達成とすることを、バフチンの「視覚の余剰」と「ダイアローグ」の概念を用い、交渉不能で絶対的な時空間的位置どりとしての個人史的位相が、2者間の視点の絶対的な差異として関係的に把握できるとする。つまり自分にしか見えないものを、他者にも見えるものとしていく、ことばを交わす行為が、共有された世界としての実践コミュニティと、そこでの相対的な位置どりとしての成員性の構築であるとする。この高木が提案する、重層的なアイデンティティの構築過程が、本研究のアイデンティティの交渉過程となると考える。

[8] 成人の学習と移動との関係については、香川・茂呂（2003）が、学校から職場への移動と学習の転移の関係から論じている。香川らは、状況に埋め込まれている知識は、状況間の移動、あるいは異質な他者との出会いに伴い、異なる現れ方をすることを示し、そのような異質性の経験と継続する移動は、透明性や不透明性を含んだ文化に対する見えを構成し、文化を変化させ、時には維持させる、発達的

	な概念であるとした。さらに、移動する学習主体の発達、つまり学校で得た知識の、異なる状況での適用の仕方の変化を、LPPの拡張によって捉えることを試みている。ただし、移動の仕方が発達に影響を与えることを示唆するにとどまり、移動に伴う発達の連続性・非連続性を引き起こすものが何かは今後の課題としている。
[9]	佐伯(1993)は、学校の教室を「子どもが学びを通して自ら「加わっていく」という実感を持つ何らかの社会的世界――そこではじめて、私とあなた、あるいは私たち、という関係が、共に何かをやっている(生産している)実践者同士として自覚できる」(佐伯1993: 187)なら、それはLPPでいう実践コミュニティであるが、多くの場合、そうなっているかは疑わしいとする。
[10]	活動理論が日本語教育の研究で用いられた例は、トムソン木下(2007)、塩谷(2008)、飯野(2009b)などに見られるように、活動システムの一般的モデルを、コースや教室活動の全体像を可視化するために使用したものである。そのため、分析によって活動システムの要素間の矛盾を同定し、システムを改善するための枠組みとしては使われていない。ただし飯野(2009a)は活動理論を用いて日本語コースを、教師を「主体」とする活動システムとして記述し、教師が「対象」に向かう過程の矛盾を同定し、日本語コースの発展的循環を生むためのシステムの再組織化を検討した。そして教師が日本語コースの「対象」つまり目的に関わることを教師の活動システムへの参加の深まりとし、それが教師の成長となり、日本語コースの発展ももたらすことを示した。

第3章 研究方法：日本語教師のライフストーリー研究

　第2章で述べたように、本研究では日本語教師の成長が、教師が関わる複数の実践コミュニティ間の移動と、それらとの関係性にもとづく他者との相互作用・対話によって起こると考える。その過程で、教師の教育実践のアイデンティティが交渉され、教育実践の立場が変化し、それが関わる実践コミュニティを変容させ、日本語教師としてのアイデンティティが変容すると考える。こうした成長を捉えるためには、教師の長い教授歴を、関わる複数の実践コミュニティのすべてを視野に入れて、包括的に把握する必要がある。そのための方法として、日本語教師のライフストーリー研究を行う。

3.1 なぜ日本語教師のライフストーリー研究か

　本研究でなぜ日本語教師のライフストーリー研究を方法として選んだかについて、まず、これまで学校教師の研究で行われてきたライフヒストリー研究について概観する。その後、社会学および心理学で注目されるようになったライフストーリー研究について述べ、両分野のライフストーリー研究を比較、検討する。そしてそれらの影響を受けて、学校教師の研究でライフストーリー研究が行われるようになった過程を述べる。それらをもとに、本研究におけるライフストーリーの捉え方を述べ、本研究でライフストーリー研究を行う意義を明らかにする。

3.1.1 学校教師のライフヒストリー研究

　これまで学校教師の研究では、ライフヒストリー研究が盛んに行われてきた。ライフヒストリー研究は、個々の教師の成長のあり方を把握す

るために、研究者が教師のライフストーリーを聞き取り、その内容を他の資料なども用いて広い歴史的社会的文脈に位置づけて解釈し、ライフヒストリーを構築するものである（グッドソン2001）。グッドソン（2001）は、これまでの学校教育の研究が「特定の状況と時間に焦点を当てるため、個々の個人史や、個人の視点、教師のライフスタイルにはほとんど注意が払われなかった」（グッドソン2001: 20）こと、および歴史的背景を無視してきたことを問題視し、学校研究における状況と個人史的および歴史的要因の役割とその相互関係の重要性を指摘した。それらを明らかにできるのが教師のライフヒストリー研究であり、これこそがカリキュラム研究と学校教育研究の中心となるべきであるとした。また、教師のライフストーリーに耳を傾けることは、教師の精緻な職業的成長のモデルを作り上げる最良の方法になるとした。

　日本の学校教師の成長研究においても、ライフヒストリー研究の重要性が指摘されてきた。日本では、学校教師の行政研修の整備拡充のために、教師の持つべき資質が抽出され、それらを構成し、いつどのような資質を獲得すべきかという成長過程のモデルが示されてきた。ところがそれは、教師の成長の過度の一般化につながり、一人ひとりの教師の実情を反映するものではなかった。そのため、同年代の教師のライフヒストリーを一つのまとまりとして解釈するライフコース研究が、一人ひとりのリアリティを把握する新たな成長の捉え方の可能性を開くものとして、注目されるようになった（安藤2000, 山崎2002）。そして安藤（2000）はライフコース研究の知見から、これまでの成長研究に、教師の個別的な意思決定への着目を追加することを提案している。また山崎（2002）はライフコース研究の結果から、本来教職生活に内在する発達サポート機能が十全に発揮されるように、教職生活を個別的で多様に条件整備化し、新たな力量が発達主体の内側から生成してくるための支援プログラムの作成を提案している。

　このような教師のライフヒストリー研究、ライフコース研究は、個々の教師に注目しながらも、そのいくつかを重ね合わせることによって教師の成長過程の共通性を把握し、学校教育研究や教師養成・研修に示唆を与えることを目的としていた。その研究の成果は、過度に一般化された教師の成長モデルによって計画される教師養成・研修プログラムを批

判し、個別の教師の成長の在り様を示し、その個別性を教師養成・研修に生かそうとするものであった。

　一方、藤原ほか（2006）も従来、教師の力量形成に関する研究は概して、どの教師にも妥当するような力量形成過程の一般化を図る、ないしはそうした力量形成の一般的傾向を明らかにするという志向のもとに展開されることが多かったことを問題視している。そして、教師の力量形成を、特定の教師の個別具体的な成長や発達の筋道に焦点を合わせて捉える方法として、教師のライフヒストリー研究を用いている。藤原らは、先行研究を引用しながら、ライフヒストリーは「個人のパースペクティブ、すなわち価値観、状況規定、社会過程の知識、体験を通して獲得したルールなど、にアクセス」しつつ、「個人の経験のより広い文脈的意味を明らかにする」ことを志向する、個人を対象とした事例研究であるとした（藤原ほか2006: 19）。そして個別な教師の事例には、受容者である他の教師が、その具体性ゆえに自らの実践経験との重なりを見出しやすく、その結果、事例の受容者である教師に研究結果としての事例と自らの実践経験を対照させて、自身のそれを振り返る契機を提供できる可能性が生じるとする。同様に高井良（1994）も、物語の様式によるライフヒストリー研究は、教師の経験世界をストーリーという形式で再構成し、それを他の教師が自らの経験世界に重ね合わせることにより、新たなストーリーを生み出すという循環性を持っており、教育研究における一つの可能性を示しているとする。

　つまり研究者が複数のライフヒストリーを重ね合わせるまでもなく、個々の教師のライフヒストリーそのものが、それを受容する他の教師の経験の振り返りを促進し、研修としての効果が期待できるとするのである。ライフヒストリー研究を受容する他の教師は、語り手である教師の個別の事例との対話から、自らの経験との類似性を見出し、自らの経験を振り返るきっかけを得、さらに自らの経験の異なる見方を発見し、その後の実践につなげていく機会になると考えられる。

　このように学校教師のライフヒストリー研究は、従来行われてきた教師の成長研究が、公的に教師養成・研修を実施しようとする行政担当者や研究者が、理想的あるいは一般的な教師の育成を目指して行ったものであり、結果的に個々の教師の実情を反映していないこと、個々の教師

の視点が取り入れられていないことを問題視してきた。それに対して、教師のライフヒストリー研究は、教師自身の語りから、個々の教師の実情を把握し、それを教師の成長モデルあるいは教師養成・研修に組み込んでいくことを訴えてきたのである。また、教師養成・研修に組み込むまでもなく、個別の教師の事例を示すことそのものが、それを受容する他の教師に振り返りを促す有効性も指摘されてきた。

3.1.2 学校教師のライフヒストリー研究における相互行為

教師のライフヒストリー研究の重要な視点に、語り手である教師と聞き手である研究者との関係がある。グッドソン (2001) は、ライフストーリーとは人生の出来事についての物語であり、多くの場合「自己の内省作業」と呼ばれる内的な対話（ダイアローグ）となるとする。そしてライフヒストリーはライフストーリーを語る者とライフストーリーの聞き手や研究者が共同して構築するものであり、その狙いはライフストーリーがある特定の歴史的環境で効果的に作用するように「位置づける」ことであるとする。このような、ライフストーリーは教師が語ったもの、ライフヒストリーは教師と研究者が共同で構築するもの、という位置づけは教師のライフヒストリー研究で多く見られる捉え方である。この捉え方では、ライフストーリーは教師が内的な対話から生成したものであり、そこに研究者は関わっていないと考える。そしてライフヒストリー構築は、研究者が解釈の信頼性を確保するために、語り手とやり取りをした結果、共同的であると言われる。さらにこうした共同研究者としての教師は、ライフヒストリー研究に関わることによって自らの経験への内省が起こり、成長の可能性があるともされる（グッドソン・サイクス 2006）。

山崎 (2002) も、語り手としての教師は聞き手としての研究者に一方的に情報を提供する立場から、語り手であること自体が自らの成長を図り、自らの実践を推し進め、新たな実践を切り拓いていくという実践的研究者としての立場への転換になるとしている。そして聞き手は、語り手が内に抱えるさまざまな思いを引き出し、聞き取りながら、その語られたもの一つひとつを個人的社会的歴史的な文脈・状況上に位置づけ、解釈し、意味構成する。そのことを通して語り手自身がそれらの文脈・

状況上にいる自分に気づき、発見し、時には聴き取られる喜びによって癒され、次なる方向を見出し、選択していくことを自分自身で援助していくことができるとする。山崎も、ライフヒストリーは研究者と教師が共同構築するもので、教師にとってはライフストーリーを語ったり、ライフヒストリーを構築する過程に関わることで、成長の可能性があることを示している。

　このように、教師がライフヒストリー研究の共同研究者であり、ライフヒストリーが教師と研究者の共同構築であることは、ライフヒストリー研究の信頼性を確保するとともに、その過程に教師の成長の契機もあると考えられてきた。成長の契機とは、教師自身の経験への内省が起こること、教師が個人的社会的歴史的な文脈上にいる自分に気づき、次なる方向性が見出せることなどであった。

　さらに成長の契機は、ライフヒストリー研究の副産物とされるだけではない。今津（1996）は、教師生活史研究の広がりは、大きく分けて二つになるとする。一つは教師発達の研究方法として生活史を用いる（教師のアイデンティティ形成や、教師の置かれた時代社会との関連、教育改革との関係などを探るための質的データ）研究、もう一つは教師教育の実践的方法戦略として生活史を用いる研究であるとする。特に後者は、教師が自分で生活史を書いたり話したりすることが「実践記録報告」と同じように教師発達の戦略となり、他者の生活史が自分の教師としての自省材料ともなる、教師教育の観点から開発された方法であるとしている。日本語教師の研究においても横溝（2006b）が、教師の成長のための一手段としてライフヒストリー研究が有効であるとし、その一例を示した。それは教師自身が単独で、これまでの日本語教育に関する経験を振り返りながら、自らのライフストーリーを記述するというものである。横溝はライフストーリーの聞き手が存在しなくとも、教師がその作業に従事することによって、教師自身の経験の振り返りが進み、それが自己理解・自己受容になり、教師の成長につながるとした。

　ただしこうしたライフヒストリー研究に共通するのは、ライフストーリーは教師の内面に確固として存在するもので、研究者や教師自身がそれを引き出すと考えられている点である。それを引き出すことが、教師の内省や、それまでの自分がどのような教師であったかの気づきとな

り、それが教師の成長であるとされてきた。ここでの教師の成長とは、教師が自分の経験を振り返り、個人的社会的歴史的文脈にいる自分に気づくなど、いわゆる自己理解といえるものである。こうした自己理解がその後、教師の行動にどのような変容をもたらすのか、特に教師が行う教育実践とどのように関係するのかまでは明らかにされてこなかった。

　一方、教師のライフヒストリー研究でもインタビューの場で、語り手と聞き手によってライフストーリーが共同生成されるという捉え方が登場し、そこに教師の成長の契機を積極的に求める研究も行われてきた。高井良（1996）は、教師教育の実践的方法戦略としてライフヒストリーに注目した研究では、語り手である教師が聞き手との対話によって、ものの見方の変容につながるライフストーリーを編み直す過程が重視されるとする。またその過程では、個人における諸経験の意味連関を問うことになり、語る営み自体がアイデンティティを模索する対話的実践になるとする。これは、語り手である教師と聞き手である研究者が語りの場でともにライフストーリーを生成していくという捉え方である。聞き手とともにライフストーリーを生成することは教師にとって、それまでの教育実践を振り返るだけでなく、後の教育実践にも影響を与える認識の変容を生むことになる。それを教師の成長の可能性として積極的に認め、教師研修の一環としてライフヒストリー研究を実施するのである。なお高井良（1996）は、このようなライフヒストリー研究では、ライフヒストリーとライフストーリーとがほぼ重なることを指摘している。

　また前述の藤原ほか（2006）は、一人の教師のライフヒストリーから、教師の実践的知識の形成過程を理解する研究の中で、教師の語りを聞くということは、経験がその言語化に先立って厳然としてあるのではないとした。そして物語論の野家（2005）の引用から、過去の出来事は想起され語られることを通して立ち現われるのであり、経験を語ることと経験を構成することは同義となるとした。藤原らがこうした立場に立つのは第一に、これまでの教師の実践的知識の探求が、参与観察などによって主に研究者側で遂行されていたのに対して、ライフヒストリー研究ではインタビューによって両者の視点が交錯し、実践経験の意味を相互主観的に了解できるからであるとしている。第二に、藤原らは先行研究から、教師が語り、研究者が聞き取る中で、教師の語りをめぐって「共同

的な脱構築」が行われたなら、語られる経験の「別の解釈を探求」しながら、「自身の語りの虜になることから教師を開放できる」ことを挙げている。一点目は、教師自身の視点から教師の経験の意味を捉えること、二点目は、インタビューそのものが教師の成長につながる可能性があることを述べているといえる。つまり、これまでの学校教師のライフヒストリー研究でその意義とされてきたことを踏襲しているのである。

　このように学校教師のライフヒストリー研究においても、語りの場でライフストーリーが共同生成されるという考え方が出てきた。しかしそれは、教師研修の実践的な方法論とするか、あるいは単に研究者のライフストーリーの捉え方の表明とするかであった。

　こうしたライフストーリーが語り手と聞き手とで共同生成されるという捉え方は、社会学や心理学のライフストーリー研究で強調される点である。さらにそれによって語り手の認識が変容し、後の行動にも影響を与えるという捉え方は、心理学や臨床分野のライフストーリー研究とも通じる。学校教師のライフヒストリー研究はそれらの分野のライフストーリー研究の影響を受け、その後ライフストーリー研究へと変遷していく。教師のライフストーリー研究を概観する前に、そのきっかけとして2000年代はじめから注目を集めるようになった、社会学と心理学のライフストーリー研究を比較、検討する。

3.1.3　社会学と心理学のライフストーリー研究
3.1.3.1　社会学のライフストーリー研究

　桜井（2002）はライスストーリーを、個人が歩んできた自分の人生についての個人の語るストーリーとした。そして調査者がライフストーリーを聞き取り、さまざまな補助データを補ったり、時系列的に順序を入れ替えるなどの編集を経て再構成したのがライフヒストリーであると説明している。桜井は社会学の分野でライフヒストリー研究を行ってきた研究者であるが、桜井（2002）で、ライフヒストリーからライフストーリーへと方法論の鍵概念が変化したことを明言し、調査者を調査の重要な対象として位置づける「対話的構築主義アプローチ」を提唱した。

　桜井（2002）は、ライフヒストリー研究には他に、他者からの聞き取りや記録文書などの資料を補ったりしてライフヒストリー作品の妥当性を

高めようとする「実証主義的アプローチ」、帰納論的な推論から語りを解釈しインタビューを重ねることによって社会的現実を明らかにしようとする「解釈的客観主義アプローチ」があるという。それらに対して「対話的構築主義アプローチ」は、語り手が「何を語ったのか」とういう語りの内容だけでなく、「いかに語ったのか」という語りの様式にも注意を払う。それはライフストーリーの語りが「かならずしも語り手があらかじめ保持していたものとしてインタビューの場に持ち出されたものではなく、語り手とインタビュアーとの相互行為を通して構築される」(p.28)という見方をするからであるという。そのため「語ることは、過去の出来事や経験が何であるかを述べること以上に〈いま―ここ〉を語り手とインタビュアー双方の「主体」が生きることである」(p.31)ともいう。ライフストーリーは〈いま―ここ〉で構築されるため、「出来事の経過や登場人物の考えや行為の中に語り手とインタビュアーの解釈が含まれて、一つのまとまりを持った語りが構成される」(p.34)といえる。さらに「そのテクストは語り手の経験と関係を持ってはいるが、語り手が実際に歩んできた人生とは相対的に独立した筋書きを持ったストーリー」(同)となるという。

　桜井はこのようなライフストーリーの捉え方をするため、語りの内容だけでなく「いかに語ったか」に注目することによって、より語り手のリアリティに迫れると主張する。そしてYoung (1987) を引用し、「語りの位相」として、出来事が筋によって構成されている語りを「物語領域」、語り手と聞き手の社会関係を表すメタ・コミュニケーションの次元の語りを「ストーリー領域」とした (p.126)。さらにライフストーリー・インタビューにおいてはもう一つの異なる位相、日常的な場面における「会話」もあるとする (p.127)。また桜井 (2012) は「語りの様式」として、個人の「パーソナル・ストーリー」、コミュニティにおける「モデル・ストーリー」、全体社会の「マスター・ナラティブ」を挙げ、分析の拠り所となる可能性を示唆した。さらに桜井 (2012) は、調査者があらかじめ持っている理解の枠組みを「構え」とし、研究者は自らの「構え」に意識的になり、柔軟な発想で調査協力者を理解していく必要があるとする。これは、研究者が研究の過程で自らを反省的に振り返りながら研究を進める姿勢、すなわち研究者も研究対象となることを強調したものである。

桜井は「対話的構築主義」という、ライフストーリーが語り手と聞き手によって共同構築される捉え方を打ち出し、「語りの位相」や「語りの様式」という概念を提示してきた。それは語り手が語った「語りの内容」をより理解するための方策であると考えられる。桜井（2012）は「〈ストーリー領域〉は、たしかに構成主義的な立場から理解できるにしても、それに基礎づけられた〈物語世界〉は語り手主導によるプロット化の限定に応じてインタビューの場から一定の自律性を持った物語、過去のリアルさをもって成立している」(p.76) と述べる。桜井の主張は、「対話的構築主義」と言いながらも、実は「物語世界」は語り手と聞き手との共同構築とは言えない部分、つまり語り手の中だけにある部分があり、聞き手は語り手の中だけにある「物語世界」をいかによく理解するか、そのために「語りの位相」「語りの様式」「構え」という概念があるのだと理解できる。

　こうした捉え方は桜井（2002）が社会学の調査において、ライフストーリー・インタビューを介して自己の書き換えが起こり、それが人生の重要な転機に思われる可能性があることを指摘しながらも、それは結果的にあり得るとしても、インタビューの目的とは言えないという主張とも合致する。それは桜井が、調査協力者の語りから、調査者が知る由もない調査協力者の人生や生活を理解することを研究の主眼としているからであると考えられる。

3.1.3.2　心理学のライフストーリー研究

　心理学のライフストーリーの捉え方は、社会学のライフストーリー研究と共通する部分もあるが、完全に一致するわけではない。

　やまだ（2007b）はライフストーリーをナラティヴの形式の一つとして、ナラティヴ研究に足場を置いた説明をしている。やまだによるとナラティヴとは、「広義の言語によって語る行為と語られたもの」(p.54) をさすとする。そしてナラティヴ研究の特徴を物語モード、語り手と聞き手の相互行為、物語の変化のプロセスという三つから説明している (p.65)。まず「物語モード」とは、「論理実証モード」（ブルーナー1998、やまだ2000）に対する知のあり方で、論理実証モードの「それは事実かどうか」ではなく、「意味の行為」や「経験の組織化」に迫ろうとするのだという。

次に語り手と聞き手の相互行為について、ナラティヴ研究は語りを一方的な流れとみなさず、また物語は記憶の貯蔵庫の中に蓄えられた固形物ではないため、語り手と聞き手の関係性や問い方によって、語られる物語も変化すると考えるという。そのため研究者の立ち位置や省察（リフレクション）も厳しく問われるのである（やまだ2007a, 2007b）。
　最後に物語の変化のプロセスについて、ナラティブ研究は語りを、うちに貯蓄した記憶を外へ表出するものとしてではなく、今ここの現場（フィールド）で語り手と聞き手の相互行為によって共同生成されるものと考えるため、変化プロセスに関心があるとする。また自己やパーソナリティも、固定した同一物とみなさず、「物語としての自己」（ナラティヴ・セルブズ）という見方をとり、多様性と変化性を重視するという。その上で、やまだは以下のように述べる。

> ナラティヴ研究は、自己物語や人生物語や家族物語を民族物語など、今までドミナントであった物語にとらわれず、別の物語や別のヴァージョンで語り直すことによって、物語が変化するプロセスに関心をもつ。物語は、時間的にも空間的にも「今」「ここ」を超えるイメージをつくりだし、未来を変えていく力をもつのである。
>
> (p.66)

　やまだは以上のようなナラティヴ研究に基礎を置いたライフストーリー研究を行っている。やまだ（2000）は物語（ストーリー）を「二つ以上の出来事を結びつけて筋立てる行為」と定義し、ライフストーリーとはその人が生きている経験を有機的に組織し、意味づける行為であるとする。そして、人生を理解する方法として、物語が重要な役割を果たすという。人は外在化された行動や事件の総和として存在しているのではなく、一瞬ごとに変化する日々の行動を構成し、秩序づけ、「経験」として組織し、それを意味づけながら生きているからである。こうした経験の組織化、そして、それを意味づける「意味の行為」が「物語」と呼ばれるものであるとする。
　つまり人は、物語を語ることによってはじめて、人生で起きた過去の出来事を経験として組織し、意味づけることができるのである。人生の

物語、すなわちライフストーリーを聞き取ることは、その人の人生全体を理解する唯一の方法なのだという。

さらにやまだは人生を物語として捉えることは、生涯発達心理学においては、「発達段階論」から、「人生の物語論」への移行という大きな転換をもたらすとする。それによって、発達の道筋が一つではなく、幾通りもあることを具体的に示すことができ、また、可塑性や変化可能性や多様性を強調する多くの生涯発達研究と連動するという。これまでの論理実証モードにある研究が、個別事例の具体性から論理的抽象によって事例を越えて一般化へ向かおうとするのに対し、物語モードでは、「個別の具体性」「日常の細部の本質的顕現」自体を複雑なまま、まるごと一般化しようとし、それをモデルとして代表させる方向性を持つとする。

以上のような認識からやまだ（2000）はライフストーリーを、語り手と聞き手によって共同生成される、ダイナミックなプロセスであるとする。そして、ライフストーリーを共同生成する過程で、ストーリーを語り直す行為、つまり過去の経験を新たに意味づけたり、出来事と出来事の結びつきを変えて、経験を意味づけし直したりする行為は、過去の出来事を再構成し、人生に新しい意味を生成するものであり、それによって、その後の生き方も変わるという。またやまだ（2005）はこうした語りが、ことばの力によって、今ここにある現在の世界を変える力を持つことも指摘している（p.200）。

これらを踏まえてやまだ（2007b）は、ライフストーリーが強みを発揮するのは、今ある世界の現実を超える「可能世界」（ブルーナー 1998）を構成したり、自分が生きてきた物語とは「異なる声」を聞き、「もうひとつの物語」を生成するときであるとした。臨床分野のナラティヴ・アプローチでは、多様な語り、多様なイメージ、多様な物語の同時共存を許容し、それぞれの文脈（コンテクスト）にいる人々が自分自身の経験を自身の声で語る多声性と、語りの共同生成を育む。支配的物語（マスターナラティヴ）や優勢物語（ドミナントストーリー）に対して、「もうひとつの物語」「異なる物語」が生まれる土壌を大切にするのだという。

3.1.3.3　社会学と心理学のライフストーリーの捉え方の比較

桜井とやまだのライフストーリーの捉え方の共通点は、ライフストー

リーが語り手と聞き手の相互行為によってインタビューの場で生み出されると考えること、そのため語りが生まれるインタビューの場における相互行為に注目し、研究者自身も研究対象として、インタビューや研究者自身を省察的に捉えることである。ただし両者には異なる点がある。桜井は「物語世界」には語り手と聞き手との共同構築とは言えない部分、つまり語り手の中だけにある部分があるとし、聞き手は語り手の中だけにある「物語世界」を理解するために「語りの位相」「語りの様式」「構え」という概念を提示している。それに対して、やまだはナラティヴ研究にもとづいて、臨床分野のナラティヴ・アプローチと同様に、ライフストーリーが静態的構造として、語り手の中に固定的に存在し、それをインタビューによって取り出すのではなく、語り手と聞き手によって共同生成される、ダイナミックなプロセスであるとした。だからこそ、ライフストーリーを共同生成する過程で、語り直す行為、つまり過去の経験を新たに意味づけたり、出来事と出来事の結びつきを変えて、経験を意味づけし直したりする行為が、過去の出来事を再構成し、人生に新しい意味を生成するのだとする。それによって、その後の生き方も変わるのだという。

　こうした違いは、両者のライフストーリー研究における、焦点化する部分の違いにあると考えられる。上述のように桜井は、聞き手が知る由もない、語り手だけが持つ過去のリアリティに焦点化し、それを理解するために、語りの場の相互行為に注目し、研究者を省察的に捉え、研究者の「構え」と調査協力者のリアリティとの差を重視する。マスターナラティヴやドミナントストーリーなどの語りの様式に注目するのも、語り手の過去のリアリティを理解するための手段である。語り手の過去に目が向いているのである。一方やまだは語り手の過去よりも、語り手と聞き手の相互作用による語りの生成に焦点化しているため、「ストーリー領域」、「物語世界」などの語りの位相には注目していない。それらすべてが相互行為の場で生成されると考えるからである。語り手だけが過去のリアリティを持つとは考えないため、研究者がどのような「構え」を持ち、それと協力者のリアリティとの差も問題にはならない。マスターナラティヴやドミナントストーリーは、新たに生まれるオルタナティブストーリーとの対比で用いられる。語りの場での経験の意味生成が、

未来にどうつながるかのほうに焦点化されているのである。

　しかし、桜井を代表とする社会学のライフストーリー研究が未来に目を向けていないわけではない。石川（2012）は社会学の立場から、桜井（2002）が「対話的構築主義」の立場をとることが研究にどのような意義を与えるのかを示していないことを指摘した。そして、ライフストーリー・インタビュー時の調査者の経験を自己言及的に記述すること、つまり語り手と聞き手との相互行為を研究の中で積極的に描き出すことの意義が、次の2点にあるとした。一点目は調査協力者の経験そのものを「ひとつの「物語」として」把握するだけでなく、調査者がその「物語」を生み出した経過をも同様に把握することができたとき、調査協力者の経験をより深く理解することができるということである。二点目は、研究の過程で調査者が自らの構えを捉え返していくことは、調査者と調査協力者がともに生きている社会を明らかにしつつ問い直す過程でもあり、それは新たな視点やストーリーの生成に帰結するという。その生成過程を読者に提示し、それを読者が追体験できれば、新たなストーリーが流通し、社会を変革する可能性が生まれる。つまり、調査者の試行錯誤の経験を率直に描くことは、この社会を生き抜き、また社会を作り変えていく助けとなるような知を産出することになるというのである。

　ただし、上述のように心理学のやまだは、語りの場でのライフストーリーの生成過程に注目し、語ることそのものが未来を変えていくことを主張しているのに対して、石川は研究者がライフストーリーの内容を理解する研究過程を明らかにすることが社会の変革につながるという違いがある。

　また、やまだも語りの場の相互行為に焦点化しているからと言って、語り手だけが持つ過去の記憶を否定し、すべてが社会的に構成されているというのではない。語り手の人生や生活の実態はあるが、それはそのまま語られるわけではなく、語り手によって繰り返し確認されたり、ズレを持って語り直されたりする「ナラティヴ」となる（やまだ2007a）。その「ナラティヴ」に注目するのである。同様に心理学の能瀬（2006）も、桜井（2002）が引用しているYoung（1987）の「物語世界」と「ストーリー領域」について、はっきりとした区別をすることは難しいと述べている。「ナラティヴ」は過去に生じた出来事を扱うとしても、聞き手に何か

を伝えようとする行為であるため、たとえ「物語世界」であっても、「今・ここ」で形作られるからである。

　以上の、社会学と心理学におけるライフストーリー研究の特徴に照らして、これまでの、日本語教師を含む教師のライフストーリー研究を概観し、本研究のライフストーリー研究の捉え方と、その意義を述べる。

3.1.4　教師のライフストーリー研究

　社会学と心理学のライフストーリー研究はこれまで、学校教師の研究に大きな影響を与えてきた。学校教師の研究では、従来は社会学に倣った実証主義的アプローチのライフヒストリー研究が行われてきた。その後、学校教師の研究においても、語り手と聞き手の相互作用でライフストーリーが生成されるという考え方が登場した。ただしその考え方は、教師研修としての効果が期待される、ライフヒストリー研究の一つの形として、あるいは単にライフヒストリー研究を行う研究者の立場として示され、2000年代半ばまでライフヒストリー研究が主流であった。

　ところが2000年代半ば以降、社会学や心理学のライフストーリー研究の影響を受け、学校教師の研究においてもライフヒストリーではなく、ライフストーリーを前面に出す研究が現れはじめた（例えば、浅野2004, 木原2005, 塚田2008, 高井良2009, 2015など）。ただし、ライフヒストリー、ライフストーリーの区別を意識せず、単に教師の人生についての語りをデータとして用いれば、ライフストーリーと称して分析している研究も少なくない。また、ライフヒストリーのように歴史的・社会的文脈に即して語りを再編成せず、個人の語りをそのまま用いるという意味で、ライフストーリー研究であるとする研究もある。それらは、ライフヒストリー研究と同様に、ライフストーリーは語り手の頭の中に確固としてあるものであり、それを研究者が取り出すという認識が、無意識のうちに見られる。

　一方、塚田（2008）や高井良（2015）は、主に社会学のライフストーリーの捉え方をもとに、ライフストーリーが聞き手との相互行為によって、語りの場で構築されること、語りの内容だけでなく形式にも注意を払うこと、聞き手である研究者自身も分析の対象となることなどを、ライフヒストリー研究との違いとして明示している。塚田（2008）は長年、

自ら行ってきた学校教師のライフストーリー・インタビューを反省的に捉え、ライフストーリー・インタビューの可能性を論じている。その中で、調査対象者と調査者の相互行為によって、研究テーマの展開や研究テーマの変化があったこと、また語り手の経験の語り手自身の解釈の変化が起きた例を挙げ、ライフストーリー・インタビューが、自分では気づかなかった新しい世界の見方を学ぶ機会となることを主張している。また高井良（2015）は、自身がこれまで行ってきた学校教師のライフヒストリー研究の協力者4名に、再度インタビューを行い、ライフストーリー研究として分析し、ライフヒストリーとライフストーリーの両方の手法を用いて、教師の中年期の危機と再生を描き出した。特にライフストーリー研究の部分では、語りの様式への注目を重視し、ナラティヴ・アプローチを実践する臨床社会学の野口（2002）が提示する「支配的な物語（ドミナント・ストーリー）」や「もう一つの物語（オルタナティブ・ストーリー）」という概念を導入した。そしてライフストーリーの語り直しに注目することで、教師のアイデンティティの変容を捉えようとしている。また語りの様式を、桜井（2002）のいう「会話」「ストーリー領域」「物語領域」に分節化して、ライフストーリーの生成過程も明らかにしようとしている。これらを通して高井良は、歴史的、社会的な事実として教師のライフヒストリー研究を行うことには、そこからこぼれおちる教師のリアリティがあるという、ライフヒストリー研究の限界と、ライフストーリーの語り直しによって未来を志向するライフストーリー研究の可能性を指摘している。

　こうしたライフストーリー研究への移行の流れは、欧米の教師のライフヒストリー研究を牽引してきた、上述のグッドソンにも見られるという。高井良（2015）はグッドソンが2000年代以降、ライフストーリーの語りの形式に注目したり、ライフストーリーが立ち上がるプロセスを、教師と教育研究者の協働作業であると位置づけ直すなど、ライフストーリーも鍵概念として位置づけていることを指摘している。日本でも欧米でも、教育研究において、ライフヒストリーからライフストーリーへ関心の移行があり、それは社会学や心理学の影響を受けつつ、研究の潮流を形成しているのだという（高井良2015: 76）。

　こうした流れを受けて、学校教師のようなライフヒストリー研究の蓄

積がない日本語教育でも2000年代以降、教師の経験を理解するためのライフストーリー研究が現れ始めた。逢・江口（2003）は、台湾人日本語教師の視点から日本語教育を捉えるため、江口（2008）は日本語教師の多様性を示すために、教師のライフストーリーを聞き取って分析している。江口らの論考は、ライフストーリーという名称を使用しているものの、ライフヒストリーとの違いなどの方法論には言及せず、教師のライフストーリーをただデータとして使用している。また太田（2010）は、オーストラリアの学校教師である非母語話者日本語教師のライフストーリーから、日本語教師としての学びの過程とその内容を把握しようとした。教師の経験を教育実践のみならず、教職に入る以前の外国語学習経験や私生活も含め広範に捉え、日本語教育に関する教師の視点とその形成過程を明らかにした。そして、言語教育政策や言語教育理論にはない、現場の教師が持つ視点に注目し、教師の視点を教師養成・研修に生かしていく重要性を指摘した。したがって太田は従来の学校教師のライフヒストリー研究の方向性を踏襲しているといえる。さらに飯野（2009b）は、一人の母語話者日本語教師のライフストーリーから、教師が長い教授歴を通して関わってきた複数の実践コミュニティ間の移動の軌跡と、その過程での教育実践の変化を追って、教師の成長のあり方を、教師を取り囲む状況や文脈とともに捉えようとした。これらの日本語教師のライフストーリー研究は、語り手である日本語教師の語りの内容のみに注目したものであり、語り手と聞き手との間でどのような相互行為が行われたかなどは明らかにされていない。ただし太田（2010）は、桜井（2002）を引用し、ライフストーリーが語り手と聞き手との相互行為によって構築されるという立場をとることを明記している。そしてライフストーリーが、聞き手との関係によって変化するものであり、だからこそ、インタビューが行われた文脈を明らかにし、手続きの「透明性」を確保することで、読者に向けて研究の信頼性を高めるとする。ライフストーリーがインタビューの場で共同生成されるという捉え方をする場合、確かにこうした信頼性の確保は重要になる。しかし、なぜライフストーリーが相互行為によって生成されるという立場をとるのか、それによってなにがもたらされるのかは言及されず、単に研究者の立場の表明となっている。

一方、飯野 (2010) は、語り手である日本語教師と聞き手との相互作用により、教師の経験の意味づけが変わり、その後の教育実践の変容にもつながる可能性を、一人の教師のライフストーリー・インタビューのデータを分析することから示した。この研究は、語り手である教師のライフストーリーの内容を理解するというよりも、学校教師のライフヒストリー研究で、教師研修の実践的方法論とされてきたような、インタビューの場での相互行為に注目したものである。ライフストーリーの語り直しによる語り手の変容、すなわち成長に焦点化した、特に心理学や臨床分野のライフストーリー研究の影響を受けた研究である。

3.1.5　本研究のライフストーリーの捉え方とその意義
　これまで教師のライフヒストリー研究、ライフストーリー研究はいずれも、教師の成長や教師教育に関する研究が、教師の実践の文脈から切り離され、教師の個人史および教師自身の視点が見過ごされてきたことへの問題意識から行われてきた。そしてその研究成果をもとに、段階的で直線的、脱状況・脱文脈的ではない成長のあり方を示し、教師養成・研修に示唆を与えること、研究そのものが他の教師に振り返りを促すことが示されてきた。こうした学校教師の研究に加えて、上述のやまだ (2000) のライフストーリーの捉え方から示唆を得ると、日本語教師が生きてきた長い時間に起こった出来事を経験として理解するためには、教師が人生をどのように経験として意味づけ組織化するかを、ライフストーリーを聞き取ることによって理解する必要があるといえる。また心理学で指摘されている、ライフストーリー研究の、発達に対する新たな見方の可能性は、本研究が日本語教師の成長を、個々の教師の内面に知識を積み上げたり技能を獲得したりする、直線的あるいは段階的な成長とは異なる、成長の再概念化を目指す方向性とも合致している。
　以上から、本研究でライフストーリー研究を採用することによって、次の二つのことが可能になるといえる。まず、日本語教師が長い教授歴を通して、教師が関わってきた複数の実践コミュニティ間の移動の軌跡を、長期的で広範な視野から把握し、語り手自身の視点からその経験を理解できる。また、第一の立場、第二の立場で示されてきたような、段階的で直線的、脱状況・脱文脈的ではなく、個々の教師の多様な成長過

程を、教師が行う具体的な教育実践の文脈とともに把握できる。

　第2章で述べたように、本研究では日本語教師の成長を、教師の内面にのみ起きることではなく、他者や事物などとの社会的な関係性の中に立ち現われるものとして捉えようとしている。そのため教師のライフストーリーも、教師の内面に確固としてあるのではなく、語り手と聞き手との対話的相互作用により、語り手の過去の経験がインタビューの場で構成される、つまり語り手と聞き手との構成物であることが、重要な意義を持つ。特に本研究では、聞き手である筆者も語り手と同様に日本語教師であり、語り手もそれを承知した上でライフストーリーを語っている。そのため、語り手と聞き手がともに日本語教育コミュニティの参加者であり、語り手は日本語教育コミュニティとの関係性、また筆者を代表とする具体的な他の日本語教師との関係性から、インタビューの場で間主観的に、自らを位置づけるアイデンティティ交渉を行っており、ライフストーリーはその結果となる。

　教師たちの長期に渡る、日本語教師として生きられた人生に、実際に接することはできない。しかし本研究は、社会学のライフストーリー研究のように、研究者が知る由もないマイノリティや被抑圧者の経験を、当事者の語りから理解し、それをもとに社会を変革しようとする研究とは大きく目的を異にする。日本語教育の専門家同士の相互行為によってライフストーリーを生成するのである。やまだ（2005）は専門家同士のライフストーリー・インタビューを例に、以下のように述べる。

> インタビューで質問されることによって、語り手が語ろうと意図した以上のことが、聞き手とのやりとりの中で、その場で共同生成されていくのである。お互いがお互いを補いながらその場で何かが生まれてくる。新たな語りが生まれてくる生き生きとした共同生成のプロセスが進行すれば、そのインタビューは成功であるし、語り手にとっても聞き手にとっても得難い楽しい体験になる。　　（p.209）

　本研究は、日本語教師である筆者が、同じ日本語教師である語り手のライフストーリーを相互行為によって生成し、その職業的人生を理解し、その結果を日本語教育関係者に提示することによって、日本語教育

をさらに発展させることを志向している。したがって、教師のライフストーリーを研究することによって、日本語教師の過去の経験を聞き、理解するだけでなく、筆者と語り手である教師、そして本研究を受容する日本語教育関係者にとって、新たな何かが生まれることを期待する。それは、語り手の過去の経験、つまり「物語世界」の理解に焦点化するのではなく、インタビューの場で生成されるライフストーリーそのものに注目して、日本語教育の未来に志向した解釈を行う、心理学のライフストーリー研究の捉え方にもとづく研究となる。

3.2 研究の手続き

本研究は方法として、日本語教師のライフストーリー研究を行うため、日本語教師へのライフストーリー・インタビューを実施した。上述のように、ライフストーリーは語り手と聞き手の相互行為により、インタビューの場で生成されるものである。すると当然のことながら、語り手の語りは、語る相手によっても、場の雰囲気や状況によっても影響され変化する（やまだ2000, 桜井2002）。このような特性は、従来の量的調査法で指針とされてきた、信頼性や妥当性の基準が、ライフストーリー研究では必ずしも適切で重要な基準とはなり得ないことを示す（桜井2002）。それに代わる基準として桜井（2002）は、データ収集から分析に至る基礎的な過程を明らかにする「透明性」を挙げている。そのため本研究においても、以下で、語り手である研究協力者の選択方法、インタビューの実施手順、分析の視点の抽出方法、次章のライフストーリーの記述方法、語り手と聞き手である筆者との関係、語り手のインタビュー当時の状況などを明記し、研究の透明化に努める。

3.2.1 研究協力者の選択方法

研究協力者である日本語教師へのインタビューは、筆者が一般成人向けの日本語コースの主任講師として欧州に滞在していた期間中の2007年3月に、筆者の同僚である欧州在住の日本語母語話者教師に依頼して開始した。日本語母語話者教師を対象としたのは、現地の日本語母語話者教師が、日本で学校教育を受け、日本あるいは第三国で日本語教師と

しての養成を受け、日本語教師となってからは、欧州の高校や大学、民間の語学学校など、日常的に複数の機関を移動しており、中には、それ以前に日本や第三国での日本語教授経験を持つ教師もいたためである。つまり、日本語母語話者教師は、ほぼ全員が日本語教育機関の移動を経験しており、教師の成長を、移動との関係から把握するのに適していると考えたからである。これに対して、現地の非母語話者日本語教師のほとんどが、現地で学校教育を受け、現地で日本語を学び、日本語教師となってからは、現地の日本語教育機関で、ただ一人の日本語教師として、同一の機関に長く勤めており、研修などに参加する機会も少なかった。そのため、移動と教師の成長との関係に接近できるかどうか不明であり、対象とはしなかった。

インタビューは欧州の筆者の同僚から開始し、徐々に同国内から、欧州域内に住む筆者の知り合いの教師に、範囲を広げて協力を依頼していった。また、知り合いの教師から、筆者が直接には面識のない教師の紹介を受け、協力を依頼することもあった。その結果、欧州在住の日本語教師33名にインタビューを実施することができた。

3.2.2　インタビューの実施手順

研究協力を依頼するに際しては、筆者が日常的に顔を合わせる教師には口頭で、また、居住地が離れていても直接の知り合いである教師には電子メールで依頼をした。さらに、知り合いの教師から紹介を受けた、面識のない教師には、電子メールに研究協力依頼の文書を添付して連絡した。そして、協力の承諾が得られたら、協力者の都合に合わせて、インタビューの日時と場所を設定した。インタビューの場所は、協力者の希望により、筆者の職場や自宅、協力者の職場や自宅、協力者が指定した喫茶店やレストランなどであった。

インタビューの際はもう一度、インタビューの趣旨、インタビューの方法、インタビュー後のデータの扱いについて説明し、承諾を得てからインタビューを開始した。インタビューの内容は、協力者の承諾を得て、ICレコーダーに録音した。筆者はインタビューのはじめに「日本語教師になろうと思ったきっかけは何ですか」という質問から始め、その後は、大まかな時間軸に沿って日本語教師としての経験を網羅的に聞い

ていく非構造化インタビューとした。筆者は協力者の語りに沿って、語りを促したり、語りの内容を確認したり、詳しい説明を求めたりした。

　1回目のインタビューが終了すると、録音したインタビューのデータを筆者自身で文字化し、内容を読み込み、再度面会できる環境にいる協力者には、2回目、3回目のインタビューを実施した。その際、前回のインタビューで詳しく聞けなかった事柄について質問したほか、前回のインタビュー後に新たに経験した事柄についても質問した。また、協力者の経験の中で、似た経験同士を関連づけて、それらが影響し合っているか、あるいは、ある特別な経験がその後の経験にどのような影響を与えたか、さらに、協力者の経験を筆者の経験と関連づけて、筆者の経験をもとに、協力者に質問をすることもあった。インタビューの時間は1回につき1時間半から、3時間程度で、インタビューが複数回に渡った協力者の中には、合計6時間に及ぶ者もいた。最終的に、調査期間は2010年3月までとなり、33名の協力者に対して、延べ43回のインタビューを実施した。内訳は、1回のみが25名、2回が6名、3回が2名である。

　インタビューの内容はすべて録音したほか、録音前後に教師たちが語った内容はその場でメモするか、その日のうちにメモをまとめ、補足データとした。また、協力者が自作の教材や練習問題のプリント、カリキュラムに関する資料などを提供してくれたり、協力者が書いた報告や論文の掲載場所を紹介してくれたりする場合もあり、それらは参考資料とした。また、インタビューの後日、電子メールで送られてきたインタビューの感想、さらに筆者が、協力者のインタビュー内容を論文に載せるため、協力者に原稿を確認してもらうために送ったEメールに返信された記述も参考とした。

3.2.3　研究倫理

　本研究では、研究協力者に対して、協力依頼時とインタビュー開始前の2回、口頭、あるいは文書で、日本語教師の成長過程を把握するための、教授歴全体についてのライフストーリー・インタビューをすること、インタビューの内容を録音すること、インタビューの内容は筆者の研究論文内で使用する可能性があること、使用する場合は事前に使用部分を確認してもらうことを伝え、承諾を得た。そして、論文に掲載する予定

の、インタビュー内容を文字化したデータを、電子メールで協力者に確認してもらい、記述の変更の依頼があれば、それに従った。

また、プライバシー保護のため、協力者名および、インタビュー・データの中に登場する、人名、機関名、教材名、言語名などは、筆者の判断で、特定できないように、アルファベット一文字で表記した。さらに、協力者が日本語教師として赴任した国、インタビュー時に在住していた国については、筆者の判断で国名を出さず、欧州、アジア、南米、中米などの地域名で記し、特に在住している国を「現地」、その国の人を「現地人」、その国の言語を「現地語」と表記した。

3.3 分析の視点

本研究では、研究協力者33名のうち、5名の日本語教師のライフストーリー・インタビューを分析・考察の対象とした。分析については、インタビュー調査開始当初から、終了したインタビューの録音内容を文字化し、読み込んで、分析の視点を模索しながら、新たな協力者へのインタビューや、2回目、3回目のインタビューを並行して行っていった。調査開始当初から、協力者の教育観の変化に注目していたため、調査期間の途中からは、教育観の変化を語ったと判断できた教師のインタビュー・データから優先的に文字化した。その後、調査と分析を進めるに従い、教育実践の立場の変化という視点が形成され、5名の教師の抽出に至った。その時点でインタビューを実施した研究協力者は33名、その中で、インタビュー内容を文字化していたのは17名分であった。残りの16名の教師のインタビュー・データは再度確認し、教育実践の立場の変化は語られていないと判断した。その後は、抽出した5名の教師を比較しながら、分析・考察を進めた。

やまだ（2000）が述べるように、ライフストーリー研究は、個別の具体性を複雑なまま、まるごと一般化しようとし、それをモデルとして代表させる方向性を持つ。データに根差して理論化を行う点では「グラウンデッド・セオリー」（グレイザー・ストラウス1996）と共通しているが、グラウンデッド・セオリーは、データをもとにコード化によってカテゴリーを生成し、カテゴリー同士を関連づけて理論を練り上げる。そのため、

抽象化の結果、個別の具体性が捨象されることは否めない。その点、人々の経験の豊かさや主観的現実をすくい上げることができるのが、ライフストーリー研究であるとされる（桜井・小林2005）。

桜井（2002）は、ライフストーリーの解釈・分析は、個人が自らの経験にどのような意味を与えるかの説明を構築し、そこから何らかの解釈を取り出す作業であり、王道はないとする。あるのは一定のパースペクティブにもとづいた分析・解釈の試みであるとして、以下のように述べる。

> どのように人生における出来事や経験が連関しているのか、語り手は、その理由や動機をどのように理解し説明しようとしているのか、他の人々の人生経験とどのように類似し、また異なっているのか、などのアイディアを、特定のストーリーから引き出すことができれば、単一のストーリーであっても、一般化へのステップとなりうるだろう。
>
> （桜井2002: 173）

桜井は、そうした一般化、つまり新しい理論構築を促すようなアイディアの例として、「個人の人生における転機」を挙げている。日本語教師の教育実践の立場の変化は、教師にとって転機ともいえるものである。本研究では、第2章で詳述した研究の視座をもとに、個々の日本語教師が、教育実践の立場の変化をどのように理解し説明しようとしているかを、教師の移動と絡めて解釈する。そして、その過程での他者との相互作用・対話、つまり教育実践のアイデンティティ交渉と、その結果としての、教師が関わる実践コミュニティの変容、また、それに伴う日本語教育コミュニティのとの関係性からの、教師のアイデンティティ交渉を捉え、個々の教師の成長のあり方を記述していく[1]。さらにそれが、他の教師とどのように類似し、異なっているのかを考察することから、教育実践の立場を変化させる日本語教師の成長過程を明らかにする。

3.4 ライフストーリーの記述方法

本研究で分析・考察の対象とする5名の日本語教師のライフストーリー・インタビューの内容は、すべて筆者自身が文字化した。教師の個々

の発話の先頭には、各教師を表すアルファベット一文字を、筆者の発話の先頭にはQをつけ、筆者の発話も含めて、すべての発話に通し番号を付した。次章では、5名の教師のライフストーリーを個別に、筆者の解釈とともに記述するが、文字化したインタビュー・データのすべてを、そのまま提示するのでは、データが膨大で、視点も定まらなくなる。そのため、教師たちのライフストーリーは、分析の視点をもとに、筆者が解釈した結果として示し、解釈の拠り所となっている対話を、インタビュー・データからそのまま引用し、掲載した。

　ライフストーリーの記述は、できる限りインタビューの流れに沿って行ったが、時系列に合わせたり、話題によってまとめたりして、実際の語りの順番とは変えて記述した部分がある。それについては、発話の先頭にある通し番号を見れば、発話間の順序や連続、非連続が理解できるようになっている。また、2回目、3回目のインタビューのデータは、引用の先頭に［2回目］、［3回目］と表示しており、表示のないものは1回目のインタビューのデータである。なお、2回目、3回目のインタビューのデータの引用は、1回目のインタビューでその話題が語られた部分とともに提示した。

　また、すべての教師について、筆者が、初期の教育実践の立場にある時期と、その後、教育実践の立場の変化が起こった時期以降とに分け、それぞれの時期の中で、まとまりのある話題に見出しをつけ、内容を理解しやすくした。

3.5　5名の教師の略歴とインタビュー実施の概要

　本研究で分析・考察する5名の教師、I、S、Y、N、Oについて、それぞれの略歴とインタビュー実施の概要について記す（表2：5名の教師へのインタビュー実施の概要）。

Iの略歴

　大学院生であった1970年代に、欧州に留学し、博士号を取得した。留学中、友人に日本語を教えたことをきっかけに日本語教育に興味を持った。日本へ帰国後、欧州人である妻と、欧州で生活することを考え、日

本語教師を志望するようになった。1980年代前半に短期および長期の日本語教師養成講座を修了した後、日本の外国人研修生の受け入れ機関で、教材制作に従事しながら授業も担当した。その間、大学の非常勤講師として留学生の日本語クラスも担当した。1980年代後半に渡欧し、妻の出身国の大学の日本学科で、日本語教育を担当する専任講師となった。その後、日本語の主任講師となり、20年以上、同大学に勤め、同国の大学日本語教師の会でも中心的な役割を果たしている。

インタビュー実施概要

　本研究で分析・考察する5名の教師の一人であるYから、はじめはIの同僚教師を紹介された。その同僚教師に連絡を取ったところ、Iやその他の同僚もインタビューに協力したいとの申し出があった。その同僚教師と電子メールで連絡を取り合って日程を調整し、2008年7月にIの勤務大学を訪ねた。その日、Iと初めて対面し、翌日、Iの個人研究室でインタビューを実施した。インタビューはその1回のみである。

Sの略歴

　1980年代前半に夫の海外赴任に伴い、欧州に滞在した。その間、現地の語学学校で日本語のプライベートレッスンを担当し、日本語教育に興味を持った。帰国後、日本語教育能力検定試験受験のため、通信講座で基礎知識を学び、検定合格後に、専門学校の日本語コース（以下、日本語学校）の非常勤講師となった。その後、15年以上、同日本語学校で進学予備教育に関わりながら、外部で行われていた認知心理学にもとづく新しい教授法（以下、新教授法）の勉強会に継続的に参加し、日本語教育を専攻する大学院へも進学した。夫との死別を経て、大学院修了後には欧州に渡り、新教授法を実践する日本語教育機関の客員講師となった。さらにその任期終了後は、欧州の同国内の大学の日本語講師となった。

インタビュー実施概要

　筆者が知り合いの日本語教師に研究協力者を探している話をしたところ、友人であるSの紹介を受けた。筆者からSに直接電子メールで連絡し、インタビューの承諾を得て、日程を調整した。2008年7月に欧州の

Sの自宅を訪問し、インタビューを実施した。インタビューはその1回のみである。

Yの略歴

大学では美術教育を専攻し、卒業後は絵画の制作をしながら複数の高校の美術講師を15年間勤めた。1990年代後半、英語母語話者で英語教師である夫とともに渡欧することとなり、現地での仕事として日本語教師を考えた。そのため、日本の居住地で実施されていた外国人配偶者のための日本語ボランティア講習会に通った。その後渡欧し、居住地周辺の語学学校、高校、成人教育機関、大学など複数の機関で日本語講師を務めてきた。日本や欧州で実施される現職者教師研修に参加した経験を持ち、現地の日本語教師会でも中心的な役割を果たしている。

インタビュー実施概要

筆者とは、共通の友人を介して、研究協力を依頼する前からの知り合いであり、電子メールで、担当する日本語コースの情報交換をしたり、筆者がYの勤務機関を訪ねたりしたこともあった。研究への協力を依頼したところ、インタビューを承諾してくれるのみならず、欧州域内に住む友人の教師を何名も紹介してくれた。日程を調整した結果、インタビューは2008年7月に、Yの勤務機関で2日間に渡り実施した。また、筆者が日本に帰国した後、Yが長期休暇をとり、日本に滞在していた2010年3月にも、筆者がYの居住地を訪問し、2回目のインタビューを実施した。

Nの略歴

大学の福祉学科卒業後、障害児施設の指導員を経て、音楽療法を学ぶために渡欧した。その後、中米の幼稚園に音楽担当の教員として勤めたが、幼稚園の経営難から、1980年代半ばに、同国内にある日本語学校で教師として職を得た。日本語教育の知識や技術は、日本語学校で実践しながら得ていき、後に、日本で実施される現職者教師研修にも参加した。その日本語学校の教務主任まで務めたが、その後帰国し、日本では他の職業に就きながら、現職者教師研修を受講していた。数年後、南米の日

系人の子どもが継承語として日本語を学ぶ学校（以下、継承語学校）に赴任した。その任期終了後は、日本で日本語学校の非常勤講師を務める傍ら、日本語教育を専攻する大学院に進学した。大学院修了後は、欧州の成人教育機関に赴任し、さらにその任期終了後は、欧州の同国内の高校の専任講師となった。また、勤務高校と同市内の大学や成人教育機関でも日本語講師を務めている。

インタビュー実施概要
　筆者とNは同時期に同じ派遣機関から欧州に派遣されることになり、日本で行われた派遣前研修で知り合った。欧州では筆者がNの勤務機関を訪問したこともあった。研究協力については、筆者が日本に帰国してから、同時期に帰国していたNに連絡し、依頼して、承諾を得た。2008年11月に日本のNの居住地近くのレストランで1回目のインタビューを実施した。その後、Nは高校の専任講師として再び渡欧したが、2009年7月、2009年12月と、長期休暇で帰国するたびに日本でインタビューを依頼し、計3回実施した。

Oの略歴
　1980年代後半、高校生のときに英語圏でホームステイし、現地の高校の日本語の授業を見学したことで日本語教育の存在を知り、日本語教師の仕事に興味を持った。大学では英語を専攻し、副専攻や通信講座で日本語教育の知識を得た。卒業後はアジアに語学留学する傍ら、1年間アルバイトで夜間の職業学校の日本語クラスを担当した。その時、うまく教えられなかったことから、欧州の全日制の日本語教師養成講座に入った。修了後は、アジアの大学へ赴任し、大学で唯一の日本語母語話者教師となった。その任期終了後は、欧州の成人教育機関に赴任し、その任期が終わっても現地にとどまって、日本語補習授業校（以下、補習校）で中学生・高校生の国語のクラスを担当した。その後、日本の大学院に進学し、継承語教育について専門に学び、再び欧州に戻った。そして大学の日本語コースの主任講師となり、同時に補習校、成人教育機関の講師も務めている。

インタビュー実施概要

　筆者が知り合いの日本語教師に研究協力者を探している話をしたところ、Oの紹介を受けた。筆者から直接電子メールを送り、研究協力を依頼し、承諾を得た。偶然にもOはNと居住地が近く、親しい関係であることがわかり、欧州のNの自宅でインタビューを実施することとなった（この時点でNには研究協力の依頼をしていなかった）。インタビューの前日に初めて対面し、夕食をともにして、翌日の午前、インタビューを実施した。午前で終了する予定であったが終わらず、当日夜に続きを実施した。インタビューはその1日のみである。

表2　5名の教師へのインタビュー実施の概要

名前	実施日（時間）	場所	内容	教師の状況	参考資料
I	2008年7月9日（150分）	Iの個人研究室	日本語教育に関する経験を時系列に沿って網羅的に聞く	勤務機関の学期中	自作の主教材、カリキュラム表、インタビューの文字化データ確認時の電子メール
S	2008年7月6日（90分）	欧州のSの自宅	日本語教育に関する経験を時系列に沿って網羅的に聞く	勤務機関の学期中	インタビューの文字化データ確認時の電子メール
Y	2008年7月2日（120分）	Yの職場	日本語教育に関する経験を時系列に沿って網羅的に聞く	夏休みに入り、成人教育機関の短期集中講座を担当中。この直後1年間の休暇取得	自作の主教材の一部、論文原稿確認時の電子メール
	2008年7月3日（90分）		前日の続き		
	2010年3月6日（150分）	日本のYの自宅近くの喫茶店	前回の内容について具体化したり、複数の経験を関連づける質問をする。また現在の心境などを聞く	1年間の休暇を延長して日本滞在中	
N	2008年11月6日（110分）	日本のNの自宅近くのレストラン	日本語教育に関する経験を時系列に沿って網羅的に聞く	欧州の成人教育機関の任期を終え、半年間の日本滞在中	インタビュー前後の会話のメモ、論文原稿確認時の電子メール
	2009年7月28日（130分）	日本のNの自宅近くのレストラン	1回目の内容について具体化したり、複数の経験を関連づける質問をする。また新しい経験について聞く	欧州の高校・大学で講師を始めて半年後、夏休みの一時帰国中	
	2009年12月25日（120分）	東京都心のレストラン	2回目の内容について具体化したり、複数の経験を関連づける質問をする。また新しい経験について聞く	欧州の高校・大学の講師を始めてほぼ1年後、年末年始の一時帰国中	
O	2008年7月6日午前（90分）	欧州のNの自宅	日本語教育に関する経験を時系列に沿って網羅的に聞く	勤務機関の学期中	業務報告、実践報告、学会発表資料、論文原稿確認時の電子メール
	2008年7月6日夜（150分）		午前の続き		

注 [1]　学校教師のライフヒストリー研究でも分析の重要な視点となるのが、教師のアイデンティティの形成、変容の過程であった。例えば、グッドソン（2001）は教師の専門知識と成長に関する研究として、カナダのコミュニティ・カレッジで、専門業界から採用された7名の新人の専任教師を協力者として、ライフヒストリーのインタビューと、2年間に渡って定期的に実施したグループ討論の内容を分析した。その結果として、いずれの教師も、コミュニティ・カレッジの教師としての職業アイデンティティの構築と職業コミュニティの把握が相互に関係しており、それが教師の成長として示された。また、山崎（2002）は、静岡大学教育学部の卒業生への質問紙調査と、22名のライフヒストリーのインタビュー調査から、学校教師のライフコースを量的、質的な両面から示した。調査結果では、教職に就く前の教職イメージから、入職後、職場での同僚教師や子どもたちとの関係性の中で、リアリティ・ショックを受け、教師のアイデンティティが確立するまで10年余りかかることが示されている。さらに中堅期以降は、職場での経験から、転機や問題に向き合う姿が描かれ、それらをもとに、教師の発達をサポートする方策が提案されている。グッドソンも山崎も、新人教師が、学校というコミュニティとの関係から、教師という職業に一体化する過程をアイデンティティの構築あるいは確立とし、それを捉えて、教師の成長としている。また、山崎は一旦形成した教職アイデンティティに変容が迫られたり、脅かされたりすることを転機とし、それらの問題に向き合う教師をサポートすることを、発達サポートとした。

　一方、小高（2010）は、年代が異なる3名の中学高校の家庭科教師のライフヒストリーを分析し、教師のアイデンティティの形成・変容の過程を成長として捉えた。分析の視点として、LPPの提唱者の一人であるWenger（1998）の、実践コミュニティの理論に従い、教師たちが、同じような課題を共有する仲間とともに、学校のような既成の組織とは異なる、インフォーマルなネットワークを形成していることに注目した。それを実践コミュニティとして捉え、そこでの活動から、家庭科教師としての新たなアイデンティティを形成する姿を、成長として示している。つまり、小高のいう実践コミュニティは、家庭科教師たちがアイデンティティ交渉を行う場であり、その結果は、その実践コミュニティでの教師の位置づけではなく、学校教師としての家庭科教師コミュニティとの関係性における、各教師の位置づけとして捉えられる。その位置づけは、個々の教師によって多様であり、実践コミュニティを媒体として教師たちが、従来の家庭科教師の枠組みを越え、あるいは逸脱した、新たなアイデンティティを獲得していく姿が描かれており、示唆に富む。

このように、これまで学校教師のライフヒストリー研究でも、主に教師へのインタビューや、その他の関連資料をもとに、教師が関わっているコミュニティとアイデンティティとの関係を長期的に把握することで、教師のアイデンティティの変容を捉え、それが成長として示されてきた。ただし、グッドソンや山崎のように、教師のアイデンティティの変容を「社会のなかで優勢または平均的であるような職業知識・技術・価値規範への一体化」（今津1996: 71）への過程として示す研究も多い。それに対して、小高のように、教師のアイデンティティが常に交渉過程にあると捉える研究では、教師が関わる複数のコミュニティとの関係から、多様なアイデンティティのあり方が示されるようにもなった。

第4章 分析：5名の日本語教師のライフストーリーの記述と解釈

4.1 I

4.1.1 初期の教育実践の立場

Iは学部と修士課程は日本の大学で、経済学と社会学をそれぞれ専攻していたが、外国への興味から、博士課程は奨学金を得て欧州に留学し、哲学の博士号を取った。留学中、現地の友人から日本語を教えてほしいと頼まれ、個人教授をした。そのとき、日本語の文法を説明できないことに気づき、衝撃を受けるとともに、外国人に日本語を教えることに興味を持った。

Q41 ：そのとき、日本語を教えられるっていうのは、どんな形で教えられてました？

I42 ：もちろん、私は個人教授です。日本語の先生でもないしね。なんかのテキストかなんか使ったかもしれないけど、はっきり覚えてないです。なんか読んでさ、ちょっと話したりっていうことだったんですけど、今でもはっきり記憶に残ってるのは、文法聞かれて、説明できなかったわけ。あれっ？ と思って。今から考えれば当たり前の話ですけど。だけど、ショックだったよね。例えば、簡単な話、「は」と「が」が出てくるでしょ。どう違うんだって言われてさ。え？ って。んー、こういう風に考えられるかな、とか言ってたけどさ、ま、適当なこと言ってたんです。そのときに、あ、自分は日本語のこと知らないなと思って。

帰国後、専門分野で職を探しながら、数週間の短期の日本語教師養成

講座を受講して日本語教育の基礎的な知識を得て、さらに興味を深めた。その後、留学中に知り合った妻の故郷である欧州での生活を考え、日本語教師を目指すことに決め、1980年代半ば、9か月間の全日制の日本語教師養成講座（以下、A講座）を受講した。そこで理論を学ぶとともに、模擬学校を運営する方式で、実践的な日本語コースの運営や授業の設計、実施、振り返りの訓練を、指導講師のもとで行った。授業の前は教案を提出し、指導講師にチェックしてもらい、授業を担当しながら、他の実習生の授業も観察し、授業が終わった後はビデオを用いた振り返りを行った。

I14 ：（前略）コースの期間は9か月で、びっしりですよ、ほんとに。

Q15 ：毎日毎日ですか。

I16 ：毎日、ま、週末はないけどね。毎日朝から晩まで。それで、模擬学校っていうのをやって、その模擬学校を9か月の間に2回やるんですよ。模擬学校やってるときはもう我々徹夜だよね。まあ、それは、そんなベテランの先生方じゃないから、そういうことになるかもしれませんけれどね。でも、かなり厳しく鍛えられて。A講座出身者っていうのは、全員じゃないけれども、世界中で相当活躍してんじゃない？

Q17 ：模擬クラスをするときは、どんな風にするんですか。募集するときから全部するんですか。

I18 ：はい。募集から、新聞とかいろいろなところに広告出すところから始まって、要するに、日本語教育機関っていうか、日本語のコースを作るのを最初から終わりまでやらせるっていうのが、その意図ですよね。2週間のコースだったかな。校長先生からさ、何とかの役っていうの、全部作って、やるんですよ。面白かったけど。

Q19 ：やってる最中はみんなで、授業を見合って、指導の先生はいらっしゃるんですか。

I20 ：指導、我々のときの、そこの責任者はB先生。それから、C先生ともう一人いたかな。B先生が主に見るんですけど、我々もお互いに見るんですけど、授業は全部ビデオに撮って。直接教室に入るってことはなかったと思いますけどね。だけど、A講座にそういう施設があって、教室にビデオが3箇所か4箇所あったかな。それで撮るんですよ。授業担当者

じゃない人は、まず、ビデオを撮るところから、全員じゃないけど、係り決めてあるから、いろんなことやってるわけですけど、それを見て、それで、最終的には、B先生がそのビデオを見て、これは指導が必要っていうときとかさ、これはすごくうまくいって、みんなに知らせたいっていうようなところは、我々後でそれを見てさ、「うん！」って怒られたりなんかしながら。

　A講座修了後は、外国人研修生に日本語教育を実施するD機関に採用され、研修生向けの日本語教材を制作するチームの一員になった。同僚はみな、その後大学教員となり、日本語教育研究者として活躍した人たちであった。教材は、文型・文法積み上げ式のもので、さまざまな分野の研修生のための教材制作に関わる、一連の作業に従事した。

Q67　：具体的にはどんな作業をされたんですか。語彙を選ぶとか？
I68　：もちろん、普通に教材を作る作業をしますよね。今、はっきりとは覚えてない。そういうの全部報告書に細かく書いて、承認受けなきゃいけないからさ、やりましたけれども。その、基本姿勢っていうか、何のために、誰のために、どういうレベルで、目標をどこに置くか、教授法としては何を採用するか、で、そのための教科書の構成はどうするか、そういうところから始まって、一定の言語調査もやりましたよ。その、中心の教材については、要するに何をテーマにするのかで決まってくるんだけども、その課で何をやるか、ま、基本的にはそれは文型積み上げ方式ですけどね。外国から日本に来た人たちが、どういう言語を必要としているかを念頭に入れて、文型積み上げで、中級まで作ったわけ。それから、それぞれの分野別の、専門日本語って言ってもいいかもしれませんけれど、D機関がいろんなところに研修施設を持ってるわけですよね、日本国中に。簡単に言うと、そこで、重点があるわけ、ここの研修所では何やる、ここの研修所では何やる、例えば、農業関係はE市にある研修所でやるんですけど、我々E市に行ってさ、実際の作業をどういう風にやってるか見たり、そこの指導員っていうか、先生方に聞いたり、日本語で一番大切なのは何ですか、とかね、聞いて。わかんなくなったら電話かけてさ。こういう問題があるんですけど、どうですかって。それ

で言語調査っていうか、何が必要かっていうことから始まってね。

また、D機関では、教材制作に従事する職員も週に1度、研修生の日本語クラスを担当することになっており、Iも、自身が制作に携わった教材を使って授業を担当した。

さらに平行して、F大学の非常勤講師の職を得て、留学生向けの日本語クラスも担当した。A講座を修了して間もなかったため、具体的な教授方法はA講座で学んだ方法を踏襲し、毎時間教案を立てて実践していた。F大学では、初級は大学で開発された文型・文法積み上げ式でパターン・プラクティスを中心とした留学生用の教材を使用し、上級では市販の指定教材を使用していた。

Q81 : F大学ではどんな授業を担当されてたんですか。

I82 : 一つは普通の初級。普通のって、変だけれども、初級ったってある程度勉強してる人ですけどね、F大学の留学生だよね。F大学の留学生だけど、初級の中ぐらいかな、はっきり覚えてないね、もう。毎日やっている授業の一部を担当する。それから上級を一度教えたよね。あー、1年やったかな、F大学で、今思い出して。一度あの、国費留学生も担当したことあるんですね。国費留学生って当時あんまりF大学に来ない。当時文部省の留学生を国費留学生と言うんですけど、その人たちがF大学に来ていて、今学期、国費留学生があるからあなたやってもらえませんかって言われて、1年間やったんですよね。それは別のときだから、F大学に1年ぐらいいたかもしれない。それはね人数が少なかった。多いときで四人、少なくなっちゃったら二人だったかな。その人たちを僕は1週間に2回、もう一人の人もやってたから、1週間に4回の授業やってたかな、で、国費留学生っていうのはわりとレベルが高かったね。すごくよくできる人で、ちょっと説明するとみんなわかっちゃってさ、楽だなあと思って。

Q83 : クラスで教えられたのはその、F大学のときが初めてですか。

I84 : そうですね、連続して、あの、日本語教育のクラスに、常勤として入ったのは初めて。ただ、あの、教科書作るときに、D機関で勉強してる人たちの様子がわからないまま教科書を作ってはいけないっていうのが

あって、1週間に1日、教えましたよ。それはかなり厳しかったね。教科書作りながら、全然別のことやるわけですから。ま、自分たちで作った教科書教えるわけだから、それはいいんですけどね。9時から5時までやったよ。授業が。だから1日、今日は授業ですっていう日は、9時から5時までやるわけですよ。

Q85 ：じゃ、準備の時間とか。
I86 ：これは、大変ですよ。それこそ、今はあんまりやらなくなったけど、全部、教案作ってさ、分ごとに、これやるこれやるこれやるって、だいたい思い通りには行きませんけど。
Q87 ：それはそこのやり方で教案を書くってことになってたんですか。それとも先生が。
I88 ：なってませんでしたけど、僕はやりましたね。それはA講座卒業してっていうか、終わってすぐだったので、A講座で教わったことをさ、だいたいやってましたよ。

　IはA講座修了後に勤めた日本のD機関の技術研修生やF大学の留学生に対する実践では、機関で指定された、文型・文法積み上げ式で、パターン・プラクティス中心の教材を使用し、分担された授業を担当していた。その頃は、養成講座で学んだ方法を踏襲し、毎時間の教案を作成しながら実践していた。IはA講座で、当時日本語教育に取り入れられていた教授方法を網羅的に学び、第一の立場にある教授方法も学んでいたため、D機関でもF大学でも機関から要請される第一の立場の実践をすぐに実践することができたのである。
　その後、F大学で同じクラスを担当していた教授が、Iが欧州で就職する希望を持っていることを知り、欧州のG大学日本学科の日本語講師の職を紹介してくれた。そのため、Iは念願かなって、欧州に赴任することができた。

4.1.2　教育実践の立場の変化
4.1.2.1　教材制作
　欧州のG大学に赴任すると、そこでは偶然にも、Iが日本で非常勤講師を務めたF大学の日本語の教科書が指定教材となっていた。それは、そ

の教科書に沿った現地語による文法解説書ができていたためであった。F大学の教科書は文型・文法積み上げ式でパターン・プラクティスが中心であったが、文法解説書には、執筆者の考えによってコミュニカティブな要素が取り入れられていた。とはいえ、文型・文法積み上げ式の教材に縛られている部分も多々見受けられた。Iはすぐに、A講座で学んだコミュニカティブな実践をするため、教科書に合わせながらも、会話を中心とした副教材を自作し、使用し始めた。

I112 ：（前略）F大学が作ったのは、学生用って言えるのかな、ま、一般用の教科書ですよ、古い教科書。古い教科書って言ったら、怒られちゃうけどさ。要するに伝統的な文法積み上げの教科書ですよ。で、それ、ここ（G大学）でもね、選んでさ、それは私が選んだわけじゃない、H先生（日本学科の教授）が選んだんだけど、どうしてそれを選んだかっていうと、現地語の文法解説書があるから。

Q113 ：あるんですか。

I114 ：ありますよ。（中略）Jさん（現地の日本語研究者）がF大学の教科書に合わせて文法解説書を作って、Jさんの考えで作ってるし、F大学の教科書は文法積み上げですよね。だけど、Jさんがそれを書いた頃の日本語教育っていうのは、文法積み上げからかなり変わってきてる時代に書いたんですね。簡単に言うと、コミュニカティブの要素が非常に入っている時代ですよ。そういう線で書いてるから、全くF大学の教科書そのものじゃないっていうのもあって、だけれども、F大学の教科書に縛られてるわけですよね。（中略）で、もう僕が来たときにはそれを使い始めてた。私が来たのは、ここができてから1年半後、ですからね。で、使い始めていて、これ使ってくださいって言われて、僕は日本でも使ってたからさ。（中略）そういう意味では使いやすかったけれども、ここでやるんだったら、F大学の教科書そのままでは、ちょっと使えないなと思って。僕もその当時の教育受けてきてるから、F大学の文法積み上げ式でさ、パターン・プラクティスのやつだけ、こんなのやってもしょうがないんじゃないかと思って。それでね、その当時から、F大学の教科書に合わせて、全部、私のネーミングですけど、会話と文構造っていうので、会話形式で、全部作ったんです。40課分あるかな。

赴任当初は欧州文学を専門とする先輩の日本人講師が一人いたが、その講師は主に翻訳の授業を担当し、会話の授業などは日本語教育を専門に学んだIに任された。また、先輩講師が1年後には退職したため、その後、Iが日本学科の日本語コースの運営全般を担当するようになった。しばらくは、指定されたF大学の教科書に従って作った副教材をもとに、コミュニカティブな教授方法で実践していた。さまざまな既成の日本語教材も見てみたが、G大学の日本学科の目標に照らした日本語力をつけられる教材はなかった。

Q131：F大学の教科書を中心にしながら、その会話。
I132：そう、F大学の教科書を使ってるんですけど、F大学の教科書プラスアルファで、実はF大学の教科書っていうのは、本文、文法解説の図、それとパターン・プラクティスという形になってたんですね。私はその、本文というのをほぼ最初から、ほとんど使わない。で、私が作った、会話形式になってるのを使ったんですね。(中略)92年までね、F大学の教科書でやっていて、93年から新しい教科書にしたんだけれども、あ、違う、95年からだ、作ったんだけど、最初、ちょっといろいろ問題があって、99年にもう1回使うのをやめて、(中略)70年代かな、に作られた教科書で、それをもとにして、Kさんっていうのが、現地版を作ったんですね。その教科書を何年まで使ったのかな、2006年ぐらいまで使ったのかな。

(中略)

I134：で、その最初の何年か使ってたのを、かなり変えて、今の形にして、2006年ぐらいから使い始めたんですね。
Q135：まだ、今の形になってからは新しい。その形にするまで結構。
I136：何とかしなきゃいけないって、ずっと考えてたわけですけど、この辺から具体的に始めたわけよね、教科書、どういう風に作ったらいいかとかさ。ここの、ま、ここだけじゃないけれども、現地の大学、特に現地の大学っていうのは、日本学っていうのがあって、かなり本格的に日本語勉強してますよね。それに合う教科書ってないですよ。

　Iが考える日本学科の学生に必要な日本語力とは、日本研究のための

文献を読むことはもちろん、講義を聞いて理解し、質疑応答する、議論することなどである。また、学生が全員日本研究者になるわけではなく、日本と何らかの関係を持つ社会人として、日本語のコミュニケーション力が必要とされることも想定し、コース設計をしている。そのため、4学期間で、日本語能力試験の2級[1]程度に到達することを目指している。

I148　：（前略）いわば地域研究、その国のね、研究がある場合には、そこの言語ができるっていうのは前提ですよ。だから、日本学研究っていうことになったら、日本語ができるっていうのは前提になるわけ。必ずしもうまくいってるとは思えませんけれども。で、日本語ができるような日本語教育は、ある程度やるわけですよ。我々の最終目的もそうです。日本学研究ができる日本語能力の養成っていうことですね。で、今、僕が考えてるのは、これは理想かもしれませんけれども、4学期が終わった段階で、日本語能力試験の2級に近いレベルに持っていくっていうのが目標。

Q149　：じゃ、I先生が作った教科書をやっていくと、そのぐらいに。

I150　：なってほしいなあと。だから最後のほうは中級、ないしは上級レベルの内容だと思うんですよ。環境問題とかさ、教育問題とかさ。一番最後は結婚式なんだけど、日本の行事とか、なんかそういうもの扱ってるんですけど。

Q151　：さっきコミュニカティブっていうお話もありましたけど、話したり、聞いたりっていうのも考えてらっしゃるんですよね。

I152　：はい、これはね、今、もう辞められたけど、ここの主任教授だったH先生の考え方でもあるんですよね。H先生、どっちかっていうと、伝統的な考え方なんだけど、例えばここでね、勉強する人が全員、日本研究者になるわけじゃない、日本学、ていうか日本のことある程度勉強して、社会に出て行く、そのときに、読めるけど話せない、これじゃだめだってわけ。やっぱりある程度話せる、聞ける。もちろん研究のために必要な、我々考えてるのは、一つは読むってことですよね、それからもう一つは、例えば、講演とか講義を聞いて、ある程度理解できる。できれば、それを聞いて、質疑応答、議論ができる。ということを考えると、話せ

なくちゃだめよね。で、僕の考えもそうだけど、最近、コミュニカティブってあんまり言わないなっていう意見もあるんですけど、それはもう前提となってると思うんですよね。で、ここの学生のことを見ていても、やっぱり話す、聞くっていうの、できなくちゃだめですよ。読めるだけじゃだめ。で、話す聞くをサボって、読めるだけにしたらいいっていうそういう教育の仕方もありますけどね、これは、例えば、日本に行けないんじゃない。もちろん学生たちもね、話したり聞いたりするの、要求してきますよね。日本語勉強してるんだけど、漢字は知ってるんだけど全然話せないとかさ、そういうの、そういう人も中にはいるけどね、普通の学生は話す聞く、やりたがります。まあ、当たり前っていえば、当たり前だけど。

　このようなG大学日本学科の目標に合った既成の日本語教材はなく、このままF大学の教科書に従って授業をしていても大きな効果が得られないと考えたため、Iは自ら主教材を制作し始めた。Iが自ら主教材の制作に取り組んだのは、日本で教材制作の経験があったこと、専門分野で博士の学位を持っており、論文執筆の経験から、文章を書くのに慣れていたこと、また、日本学科で唯一の期限なしの日本語講師であったことが、背景としてあった。そして、主教材を自作し始め、試行したり改訂したりしながら、2006年が最新版となり、現在に至っている。長い年月をかけて主教材を制作する過程で、Iは、学習者が外国語である日本語をどのように学ぶのかについて、これまでの自分の経験とも照らし合わせて、考えを深めていった。そして徐々に、IがA講座で学び、その後、日本の教育機関や、G大学でも長く実践していたように、決められた文型・文法を、コミュニケーションの中で学んで、積み上げていくという方法を見直し、日本語を学ぶということは文型・文法の積み重ねではなく、場面の積み重ねではないかと考えるようになり、それを教材にも反映させてきた。つまり、コミュニケーション場面を積み重ねていくことによって、そこに含まれる文型・文法を習得することで、コミュニケーションができるようになると考え、場面を中心とした、文型・文法積み上げ式ではない主教材を制作するに至った。

Q178：何か参考にされるものとかありますか、教科書お作りになるときに。たぶん、いろんな資料をご覧になったりしますよね。

I179：うん、真似はしちゃいけないっていうのもあったからね。そんなに全部調べたり、影響受けそうだなっていうのはとりあえずやめて、その部分を作っちゃってからそれを見るとかね、しましたけど。一番苦労したのは、なんだろね、全部、全体的に考えたけれども、見本になるものっていうのが、ほとんどないんですよ。それから内容っていうかね、できるだけ内容の正確さっていうか、僕は内容も必要だと思うんですね。ま、日本語の文型っていうのがあって、別にその、うーん、全部合ってなくてもいいわけですけど、だけど、読み教材なんかも作ってるんで、その内容が全然違ってるっていう風になるとちょっと困る。自分の専門じゃない部分も出てくるじゃないですか。そういう部分を調べたりするっていうのは、わりと大変だよね。でも、それはちょっと大変でしたけど、でも、あとは、僕はその教科書作るときに考えて、ほんとにどうしたらいいかっていうことを考えたんですけど、で、結論、僕自身がたどり着いた結論が、場面でいくってことなんですよ。今でもそう考えてますけど。日本語教育っていうのは、僕の考えを合わせて言えば、場面の積み重ねを覚えていくことによって、日本語を習得してるんじゃないかなって思うわけ。文法じゃなくて。で、場面っていうことを考えて、場面が設定できれば、そこで、どういう日本語が使われてるかっていうのはわりとわかるんですよ。それでもちろんその、「です・ます」でいってますからね、他のものを使ってるわけじゃない、で、場面設定する、日本語のレベルっていうか、丁寧な日本語っていうレベルで行く、っていう風に考えるとわりと作りやすいんですよ。

このようにIの教材制作は、まず文法項目を決めるのではなく、場面を設定し、そこに必要な文型・文法・語彙を入れていくという方式をとっている。したがって、日本語能力試験2級程度に到達することを目標にするといっても、あくまでも目安として示しているだけであり、教材の中に2級程度の文型・文法を意識的に入れているわけではない。

I187：(前略)我々は、日本語能力試験そのものは、3級、4級はあんまり推薦

しませんけどね、2級、1級はやったほうがいいっていう風に推薦はする。だけどそれは、結果ですよ。その人たちが、そういうレベルの日本語になってしまえば、それは試験勉強かなんかやるかもしれないけど、ちょろっとね、ちょろっとなんて言っちゃ、怒られるかもしれないけど、少し試験勉強すれば、通りますよ。

Q188：じゃ、その文型を意識的に入れているわけではない。

I189：全然。

Q190：ほー。

I191：文法積み上げじゃないからね。

Q192：場面重視で、場面に必要なことばと表現を入れていくと。

I193：ま、ある程度さ、易しい、難しいってありますよ。だけどもそれは、私の考えでは、場面っていうことを考えて、その場面で、どんな日本語が使われてるかってことを考えて、その場面をできるだけ易しい日本語の場面が最初に来るようにって作ったんです。

Q194：易しい場面っていうのは、何なんでしょう。遭遇しやすいっていうような？

I195：ま、最初はさ、見ていただくとわかると思いますけど、1課から3課までは短いもので、自分のことを話すっていうことですよね。ていうことは、相手が話していることも聞くっていう意味もあるんですけど、とにかく、自己紹介中心、名前から入って。それはま、変わらない。次の4課から動詞文になってるんですね。伝統的なものだと名詞文、形容詞文、動詞文ですけど、僕はそれ逆にしたんです。最初、名詞文、名前、私は何とかです、とかね。Iでございますとか、これは名詞文だからさ、じゃ、ま、名詞文ということで入れようと。それで、動詞文に、どうして動詞文にしたかっていうと、自分の生活が説明できる、まあ、そんなにうまくいってないけどね、朝起きてから、寝るまでのことが、説明できる、それからそれを日本語でどう言うかってことが勉強できる。というのを考えて、「何時に起きます」からさ、「何時ごろ寝ます」まで、そういうことになってる。人間の生活だよね、それは。ま、学生のこと考えてるわけですけど、自分の生活、自分がいつもしている生活をどういう風に日本語にするかっていうことですよね。それは、私の考える場面、つまり最初に会って、最初に日本語を使う、誰かと会って、日本語

で何ていうか、会ったときは、自分はどういう者でね、名前が何で、何してるかっていうのを、説明する。何してるかっていう、「ている」なんていうのはもっと後のほうに出てくるわけだけど、説明できる。これが最初。それから一つひとつの表現、生活のことを言うっていうのは大切だし、これは基礎ですよ。だからそれを2番目に持ってくる。ナ形、イ形はね、基本的な文型を考えると難しいですよ。なかなか出てこない。だけどそれも、そのうち、なんか説明する、よかった、悪かった、きれいだとか、汚いとかね、そういうことを説明するっていうのは、ちょっとできるようにならないと、そういう説明まで行きませんよね。だからそれは、一日の生活っていう基礎表現ができた後に持ってきて、例えば、「先週、L市に行きました」、「L市はどうでしたか」っていう。「L市はよかったですよ」っていう。

Q196：場面は先生がお考えになったものから、出てきたものを。

I197：そう、場面どうするかっていうのを作るときには、やっぱり相当考えて、可能な場面をいっぱい挙げてね、その中から選んで順序をつけて、それからま、多少、文法のことも考えて。だから、僕の考え方としては、これは出てきたけれどね、これは理解できればいい、この文法については、こっちでやりますよ、もっと後でやりますよっていうのがわかっていればいい。その場で出てきたから、その場でみんなやらなくちゃいけない、そんなことはないですよ。

　この教材は、Iが一人で制作したが、日本学科の日本語コースの主教材として、他の教師たちも使用するものである。使用する過程で、他の教師や、学生から出される意見にも耳を傾けながら、Iも自分の考えを振り返り、改めて考えを提示していく必要があった。他の教師が指摘する最も大きな問題は、この教材が、まず場面を設定し、そこで使用する自然な日本語を入れていく方法を取っているため、文型・文法の提出順が、いわゆる文型・文法積み上げ式の教材とは大きく異なり、学び始めから教師の説明も、学生の理解も難しい表現が出てくる問題であるという。それに対してIは、説明や理解が困難でも、日本語として、自然な会話の中で頻繁に使う表現であれば早くから提出し、その表現に慣れていくべきだという自らの考えを述べている。

Q169 : (前略)それで、一緒に働いてらっしゃる先生方も、I先生が作られてる教科書を一緒に使っていくと。
I170 : そう。一応、聞きますけどね、いいですかって。
Q171 : その中で何か、話し合いとかされて、改良とかされていくと?
I172 : はい。これ変だとかさ。いや、一番問題になってるのはね、使い始めて間もなくというか、使い始めて何年かで一番問題になったんですけど。教科書、読んでっていうか、見ていただければわかると思いますけどね、わりと遠慮なく、文法なんかどんどん出してるわけ。3課に「んです」なんか出てくんだよね。で、これ、一番抵抗があったのが、その他の先生方から、難しすぎる、始めたばっかりの人にこんなの説明できない、そういうことが一番大きな問題だったと思います。で、そのときに私はいつも言ってたけど、難しいっていうのは、学生にとって難しいんですか、先生にとって難しいんですかっていう、大体は、学生にとっても難しいけどね、一番問題なのは、先生にとって難しいっていうことですよ。だけど難しいから教えなくていいのかって言ったら、そんなことはないわけで、それから、「んです」もそうだけれども、説明の仕方が簡単じゃない、そんなにね、そんなに簡単に使えるものでもない、だけれども、これは日本語として使うでしょ、そういうものをやっぱりできるだけ早くからやるべきでしょう、ということで僕は入れたし、できれば最初っから自然な日本語、自然な日本語って言ったって、そんなこと言ったって選んでるだろうって、そりゃ、もちろん選んでますよね。

　また、学生からは、教材の日本語の文末を「です・ます」で通していることから、友人同士で使う表現を学びたいという要求があるという。それに対しては、大学では誰に使っても問題のない「です・ます」で学ぶことを通し、友人同士で使う表現は、知識として与えるにとどめるとしている。それは、日本などで実際に友人同士で話す機会を得れば、すぐに友人同士のことばを覚えるものだが、それを的確に丁寧体と使い分けることが至難の業であることを、これまでの経験から感じているためである。

I172 : (続き)で、学生のほうから言われるのは、学生の日本語を教えてもら

いたい。で、もちろん、ほとんど、「です・ます」ですからね。で、そういう意味では問題があるんだけれども、この教科書では、主に「です・ます」で勉強してください。日本に行って、学生の中に入ったら、最初はね、「山田さん、今日は一緒にご飯を食べに行きませんか」っていうさ、そんなこと言ったら笑われるかもしれないけど、最初は問題かもしれないけれども、そんなもの、すぐ覚えるんですよ。だけれども、「ご飯食べに行かない?」っていうのを覚えた人が、「ご飯食べに行きませんか」っていう風に変えるのは至難の技です。だから、学生には、普通体プラス終助詞が家族とか、友達とかの話し方なので、そうだっていうのが頭に入っていればいい。あとは、「です・ます」で最初は勉強してくださいって言って、そういう風にやってますね。これが一つの問題。

　また、場面で学んでいくと、各場面に出てくる文型・文法をすべて初出で使えるようにするのは難しく、最初は現地語で説明し、理解のみにとどまる表現も出てくる。それらも、教科書の中に何度も出て来るうちに使えるようになったり、いずれ日本に行ったときに使えるようになると考え、難しい表現であっても必要なものは入れているという。そのため、他の教師から、現地語の文法解説書を作ってほしいという要望が高く、現在はそれを制作中である。

　　　I172　:（続き）で、最近はというか、もうちょっと使い慣れてきてるっていうのもあるし、例えばMさん（もう一人の専任講師）は私が考えてることにどこまで同意してるかわかりませんけれども、ある程度同意してくれて、文法が易しいもの、易しいものから難しいものっていうのも難しいんですよね。ほんとにそうなのかっていうのがちょっと難しいんですけど、文法が必ずしも積み上げ方式になっていないけれども、できるだけ自然な日本語っていう風に考えた場合に、私が考えてるのは、場面っていうものを考えてるんですけど、こういう場面ではこういう日本語が使われるっていうことでいけば、何とか説明すれば、それはそれでいいんじゃないかっていうことに一応、同意してくれてるんですね。だけど、いろいろ問題がありますよ、やっぱり。私の考え方では、そこで使われてる日本語をできればみんな覚えてもらいたいけど、全部、使用言

語にまでする必要はない。理解できればいい。特に敬語なんかそうですけど。で、その、理解できればいいという範囲だったら、例えばそこを現地語で説明する、文法はこうなってますよって説明して、みなさんOK？って、理解できればいいですっていうことで、あの、通過できるんですね。で、だんだん勉強していって、そういうものが実際、使うことができる段階になるっていうのは、その課で勉強したから、はい使いなさいっていうのは、それはできませんよ。そういう意味では、何度もそういうのが出てきてね、あるいは時間が経って、実際に日本に行って使ってみるとかいうことがあって、自分の物になっていくっていう風に考えているので、ま、今は、とりあえずは問題ないかな。だけど今、他の先生方からの一番の問題は文法の解説書がないってことなんで、で、今、文法の解説書を現地語で書いてるところです。来年ぐらいまでに全部終わるかな。

　Iは日本から欧州のG大学に移動したとき、大学側から日本のF大学の教科書を使用するように指示があったにもかかわらず、A講座で学んだコミュニカティブな教授方法を実践するほうがよいと考え、その教科書の使用に否定的になった。IはA講座では第一の立場の実践方法と同時に、当時としては新しい第二の立場の実践方法も学んでいたが、勤務した日本の機関は第一の立場の実践を中心としており、第二の立場の実践を実現することはできなかった。ところが渡欧後は、日本語コースにおけるIの役割が大きく変わり、A講座で学んだ第二の立場の実践ができる環境になった。IはG大学では、当初から日本語教育の専門性を持った教師として期待され、間もなく、日本語コース唯一の期限なしの専任講師として、日本語コース全体に責任を持って、コースを設計する役割になった。その後は、日本学科の主任教授とともに、日本学科における日本語教育の目標を検討し、それにもとづいて主教材も制作してきた。
　そしてIが制作した主教材を日本語コース全体で使用するため、上司である教授や、教材を使用する同僚の講師や、それを通して日本語を学ぶ学生に、Iの考えを説明していく必要があった。その過程でIは、単にA講座で学んだ実践方法やそれにもとづく経験に従っていたのではなく、実践しながら、学習者がどのように日本語を学ぶかについて、I自身

の経験も振り返りながら思索してきた。そして、まず文型・文法があって、それをコミュニケーションの中で練習し、身につけていくという実践を見直すことになった。それは、日本語を学ぶことが文型・文法の積み重ねではなく、学習者がコミュニケーション場面を積み重ねる経験の中で、言語項目を副次的に習得し、コミュニケーションできるようになるということであった。そのため、場面を中心とした、文型・文法積み上げ式ではない主教材を制作するに至り、Ｉの教育実践の立場は第二の立場に移行したといえる。

4.1.2.2　コース設計

Ｉは教材制作をしてきただけでなく、日本語コースの設計にも責任を持ってきた。まず、学生の日本語学習の様相を観察し、1学期目の日本語の授業時間数が週8時間や10時間では足りないと考え、Ｉが関係者に働きかけ、第1学期目に関しては週18時間という集中授業を行っている。この方法を取ってから、以前より学生の日本語力の定着を感じており、学び初めが肝心で、学習開始時に集中的に学習してある程度まででできるようになれば、その後の学習を軌道に乗せることができるという信念を強め、学生たちにもそのように指導している。

Q155：週18時間っていうのは、伝統的に18時間でやってらっしゃる？
I156：伝統的じゃないです。僕が来たとき、87年に来ましたけれども、そのときは4学期間、全部、週8時間でしたよ。10時間になったときとか。それで、なかなか日本語できてくれないんだよね。で、どうするかっていうこと、真剣に考えたときに、8時間ないし、10時間じゃだめっていう、私は結論を出して、他の先生方にも話して。で、どうできる、どういう可能性があるか。スタッフの持ち時間のこともあるし、全体のね、授業時間のこともあるので、そういうのをかね合わせて考えて、結局、今の形にしたんですよ。これ、私の考えでもあるんだけど、最初が大切。で、最初に、ある程度できれば後はそれで持っていくことができる。だから1学期間は本当の集中にしてくださいって言ってさ。で、22時間とか25時間っていうのもあるけど、あんまり多くなっても困るし、他の授業のこともあるからね。で、現地の場合は、今、ちょっと変わりつつあ

りますけれども、複数専攻制なんですよ。それをね、我々から見ると、最初の段階では一番ネックだよ。日本語の勉強に集中しなさいって言ってるんだけどさ。「いや、先生、他のもね、勉強しなくちゃいけません」って。「お前、なんで最近来ないんだ」って言ったら、他の授業でレポート書かなくちゃいけないとかさ。それは大きな問題ですよね。そういう意味ではさ、18時間っていうのは、ちょっと多いの。他のに比べてもね。で、日本語だけで18時間あって、その他に、日本学のプレゼミナールっていうのをやんなくちゃいけない、そうすると2時間、1コマか2コマ取らなくちゃいけない。それから講義とかなんとかあって、そういうのにも出る。で、その他に、他の専攻があるからね。いろんな専攻があって。ま、そういうことを考えて、1学期はとにかくもう、不可能ですけど、願わくは、日本語の勉強に集中してくださいっていう意味も含めて18時間やってるんですよ。（略）で、わりと成功してるんですね。で、学生もいいって言うんだよ。中には学生がね、今、1学期間だけですけど、2学期やってくれっていう学生もいる。

　日本語科目は4学期目までが必修で、5・6学期目は選択である。4学期目までの学期ごとのカリキュラムはIともう一人の専任講師のMが分担して学年の担任となり、主教材やこれまでの経験をもとに設計している。学期が始まると、2週間ごとの計画表も出し、授業を分担する非常勤講師たちは、それを見て、授業の準備をする。学期の計画、2週間ごとの計画は、専任講師が相談の上決め、非常勤講師も含めた日々の授業記録、それをもとにした引き継ぎは、書面だけでなく口頭でも行われ、講師たちの連携は緊密である。さらに、学期中には数回、打ち合わせを行い、講師全体で話し合う機会を設け、学期末には学生に対するアンケート調査も行っている。これらのシステムもIが赴任後間もなく始め、試行錯誤の結果、今のやり方になったものである。

　Q204：他の先生との引き継ぎ書っていうんですか、報告とかも、最初からずっとあるとおっしゃってたので、ああいうやり方とかって、先生が提案されて、やってもらってるという感じですか。
　I205　：はい、そうです。反対がなければ。こういうの作りますね、学期全体の

おおよその計画。それから、2週間ずつ出すんですけど、こういう週間計画を作っていく。MさんとかNさん（同僚教師）とかはさ、これ見て、それぞれの時間で、教案っていうか、それも全部作ってますけどね。私はもう教案作ってませんけど。

Q206：先生、これはいつからやってらっしゃるんですか。いらしたときからですか。

I207：私が来て、2学期目から。最初はでも、そういう形じゃなかった。だけど、2学期目から、こういう、記録を作っていくっていう、記録を作っていったのは、私個人はもう最初っから記録つけてましたよね。あとは、学期の始まるとき、それから、今学期もちょっとやりましたけど、学期中に、2回、3回やるっていうのはあんまりないんですけどね、打ち合わせっていうか、やりますね。学期の始めは大体、こういう方針で、今学期はこういう内容で、やりますって、途中はやってみてどうだったか。で、なんか改善するものがあるかどうかっていうの、やりますよね。それからもう一つは、学期が終わった段階で、学生にアンケート出してもらう。これはもう、最初からやってます。

（中略）

Q214：先生たちの連携がいい感じですね。素晴らしいなと思って。

I215：ま、我々のところはわりとうまくいってるし、好きなこと言っていただいて結構です。

　講師たちは日常的に十分にコミュニケーションをとりながら協力して授業を担当している。ただしIは新人講師が入っても、特別な指導をすることはなく、講師側から相談があったときに応じるという姿勢である。それはI自身が、日本語教育に対して普遍的な、これが絶対という考えを持たず、常に模索しているからである。その模索の過程や行きつく先は、講師によって違うのは当然で、それを各講師に考えてほしいと思っている。

Q218：新人の方が入っていらしたときの指導とかアドバイスなどはやってらっしゃいますか。

I219：僕はほとんどやらない。基本的な条件、我々が置かれている条件、これ

はわかってもらわなきゃいけないから、これは説明しますよね。それから、授業見てもらったりしてね。(中略)ちょっと授業見てもらって、学生の様子見てもらえれば、様子もわかるから、そういうのは、やりますね。それから、僕自身が、日本語教育に対してそんなに確定的な意見っていうのがないんですよ。今も実は、なんだろうなぁと思って、考えて。ほんとにね、何やったらいいかとか、どう考えて、何をどうすべきかっていうのは、正直言って、そんなに、やってますよ、そのときそのときで、自分が考えていることを実行してるわけだけど、それがいいなんてことは全然言えませんよ。で、これは自分が考えてやってることで、自分がやりやすい、僕が考えるのは、まあ、いろんなこと、日本語教育ってこと考えた場合にね、学習者のニーズとか、全体の方針とか、あるいは学生そのものに合わせてやるとか、いろんなことがあるけれども、非常に重要なことは、教える人が、一番教えやすいもの、ことでやればいいんですよ。自分がいやだと思いながら教えてるのはね、それは苦痛ですよ。で、いい授業なんかできない、それでは。ていうことは、その人、その人によって、やり方が違っていいし、内容が違っていいんですよ。で、そういうことを考えると、僕が一番思うのは、あの、ここに来る人がね、初心者っていうわけじゃないけれども、経験者が来たとしても、ここの状態をよく知って、自分の教え方を開発するっていうのにはある程度時間がかかる。で、それは、他のところから誰かに何か言われてわかるっていう問題じゃないんですよ。その人が実際に経験していって、自分でわかってくる、開発してくるっていうことしかないと思う、たぶんね。そういうことをいろいろ考えると、そりゃ、批判したいときもあるし、へー、うまくやってるねっていうときもありますよ。そういうことはあるけれども、僕が何か言うことはないよね。だけれども、例えば、何か問題がある、わかんない、どうしたらいいか、っていうときには、相談に来てくださいっていって、それは、私はこう思いますよ、それでよければ、それ、採用してください、問題があれば、別の風にやってくださいっていう風に言って。そういう相談は受け付けますけど、僕のほうからこういう風にやってくださいっていうことは、僕はほとんど言わない。言う必要ないし、言えないよ。

Iはこのように、同僚教師と緊密に連携を取りながらコース運営をしているが、その中で、クラスでの授業以外に、いくつかのイベントを盛り込んでいる。まず、必修の最終学期である4学期目に、授業の一環として実施する特別授業である。それはIの、日本語習得のためには日本語のみの環境を作ることが最も効果的だという考えからである。どのように日本語のみの環境を作るかについては、これまでさまざまな模索をしてきたが、現在は、日本学科の目標に照らして、ゲストスピーカーを呼んで講義をしてもらい、内容について質疑応答する。その後、その内容に関係する話題で、現地人学生と日本人留学生がグループになり、意見を交換するというスケジュールで、その半日間は日本語だけで過ごすことを課している。

Q244：この特別授業っていうのは何ですか。
I245：これもちょっと面白いんですが、これは4学期だけしかやってないんですけど。誰かに最初は、講義の形で話してもらう、その後、それが1時間半ぐらいかかるかな、40分から45分ぐらい話してもらって、質疑応答して、で、1時間ちょっとかかりますね、で、そのときに、ここにいる、主に学生ですが、日本人の人に協力してもらって、後半約2時間、小さなグループに分かれて、日本語だけで話してくださいっていうのをやります。小さなグループは、僕は基本的に四人って考えてるんですけどね、日本人二人、現地人二人。一人ずつだと気後れしちゃうから。それで、それを4学期だけですけど、毎年2回、夏学期だけですけどね。今回は1回Pさんに話してもらって、現地に来て3年ぐらいかな、で、去年、お子さんが生まれたんですね。ご主人は現地人、で、日本と現地の生活、こっちに来て、ご主人の家族との生活もありますよね。それから子どもが生まれたっていうことで、いろんなことがある、その比較っていうか、現地に来て、どう思ったかっていうことを話してもらって、その後、学生がどう話したかっていうの、僕はまとめてないですけどね、現地のイメージ、日本のイメージ、日本についてどう思ってるか、それを、例えば現地人が、日本はこうじゃないですかと言ったときに、日本人のほうが、いや、そりゃ、そうじゃないよっていう風にね、あるいは現地人が日本についてどうなってるかっていう、そういうのを話しても

らうっていうので、やってもらったんですよね。で、2回目は、Q先生は神学者なんですけど、聖書の翻訳なんかやってる方でね、そしたら今回は、桃太郎を中心にして、昔話やなんかも好きなように作ってあるわけじゃないんですよ、パターンがあるんですよ、これは現地の童話も、おとぎ話もそうなってるでしょっていう。そういう話をしてくれて、日本と現地の比較みたいなね。そういうことで、学生たちには話してもらった。もちろん学生たちには、組はこっちでくじ引きで組を決めるんですけど、まず自己紹介から始まってね、そういう風にやってます。これは始めてもう15、6年になりますかね。

Q246：そういうアイディアはどういう風に生まれるんですか。

I247：特別授業の最初の考え方は、とにかく日本語をできるようになってもらいたい、で、そのためにはどうしたらいいかっていうと、日本語漬けにしちゃえばいいわけよね。だけれども、日本じゃないからね、ここは。そうすると、日本語だけで生活するっていうのを、どこかでできればいいなって思ってたんですよ。最初は合宿とかなんか考えてたわけ。やったこともあるんですけどね、だけどそれ、大変なんですよ。で、合宿できない、だったら1日か2日、日本語だけでなんかやる。そういうのもちょっと考えたんですけど、学生もしょっちゅうだとなかなか出席できないし、なかなか時間がない。で、結局今、半日。じゃ、半日、その日は、なかなかうまくいきませんけどね、こちらの要求するのは、日本語だけでやってください。それでその半日をどうするかっていうので、一つは、ま、ここで講義受けてもわかんないかもしれないけど、そういう形。まとまった話を聞いて、それを理解して、それに対して質問する。それから、それちょっと難しいですよね。それからもう一つは、自分のことも含めて、日本語だけで、ある一定の時間を過ごす、ということを考えて、こういう形になったんです。

また、もう一つは、1学期に3回、課外活動として、日本語に興味がある学生は誰でも自由に参加できる、「日本語を話す会」を大学近くのレストランで実施している。そこには、日本人留学生にも来てもらい、学生ができるだけ日本語を使う機会にすること、また、そこでできた人間関係が、その後の日本語学習の機会に発展することを狙っている。

I239 ：「日本語を話す会」っていうのも、僕が来て、2年目ぐらいからやってるかな。場所と時間を決めて、勝手に来てくださいって。そこで、できるだけ日本語話してくださいっていうので、ここにいる日本人、主に学生ですけどね、日本人の学生たちに協力をお願いして。そこで、今、レストランでやってますけどね、1学期に3回、場所と時間を決めるだけ、あとはもう勝手にやってくださいって言って。

Q240 ：来ます？ 結構みんな。

I241 ：多いときは7、80人来ます。この最後はちょっと少なくて、でも25、6人来たかな。で、最後はどういうわけか、日本人が70％だったかな。

これは、Iが日時と場所を選定し告知して、日本語を使用する場を提供するもので、Iが何かを与えるのではなく、参加した学生たちが、自分なりに、そこで知り合った人間関係を生かすことを想定している。

I249 ：まあ、「日本語を話す会」のほうは、授業としてはやってないんですよ。そういうチャンスがあります、みなさん利用してください。

Q250 ：あ、これは学年に関係なく。

I251 ：全然関係ない。「日本語を話す会」は極端に言えば、日本語を勉強し始めたばっかりの人が来てもいいわけですよ。でも、その場合は、冬学期で、何週間かしてからやりますからね、そのときには、1学期でゼロから始めた人も、自己紹介ぐらいはできるんですよ。私なんとかです、何勉強してます、その次は現地語。それで、「日本語を話す会」の趣旨は、とにかく日本語で、できるだけいろんなことをやってもらいたいっていう風に思ってるんですが、一つは、親睦、もう一つは、いろんな情報交換、それからここには日本人と現地人が両方来ますので、そこで知り合って、相互学習始めるとかね、そういうのに利用してくださいって言ってるんですね。

このようなコース設計、その中の活動設計には、Iの日本語教育に関する思索が大きく影響している。現在、Iの最も大きな関心事は、日本語教育とは何か、つまり、どのようにしたら外国語が学習できるか、外国語学習の普遍的な方法を知ることであり、それについて他の教師と議論し

ながら考えてきた。Iは同国内の大学日本語教師の会の役員を務め、他の役員とともに、全国的なシンポジウムの運営に携わっている。シンポジウムには、日本から複数の日本語教育を専門とする大学教授を招聘し、講演を聞くことはもちろん、運営担当者として、招聘した大学教授と直接話す機会もある。また、同国内の親しい日本語教師の仲間と毎年合宿をして、お互いの教育実践を発表し合うなど、学外の日本語教師との交流も積極的に行っている。このような環境にいて、さまざまな教師と日本語教育・学習について議論したり、あるいは第二言語習得の研究書を読んだりして、日本語教育とは何かという疑問を解こうとしている。その一方で、普遍的な外国語学習法はないかもしれないとも感じている。

Q272 ：先生は今、どういうことにご興味がありますか。何か新しいことを知りたいとか。

I273 ：一番大きな興味は、日本語教育って一体、何なのか。それは、ある程度はね、わかりますけど、一体、どうしたらいいのかな、これは私の最大の悩み。

Q274 ：どうしたらいいのかな、っていうのは、ここの学生に対する日本語教育をどうするかとか、そういうことですか。

I275 ：もちろん、それもありますよ。具体的にはそういうことだけれども、世界中で今、日本語教育行われていますけど、ま、日本語教育っていうより、第二言語教育っていう風に考えてもいいんですけど、その核は何なのか、っていうのを知りたいよね。何をやったらいいのか、どうしたら効果が上がるのか。で、いろんな説やいろんなことがあるわけですけれども、人間の頭の中がどうなってるかとかさ、人間が言語をどういう風に習得するかっていうのは、そんなにわかってないですよ。母語っていうかね、第一言語、あるいはバイリンガルでもいいんですけど、その習得過程っていうのは、頭の構造がどういう風に変わってきて、そうなってるかっていうのはわかっていない。だけど、どういう過程で、言語を習得してきてるかっていうことはある程度はわかってますよね。かなりわかってるって言ってもいい。だけど、第二言語を習得するっていうことについてはね、わかんないことのほうが多いんじゃないかな。それは、現在の私っていうか、かなり前からそういう風に僕は言っていて、

僕はそこがほんとわかんないのよ。さっきも言いましたけど、そこに大きな私の疑問があって。で、いろんな教授法とか教科書とか、シラバスとかってあるわけですけど、これぞっていうのは、ま、自分で教科書作ったりしてるから、ある程度はあるんですけど、それが一番いいっていう風には言えないんだよね。ないかもしれない。ないっていうのが、正しいのかもしれない。日本語教育そのものは、もちろん教員養成っていうのは、いろんなところでやってるわけだけど、対処療法だっていう風に、僕は思ってるのね。それは、いままでの経験でこういう風にやってきて、で、こういうことやらなくちゃいけないっていうのは、ほとんど経験の世界。そんなに勉強してるわけじゃないですけど、いろんな本読んでもね、だいたいそうだね。そういう意味では、僕はここんとこ何年かはちょっと第二言語教育っていうのにちょっと興味があるんですね。で、いくつかの本も読みましたけど、僕が考えてる、私が問題にしてるようなことを解決してくれる本はないですよ。

Q276：それは何ですか。日本語が習得できるってどういうことかっていうことですか。どうやったら、日本語が習得できるか。

I277：うん、例えば教えていてもね、何をやらせれば、言語ができるようになるかっていうところは、そんなにきっちりわかってないんだよ。それは頭の中、見てみるわけにいかないからね。それは今の一番大きな興味ですね。言語からっていうか、日本語教育から言うと。（後略、録音一旦終了）

　　Iは長年、G大学の学生の日本語習得の様相を、授業だけでなく生活面も含めて広く観察しながら、多くの他の教師と交流し、書籍などからも知識を得て、教育実践を行い、またそれを見直してきた。そして、現在のIの結論は、外国語学習の成功のために必要なのは個人の能力ではなく、性格であり、生活習慣であると考えるようになった。そして、なかなか日本語の成績がよくならない学生に対しては、生活の改善を指導しているという。

（録音再開）

I280：僕の説では、それは人間の性格。能力っていうのはね、あんまりないよ。すごくよくできる人はいる。天才みたいな人、それから、この人何

やってもだめ、そういう人もいますよ。だけどそれはね、ほんとのわずかな人たち。あとの人たちは、能力、人間の能力としては、私は変わらないと思う。だけどその人が、どういうところに興味を持つか、どういう風に生活するか、例えば宿題ちゃんとやるとかね、言語の場合は遠慮なく、間違ってもべらべらしゃべる人は上手になりますよ。そういうのがあるんですけど、成績がどう出てくるかも考えて、能力っていうのは、プラスマイナスや、向き不向きってあるけど、だいたい変わらない。じゃ、何が変わるかって言うと、性格ですよ。その人の性格、そして、生活態度。で、例えばね、1学期の成績が悪い人は、あなたこれ、続けてっても無駄ですよとかね、もし続けたいんだったら、今のままじゃだめですよっていうことを我々もやりますけれども、そのときに、言って直る人って少ないですよね。それはどうしてかっていうと、性格だから。性格を直すっていうことは不可能じゃないけど、まずできない。百に一つとかさ、千に一つってそういう感じですよ。それで僕が、あなたの性格が悪いから成績が悪いんですよって言ってもしょうがない。で、こちらからできるものとしては、性格を変えることはできないから、生活の仕方を変えなさいっていうんですよ。生活のリズムとかね、自分の生活を変える。例えば、1日1時間どこかで絶対日本語勉強するとかさ。30分早く起きて、それでなんかするとかね、生活のリズムを今までとちょっと変えてください。で、もし変えられなかったら、もう、日本語の勉強諦めてくださいって。そういう風に僕は言ってるの。人間の性格っていうの、あるからね。

　このような考えは、長年に渡る、G大学の学生の観察のみならず、I自身がこれまで外国語を学習する過程で知り合った、外国語に堪能な友人の学習の観察および、I自身の外国語学習の経験の振り返りにも由来するものである。外国語に堪能な友人を観察していると、外国語を習得するためには、外国語に対する強い興味を持ち、外国語を使うことを面白いと思え、間違えを恐れず話せるなどの性格が大きく関係していると感じたという。ただし、性格というのはそう簡単に変えられるものではない。そのため、友人たちの学習方法を観察した結果から、目標言語が話されていない場所で外国語を学習する場合は、自分で努力して、目標言

語を使う機会や目標言語だけの環境を作って、意識的に目標言語を使用し、その機会をすべて利用して、目標言語の使用を習慣としていくのが成功の秘訣であると感じている。

Q281：語学の才能みたいなものってどうお考えになります？
I282：それ持ってる人もいて、私の知人や友達にもいるんですよ。でも、それは要するにその人がどういうところに興味を持っているか、それから例えば、全然知らないことば話して面白いとかさ、間違ってても全然気にしないとかね、そういう人はできるようになりますよ。ま、興味のあり方が一番大きいと思うんですけど。我々の知人で、僕の妻の同級生なんだけど、いろんなことばがよくできるのよ、彼は。確かに才能なんだけど、彼らが学生のときから僕は付き合ってるからね。僕の彼女も含めて、10人ぐらい、出入りがあるから、平均して10人ぐらいですけど、グループ作っていつも一緒にいろんなことやってたから、僕もちょっと中に入ってさ、一緒に遊びに行ったりなんかしてんですけど。その人はね、そのグループはR語のグループ、いつもR語使うんだよ。他の人はみんな現地語、だけど、彼だけはさ、何かあるとR語使うんだ。そういう風にやっていけば、できるようになるよ。だって、我々もそうだけどさ、現地語でも、日本語でもそうですけど、こういう風にやっていて、その目標言語でね、今何ていうかっていうのを繰り返していかなくちゃだめでしょ。で、自然に出てくるようになる。それをするためには、チャンスは全部使うっていう風にやっていかなくちゃだめですよ。で、それは目標言語が話されてる国へ行くと、自動的にできるんですよね。自分が努力しなくても。だけれどもいわゆる外国語、そのことばが話されていないところで学習しようと思ったら、そういう環境を作っていかなくちゃいけない。それができる人はね、できますよ。学生にも僕はいうんだけどね、できるだけ日本語で話してください。誰かと一緒に話す、特に日本人と話すっていうのが一番いい。だから相互学習やれって言ってるんですけども、一緒に勉強する相手がいない、そういう寂しい人もいる。でもその人は、一人でもいいから日本語話してください。道歩いてるときにね、景色が見える、それ全部日本語にしてください。そういう風にやれば絶対にできるようになりますって言ってるんだけど。

じゃ、休み時間にしますって言ったら、もう現地語だもん。
Q283：そういう意味もあって、「日本語を話す会」とか、そういうのもやってらっしゃるんですもんね。
I284：そうそうそう。（録音一旦終了）

　また、I自身の現地語の学習経験においても、現地に住み、現地語の学校に通ったにもかかわらず、なかなかできるようにならなかったため、決意して、妻と必ず現地語で話すなど意識的に目標言語だけの環境を作るように努力した。Iはそれを習慣にすることによって、徐々に現地語ができるようになった経験があった。またそれは、Iが日本でT語を勉強したときに知り合った友人も、同じようにやっていたことであった。

（録音再開）
I285：実際に使うっていうこと始めてから、物になっていきますよね。
Q286：ご自身のことを振り返っても？
I287：うん。僕は現地語っていうのは、学校で勉強したことはほとんどないです。
Q288：いらしてからですか、こちらに。
I289：まあ、日本にいるときもちょっと勉強したことありますし、辞書の引き方ぐらいは知ってたけどね、だけど実際に使うように、ま、彼女が現地人だから、ここに来る前から現地語はある程度はできましたけれども、家族で話してることはわかんないよね。今はある程度わかるようになりましたけど。まだ勉強してるときに、現地に僕は何か月いたかな、ちょっと来てたとき、そのとき彼女とはU語で話してたからね。で、9か月ぐらいいたかな、8か月か、そのときは現地語勉強しようと思ったんですね。大学いったって現地語全然わかんないし。で、現地語勉強しようと思っていて、現地語学校に入ろうと思ったら、高いんだよね、現地語学校は。私お金がありませんでしたから、入れなかった。それで、市民講座に行ったら、1週間に4日のコースだったかな、1回90分かなんかで。それはでも、見たりするのってなんとかできるようになりますけど、話したり聞いたりはできない。で、ちょっと決意して、彼女とも現地語で話すっていう風にして、1か月か2か月ぐらい経ってからかな、あ

る程度はできるようになりましたよ。僕が現地語で話して、彼女が現地語で答えてくれるようになったのは、2か月、3か月してからだと思うけど。今はうちではだいたい現地語で話してますけどね。それはま、ちょっと極端な例かもしれませんけれども、その、さっきの友達の話とかさ、なんかを見ていくと、やっぱりできるようになる人って、確かに才能があって、興味の持ち方が、言語に対して興味を持ってるわけよね。それは、すごく強いんですけど、それだけの時間、それだけのことをやってるよ。僕は、T語もちょっと勉強したんですけどね、かなりできるようになった段階で、我々のクラスに一人、外から入ってきて、その人、すごくできるわけ。なんでこんなにできるのかっていうぐらいできるわけよ。それであるとき、しばらくしてから、友達になって、一緒にお昼かなんか食べてるときかな、そのとき、彼から言われて、「みなさんT語勉強したいって思ってるんでしょ?」って。はい、勉強したいと思ってるよ。だけど、見てたら、教室ではT語使ってるけど、教室の外じゃ日本語で話してるけど、それどういうことっていうわけよ。どういうことって言われたってみんな日本人だからさ、日本語で話してる。だけど、T語ができるようにするためには、T語使わなくちゃいけないんじゃないのって言われたんですよ。あ、そうかと思ってね。それで、彼とは教室の外でも、それからはT語で話すようにしてましたよ。そうするとね、違ってくるんですね。自分でことばを使うっていうのは、教室で決められたことを話すっていうのとは違って、自分が話したいことを話さなくちゃいけないわけよ。それを繰り返していくっていうか、そういう訓練をしていくと、話すことに、第一に慣れてくる。それから、自分で考えて、頭に浮かんだことがね、その言語にわりと簡単に移し替えることができる。もっと進んでいくと、考えることそのものがその言語で出てくるけどね。それやんなくちゃ、できるようにならないですよ。やればできるようになる。学生にはさんざん言ってるんだけどね、やってくれない。(録音終了)

　IはT語が堪能な友人に刺激を受け、教室外でもその友人と意識的にT語を使用する努力をした。このようにIは、自分の外国語学習の経験から、自分が話したいことを話す経験を繰り返すことが、教室で決められ

たことを話す以上に、自分の考えを目標言語に移行する訓練となり、さらに目標言語で考えが出てくることにつながることを実感した。Iはそうなって初めて外国語ができるといえると考えている。

このように、Iのコース設計は、G大学の学生の観察だけでなく、自分自身の外国語学習の経験、外国語に堪能な友人と接した経験の振り返りも、その背景にある。その結果、日本語のみの環境を作ること、そのための友人を得ることによって、日本語の使用場面を作り、その場面の積み重ねから、自分が話したいことを日本語に移行する習慣をつけること、最終的には考えることそのものを日本語で行えるようになること、そうなって初めて日本語ができるといえると考えるようになったのである。これは教材制作の過程で、日本語のコミュニケーション場面を体験させ、その積み重ねで、そこで使用する言語項目を副次的に学び、コミュニケーションできるようになる、第二の立場の教育実践を行うようになったこととも整合性がある。そして、こうした考えをもとに、日々の教育実践の中で学習者と相互作用をし、また日本語コースの関係者や学外の日本語教育関係者と対話を続けている。

4.2 ｜ S

4.2.1 初期の教育実践の立場

Sは大学卒業後間もなく結婚し、1980年代前半、夫の欧州赴任に伴い渡欧した。現地語を学ぶために入ったA語学学校で、偶然にも日本語講師を募集しており、そこに採用され、日本語の個人レッスンを担当することになった。同校で開発された日本語の教材を使い、直説法にもとづくメソッドの訓練を受け、指導書にしたがって1対1の個人レッスンを行った。ただし、教材には日本語の間違いも多かったため、Sは日本から国語の参考書などを取り寄せて自ら勉強していた。

Q37 ：（前略）どうでしたか、最初教えて。
S38 ：最初はね、A語学学校ってね、メソッドが完全にできてるから、そのままここに書いてある通りにやればよかったのでね。そんなにド初級の間は難しくはなかったのね。だけどやっぱりあの頃はマイナーだった

から、変な日本語なのよ。私の奥さん、あなたの家内みたいな、表に載ってるわけね。それをそのまま教えるわけにはいかないでしょ。いくら私がそのとき素人であっても。だからそれで少しずつ勉強し始めて、その頃でも、日本語教育の本はまるでなかったから、姉が中学校の教師やってたからね、姉に聞いて、普通の国語の文法書を送ってもらって、それで勉強しました。

　学習者は主にビジネスマンで、2年間で数名の学習者を担当した。それをきっかけに、日本語を教える面白さを感じ、興味を持った。

　　　Q55　：大丈夫でした？ 教えることに関して。
　　　S56　：面白いなと思いました。ただA語学学校は全部ローマ字だったから、だからあの、ちょっと行くともうだめなのね。だから、あの、大阪へ行きました、ジョウを見ましたって言われたときに、ジョウってなにって形で、やっぱり漢字が入ってれば大阪城ってなるけれども、そうするとすごく悲しそうな顔するのよ。生徒さんが。ジョウで通じないでしょう。だから、ひらがなとかね、漢字教育必要なんだなってちょっと思った。

　日本語を教える面白さを感じつつも、帰国後はまだ日本語教師の職業が一般的ではなく、主婦業の傍ら事務の仕事に就いていた。数年後、日本語教育能力検定試験が開始されることを知り、それに向けて通信講座で勉強し、検定試験に合格することができた。同時に専門学校の、設立2年目の日本語科（以下、日本語学校）に、非常勤講師として採用された。学習者はアジアからの就学生を中心とし、1クラス20名ほどの学習者に、進学予備教育としての日本語教育を行った。当時は学習者の授業態度や、生活面での問題に振り回されることも多かった。

　　　Q115：生活指導も大変だったと思いますけど、教えるほうではどうでしたか。クラスで難しいこととかありましたか、教える上で。
　　　S116：やっぱり今と違うのは、マニュアルがないでしょう。それで、またテストなんかもないし、結局自分でずっと作ってかなきゃいけないじゃない。それで、またそのときはその、同僚同士で仲良かったから、あちこ

ちの勉強会に行って、みんなでばらばらに、それで、みんなで集まって、それで新たな教授法を作りだしていった。あと『B日本語教材』なんかもね、どうやって使っていいかわからないでしょう。あれはほんと面白くなく使えば面白くない教科書なんだけれども、どうやればいいんだってことで、開発していって、テストも作って、開発していって、それがすごい面白かった。それによって、こっちがやることによって学生さんの反応が違うじゃない。そしたら学生さんの反応がよかったりすると、やっぱりすごく嬉しかったって感じかな。それで、専門学校で厳しかったのは1年に1度アンケート調査があって、だめだったら辞めさせられるから、1年契約で、どんどんやっていくわけね。かなり厳しかったよ。それだから、生き残るためにはそれだけ勉強しなきゃいけなかったじゃない。

　日本語学校では、進学予備教育としてのコース設計が既に行われ、教材も指定されていた。しかし当時は、市販されている教材も少なく、教え方のマニュアルもなかったことから、講師たちは協力しながら、外部で行われるさまざまな日本語教育の勉強会に参加して、その内容を共有したり、学校で指定された教材の教え方やテストの開発を共同で行っていた。そして、学習者のよい反応を得たときにはやりがいを感じることができた。また、学習者からの評判が悪ければ辞めさせられる可能性もあり、教師たちは教え方に磨きをかけていたという。

4.2.2　教育実践の立場の変化
4.2.2.1　新教授法
　Sが日本語学校に勤めて4、5年経った頃には、初級・中級学習者に対して、学校の指定教材を使用した教授方法が自分の中で確立し、常に学習者からよい反応が得られる授業ができるようになった。その状態に、Sは張り合いを感じなくなると同時に、このままではいけないとも感じていた。そしてその頃、同僚教師がサジェストペディア、サイレントウェイなどの新教授法の勉強会の情報をくれた。それをきっかけに、それらの勉強会に行き始めた。

S124 ：（前略）そのくらいになると、もうだいたい、だいたい体制が決まっちゃって、ま、なんとか私にとってみればね、もう『B日本語教材』も『C日本語教材』も、あればできるみたいになっちゃって、なんかすごくつまんなくなってきた、自分自身。

Q125 ：わかります。何年ぐらいで？

S126 ：5年、そうだ、5年ぐらいだね。で、あのー、適当やってても学生さんの反応がいいからね。

Q127 ：ああ、わかります。

S128 ：そうすると、二日酔いでやっても大丈夫って、これはいけないと思って、いろいろVT法だのなんだのって勉強会に行き始めたの。これじゃいけないと思って。そういった仲間が、変わったのがあるよって、VT法ってあるよって教えてくれて、じゃあ行こうってことで行って、それで私の同僚からあんたにぴったりの教授法があるよって言われて、サジェストペディアに出会って。そういう形でどんどんどんどんアルタナティブのほうに行ったのね。学校では普通にやってるんだけど、また違う世界ってことで、サイレントウェイ、サジェストペディア、VTあたりに出会っていった。

　Sは主婦業もあったため、専任講師にはならず、非常勤講師のままであったが、日本語学校では古参の講師として中心的役割を果たし、クラス担任となって多くの授業を担当していた。同時に、新教授法の勉強会にも積極的に参加した。それは、教育実践の方法が確立して、授業に張り合いを感じなくなる一方で、教室の中に学んでいない学習者がいることを常に感じ、そのような学習者には、Sの教授方法よりも、もっとその学習者に合った別の方法があるのではないかという模索でもあった。

Q147 ：それでも、よくいろんなところに行かれてお勉強されましたよね。

S148 ：やっぱりなんていうのかな、みんないろんな先生は、学生さんが学べないと、学生さんが頭が悪いって言うじゃない。でもそれはプロの教師が言っちゃいけないことだと思ったの。頭が悪いように見えた人だって、もしかしたら私のやり方が悪いからできないのかもしれないって思うじゃない。そうすると、この人に合った方法があるんじゃないかと、こ

ういう人に合った方法があるんじゃないかっていうことで、いろんな教授法に行った。

　Sは新教授法の学習観とそれにもとづく方法への理解を深めるに従って、日本語学校でも、できる範囲で、その方法を実践に取り入れるようになった。また、Sは先輩教師としてもクラス担任としても、後輩や同じクラスを担当する教師にアドバイスする立場にもなっていた。長く日本語学校に勤め、さまざまな教師と知り合うなかで、日本語教師には向かないように見える人もいる。そのような人たちに対しても、新教授法の学習の捉え方や教師のあり方をもとにアドバイスするようになった。それは、教師が学習者に知識を詰め込むのではなく、学習者が日本語を使えるように、教師は後ろに下がるというものである。同様のことをS自身、以前から無意識のうちに感じていたが、新教授法の理念を知ることによって、それを意識化するようになった。

Q227：Sさんさっきおっしゃった、日本語教師としてあんまりどうかなみたいな人ってどんな感じ？

（中略）

S232：ここを見てない。それどういうことかっていうとね、サイレントウェイのガッテーニョ博士がよく言ってたことなんだけど、語学教室においてね、学習者は言語に注目する、教師は学習者に注目する、で学習者が今ここで何を学んでるかを見て、それに合わせたやり方でこうやって支えていくのが教師であると。だけど、昔の教師は文法オタクが結構いたから、文法見てるんだよ。やたらびゃーっと説明して、ここで、「はー」って言ってる学習者を見てない。（中略）ここにあるものを見てなくて、目が死んでる。頭の中にある文法だけを教えてるって言うのかな。それと、最近では何ていうかその、ある哲学とかある方法とか、学習者中心とかなんかあるじゃない、それだけを見ていて、ここにいる人たちに対して、全然学習者中心じゃない授業やってるのに、私は学習者中心の授業やってますって、いうような人もいるのね。だから、それはもう私は、日本語教師失格だなと。まず今ここにいる人が何を求めてるのかをまず見なさいっていう風に思う。

Q233：Sさんが後輩の授業を見てアドバイスをするとき、どんなアドバイスしますか？

S234：日本語教師は教師じゃない。自動車教習所の、何ていうんだっけ、教官みたいなものであって、知識を詰め込むんじゃなくて、どうやって日本語ができるようにするかを、なんていうの、実際にやってもらうのが私たちの仕事だから、講義は問題なんじゃない。そうすると、どうしたらいいかっていったらば、一歩も二歩も下がりなさいと。それは伝えて、今も言ってる。日本語教師は教えるんじゃなくて、いかに下がるか、いかに下がって学習者たちをどのように鼓舞するか。教える仕事じゃないって私は言ってる。

Q235：そういう考えってどこから生まれてきたんですかね。なんでしょうね、経験とかかな。

S236：経験もそうだし、やっぱりそれ、自分自身そう思ってたと思うのね、でも意識化してなかった。けど、サイレントウェイ、サジェストペディアはそういう考え方だから。ないところに入れるんじゃない、あるものを出す、そのために教師が邪魔になっちゃいけないっていうのかな、教師って邪魔するでしょ、学習者が「うーん」て考えてるときに早く答えなさいみたいに。それとか答えを与えちゃったりとか、そうしたらそれは脳の働きにものすごく悪いからね、でそれを、その学習者が今考えてるのか、ぼーっとしてるのか、退屈してるのか、って見抜ける力が必要なのよ、教師には。それを持ってない、もともと持ってない人もいるからね、そういう人は教師じゃなくて、他の仕事やって、みたいに私は思う。

　新教授法に出会ったことは、Sの教授歴を通して、最も大きな転換点であり、学習の捉え方や教師の役割の面で、その後の教育実践にも大きな影響を与えた。Sは新教授法を学び、実践しながらその理念を実現しようとする中で、教師は教えるものではなく、学習者がどれだけのことができるかを常に把握しながら、学習者が自ら学びとる環境を作り、教師は引いていくものだと気づいた。それに気づくまでにS自身、10年以上かかっており、後輩教師にはなるべく早くそれに気づいてほしいのだという。

Q493：今まで、25年間やってらっしゃる中で、日本語教育観が変わったというご経験をお持ちですか。

（中略）

S496：最初はやっぱり教えなきゃいけないと思ってた、教師だから。それで、最初のうち私、初級は得意だったんだけど、上級は私知識がないから教えられないと思ったのね。一般常識がないから。それはやっぱりあの、アルタナティブの教育に出会って、教師っていうのは教えるものじゃなくて、相手の力を伸ばすものだって知ったとき、目からウロコだった。

Q497：それっていつごろ？

S498：今から10年ぐらい前かな、それでも。

Q499：じゃ、もう10年以上教えられて。

S500：最初のうちはだから、あの、上級は教えられないって言い続けたの。難しいこと教えなきゃいけないと思ってたからね。だから10年前ぐらいから、とにかく教師っていうのは、引く。初級はしょうがないよね、日本語ゼロなんだからある程度、語彙とか浴びせかけなきゃいけないから、教師が前面に出てくるよね。でも、少しずつ少しずつ彼らができることが増えると同時に、初級であっても引いていく。それで、もう上級なんかほとんどこういう形で、慈愛に満ちた母みたいな、それで厳しい母みたいな感じで、彼らが今、何を求めてて何を入れれば一番効果的なのかをその場で判断して、タスクをパッとその場で与えられる。そのためにあるんだなって。だから、ほんとその10年ぐらい前のその、意識は、変わってきた。だから、私が知らなかったら、学習者に教えてもらえばいいわけね。それが日本語の能力になるわけじゃない。だからそれに気づくのに結構かかったね。

Q501：それは、その考え方に出会ったのは何ですか。本を読んで？

S502：だからサジェストペディアとかサイレントウェイにぼーっと参加してたときに。

Q503：ぼーっと参加してたときにわかった？

S504：うん。

Q505：急にガーンとわかったわけじゃなくて、何回か参加するうちに？

S506：そう、そう、徐々に気づいた。そして、さっき言ったね、教師っていうのは教える人間じゃないんだっていうのは、今は人に、まるで私の意見

のように言ってるけど、でも、それに私気づくまでに10何年かかってるからね。それを早めにわかってもらえば、私の後輩の人たちは私よりもっと早く上に上がれるじゃない。だからそういう風に。

　このようなSの日本語教育に対する熱意や、教師としての向上心を見て、同僚の教師たちが、大学院への進学を進めてくれた。Sは新教授法に興味を持っていたため、その分野に造詣の深い指導教員がいる大学院を選んで進学した。Sは日本語教師になる前に、日本語教育能力検定試験に向けて通信講座で自学したのみで、日本語教師養成講座を受講した経験がなかった。また、初級・中級に関しては、教育実践の経験から築きあげた知識と技術があり、自信があったが、上級については経験もなく、教授方法もわからなかった。その点、大学院で日本語教育全般に渡る専門的な知識を得られたこと、特に中・上級の教え方について得たものが大きく、その方法をインタビュー時に勤務していた欧州のD大学の教育実践にも生かしていた。

　一方で、大学院でさまざまな日本語教育関係者に接したことによって、文法に関しては、自分の強みとして改めて実感でき、自信を持った。Sの文法の知識は日本語学校で、マニュアルや参考書もない時代から、同僚教師とともに文法の規則を見つけ出してきた分析力によって積み重ねてきたものであり、書籍や専門家などから教えられた知識ではなく、自らの経験から身につけたものであった。

Q187：（前略）大学院どうです？　行かれて。
S188：勉強になったね。いろんな人いるでしょ。（中略）ああ、こんなもんなんだなってことがわかった。ただ、ものすごい勉強した。それはよかったと思う。
Q189：勉強したのは、どんな分野の勉強ですか。
S190：私ほら、なんていうか、まともな教育受けて日本語教師になったわけじゃないから、E先生とかそこらへんとか、それから、敬語表現はF先生とかだったけれども、そういった基礎がすごく勉強になった。
Q191：今まではそういうのに触れる機会はなかった？
S192：触れる機会がなかったから、今、例えばD大学で中・上級やってるけれ

どもね、それのやっぱり読解とかそういうのの指導、やっぱりE先生がかなり影響してる。

(中略)

S194：でやっぱりあの、教師としては、大学院でやったそういった専門知識とともに、自身で学んだことも大きいよね。やっぱり文法に関しては、人から教えてもらったことじゃなくて、自分たちで学んでいったことだから、なんというか、本で読んだ知識じゃないから、かなり強いよ、私日本語の文法に関しては。教えるにはこっちが知らなきゃいけないじゃない。今はなんとか文型辞典とかいろいろあるけど、昔はそういうのもなかったから、そうするとばーっと、同僚であちこちから文型ひろってきて、これにはこういうルールがあるって、自分たちで探していったのよ、本じゃなくて。だからその力がすごいと思うよ。(中略) だから、そこら辺の博士とか言ってることも、ばーっと反論できたしね。もう、強いなと思った、それはね。それがあって、その次が教授法じゃない。それがなくて教授法だとか思想を語ったってしょうがないわけだから、まず、日本語教師としての基礎固めをして、だからま、基礎固めが私は、初級中級まではできたけど、上級をどう教えていいかわからなかったのが、大学院からもらった。それでその後の、教授法なんてのもやっぱり、サジェストペディア、サイレントウェイの、学ぶとは何ぞや、人間とは何ぞやというものの考え方はものすごく今、役立ってる。

Sは、文法の分析力と知識が日本語教師の基礎であり、その上に教授法があると考えている。その基礎を、初級・中級については日本語学校で築き、大学院では上級について学んだ。その上で教授法については、新教授法の勉強会に参加することで、学習の捉え方、教師のあり方などの理念を学び、そこから得たものの大きさを感じている。そして、大学院在学中も、新教授法の提唱者や新教授法に造詣の深い研究者からその理念や方法をさらに深く学び、自らもワークショップを開くなどして見識を深めた。

Q237：修士課程では、上級の教え方について？
S238：学んだね。それで、やっぱり、私、大学院で学んだことじゃなくて、や

っぱり外の勉強会行って学んだし、それからサジェストペディアなんかだったら、それこそその、ロザノフ博士ってその、作った方いらっしゃる、ウィーンまで行って学んだし、だからその間はもう、とにかくF先生（大学院の指導教授）が私の好きなようにさせてくれたから、いろんなところでワークショップを開いたりとか、私がわからないことは、わかってる先生呼んでね、そこで学んだ。

　Sは日本語学校に勤めて数年後には自分の教授方法のマンネリ化を感じ、また教室の中で学んでいない学習者には別の教授方法があるのではないかという問題意識を持つようになった。そのため、外部で行われている新教授法の勉強会に参加し始めた。勉強会に参加することによって、新教授法の、学習者がどのように外国語を学ぶかという学習観と、学習を起こすための教師と学習者との関係性、それらにもとづく教育実践の方法を新たに知った。それは、教師が学習者に知識を詰め込むのではなく、学習者がどれだけのことができるかを把握し、学習者が自ら学びとる環境を設定し、学習者が日本語を使えるように教師は引くというものだった。Sはこの理念を知ることによって以前の自分が、「教師だから教えなければいけない」と思い、知識を与えるための授業をしていたことを意識した。
　つまりSは、学校が指定した教科書の中の文法項目を順番に教師が学習者に与えていく第一の立場にある教育実践を行っていたのである。そして新教授法に出会い、その背景にある認知心理学の学習観への理解が深まるにつれて、それと自分の授業内での行動とが結びつき、それまでのSの教育実践の立場の意識化と、第二の立場への変化が起こったのである。それは、新教授法の勉強会と日本語学校での教育実践との間を日常的に移動し、学習者との相互作用、勉強会と日本語学校での関係者との対話を通して、徐々に起こったことであった。この変化は、その後のSの日本語教育実践のすべてに影響を与え、後輩教師へのアドバイスにも表れるようになった。そして大学院に入って、さまざまな日本語教育関係者に接したことによって、文法に関しては、日本語学校で、参考書も少ない時代から、同僚教師とともに文法の規則を見つけ出してきた分析力と、その結果積み重ねてきた知識を、自分の強みとして改めて実感

でき、自信を持つことになった。そして、それらの文法を学習者がいかに学ぶかについて、新教授法の理念と方法への理解をさらに深めていった。

4.2.2.2 欧州の機関での教育実践

Sは夫との死別もあり、大学院修了後は指導教員の紹介で、欧州の日本語教育機関であるG研究所に客員講師として赴任した。そこは、新教授法の理念をもとにコース設計されており、初級から中級前半の成人学習者に集中的に日本語を教える3週間のコースを開設している。独自の教授法を開発している機関であるため、Sは苦労しながらも、新教授法を学んできた経験から、比較的短時間で、その教授方法に慣れることができた。そこで実践しながら、学習者の日本語の上達の早さを感じ、改めて新教授法の理念と方法の効果を実感した。

その一方でSは、単にG研究所のマニュアルに従うだけでなく、それまでに学んだ新教授法の理念や方法と、日本語学校での経験を融合させた教育実践を、G研究所でも行った。それは学習者がどれぐらいのことができるかを判断した上で、学習者ができると思えば、文法の意味や用法を、学習者たちに話し合わせ、自分たちで文法の規則を発見させ、学びとらせるというものである。このような経験をもとに、インタビュー時の勤務機関である欧州のD大学で、後輩教師にアドバイスをしているという。

> S575 ：文法にはね教えていい文法と教えちゃいけない文法があるんだって、言ったことある、D大学来て。私の教えるっていうのの定義はね、明示的に示す。そして教えないっていうのは暗示的に示す。つまりその、いろんな例文とか持ってきて、これの共通したルールはなんだろうっていうことを彼らに伝えるのが暗示的な方向なんだと思うのね。もう中上級になると、結局、解説があっても、ほんとにその解説が正しいかどうかまた違う問題だし、それに人によって解釈の仕方が違うじゃない。だから解説者とおんなじ頭の構造をしてる人にとってはその解釈は適切かもしれないけど、他の人にとっては混乱の原因にもなるじゃない、（日本語能力試験）1級あたりの文法解説になると。それでいくつものもの

を出してきて、これはいい、これはよくない、これはいい、これはよくない、じゃあ、どうなんだろう、何がそれの持ってる意味なんだろうってね、彼らに探し出させる、それを私は教えない、教えてはいけない文法っていう風に。活用は教えていい文法でいいんだけどね。でも私、G研究所で教えなかったよ。彼らが見つけたね、びっくりした。できると思ったからやったのね。(動詞の)1グループと2グループの区別。それを彼らにやらせたらさ、最初は2グループ全部「る」で終わるってわかるじゃない。それは簡単じゃない。じゃ「座る」はどう？2グループじゃないよって。そういう動詞をばーっと張り出すのよ。すると誰かが2グループは「いる」「える」が最後になるって言うじゃない、そしたら今度「帰る」とか持ってくるわけよね、そしたらみんながまたばーっと考えて、そして面白いのは、ルール見つけた人が、あそこ正書法なのね、「帰る」を見つけた人が、「帰る」は「かえ」まで漢字だと。チェンジの「変える」はね、「える」がひらがなだと。だいたいそれでいくのよ、漢字がわかれば。1グループのほうは、だいたい漢字の中に入ってるのね。2グループも、「着る」とか2文字のやつは漢字に入ってるんだけれど、3文字のやつは出てるのよ、漢字から。そのルールを彼らが、G研究所のすごい優秀なクラスだったんだけれど、数人がね、話し合って、ばーっと話し合ってさ、ここまで行ったときに、「あんたは天才」って言ったら「わー」ってなった、おじさんが。でもそれは教えてもらうより嬉しいじゃない、自分が発見したんだからさ。そしたら忘れないじゃない。

　G研究所に2年間勤めた後、Sは友人の日本語教師の紹介で、同国内のD大学の日本語コースで、専任講師の職に就くことができた。そこでの担当は、4セメスター目と6セメスター目の文法と会話の授業である。インタビュー当時は、赴任して最初のセメスターだったが、これまで学んできた新教授法の理念や方法をもとに、以前の日本語学校の経験も取り入れながら、教育実践を設計していた。
　Sは、教師が文法を説明して、教師から知識を与えるという方法では、文法の習得は期待できないと考えている。学生が文法の意味を、仲間との協力の中で、自ら発見していくことで、それが喜びとなり、その後の記憶にも残ること、また楽しむことによって学びが起こりやすく、効果

的に習得していけると考えているのである。その方法として文法の授業では、学生がグループで文法の意味を発見し、その後、学んだ文法を使って物語を作成するという活動をしている。またその授業では、教師は環境を作るだけで何もせず、授業が終わってからEメールで課題を受け付け、チェックする方法を取っている。

この、学んだ文法を使って物語を作成するのは、サジェストペディアの考え方で、個々の文法を文脈から切り離しては覚えられず、文脈の中にあってこそ覚えられることや、短文レベルでは意味がわからない文型も多々あることから、取り入れた活動である。また、この方法は以前Sが日本語学校で実施していた方法でもあり、学習者が作成した物語は、学習者の母語訳をつけて、次のクラスに残すようにしていた。それもサジェストペディアの教科書の作り方である。それを踏襲し、D大学でも学生の作品に現地語訳をつけたものを残すようにしている。

Q333：文法の授業ってどんなことするんですか。
S334：あのね、普通、文法の授業って文法のおもしろくなーい教科書使うじゃない。そのおもしろくなーい教科書使ったって誰も学びたくなくなるから、その文型を使って、それ全部を使ってね、物語を作るみたいな授業やってるの。そのためには、「何々は何々よりましだ」みたいな文型がばーって出てくるところだったら、究極の選択、例えば、「ドアがなくてもきれいなトイレがいいか、ドアがあっても汚いトイレがいいか」とか、そういうお題を彼らに渡して、「何々はいやだけど何々はまだましだ」の文型で、文を作らせたりとかね、いろいろなその文型に合ったテーマを彼らに与えて、それで、それを全部使って文章を書けと。
Q335：そうですか。面白そうですね。
S336：結構ね面白いし、それから、教師が説明したってね、何の役にも立たないって私よく知ってるから、学習者同士で話し合って、これはたぶんこういう意味なんだろうみたいなことを彼らに発見させるっていう方法を採ってる。その文法に関してはね。そうすると授業中、教師はなんにもないと、ぼーっとしてる。今日やることって箇条書きするわけ。それ以外教師やることないの、ぼーっとして、ほんと教師何もしゃべんないで、授業終わった後、彼らの宿題として、作った文をEメールで送れと、

それを添削して返す、とにかく添削して返すって方法とってた。それは面白いやり方だなと自分自身思った。

Q337：それはSさんご自分でお考えになって？ そのやり方。

S338：うん。それはね、日本いたときもやったの。1級対策問題集とかそういうのあるじゃない、2級対策問題集とか。そしたらそれはそのまま説明したって面白くもないじゃない。それからまた、上級も超上級ぐらいになると、教えることもなくなるし、バンとそういう問題集渡して、この文型全部使って、とにかく文章作れと、そういうことやったのね。

Q339：それ、日本語学校で？

S340：日本語学校で。で、私自身、それで物語作って、物語読みながら授業やったのね。伝説の美女Sって。私の愛しいS先生みたいなそういうの。みんなぐふぐふ笑いながらさ。それこそそういうのなんていうの、これはサジェストペディアの考え方なんだけど、文法っていうのはぶつ切りで覚えるんじゃなくて、物語として覚える。エピソード記憶として覚えるほうがずっと記憶に残るし、それから長い文章の中での文型であって、短文レベルじゃわからない文型っていっぱいあるじゃない。それはやっぱり物語として教えなきゃいけないと思ったから、それは物語をまず私が作って見せて、日本語学校では学生さんたちに作らせて、それに韓国語訳とか中国語訳とかばーっと書かせて、次のとき、次のセメスターのときには、はい、って渡してね、後輩に。そんでまた学ばせたってこと。それと同じことをD大学でやってる。だから今はその物語に現地語訳をつけてもらってる。それはサジェストペディアの教科書の作り方とおんなじなんだけど。

　会話の授業でも同様に、学生が面白いと感じることを心がけており、学生が楽しみながら、機能にもとづく会話の流れを習得できるようにしている。D大学の日本語コースでは授業の内容がウェブ上で見られるようになっているため、Sも他の講師の教室活動のアイディアを知ることができ、また、教員室での意見交換も活発であるため、同僚教師からアイディアを得て、実践することもあるという。

Q351：会話はどんな感じ？

S352：面白い。それは私のやり方じゃなくてあそこ（D大学）のやり方なの。Hさん（主任講師）が来てからのやり方だと思うけれど、なんていうかその、会話をどんどん作っていくんだけど、会話の作り方が面白いな、なんか。

Q353：え、何？

S354：ものを頼むなんかのタスクがあって、それで会話作ってくじゃない。あ、「許可もらい」だ。まともに許可をもらうっていうタスクもあるのよ、ちゃんとその、申請書かなんか書くっていうタスクもあるし、先生に卒論でこういうテーマで書きたいって許可をもらうってのもあるのよ。それ以外に、妊娠しちゃったから産んでもいいかって許可をもらうような、それとかさ、ガールフレンド妊娠させちゃったから結婚の許可をガールフレンドの親に取りに行けとかね、そういうのをやらせるの。

Q355：それは項目は何ですか。もう、決まってるんですか。

S356：決まってるっていうか、流れはあるわけ。まず、文脈、何ていったらいいのかな、ただ急に、話題を言うんじゃなくて、その前にいろいろなその、下準備があって、実はねって入って、許可願いするとか、その流れはあるわけよ。それはあの、卒論でこういうの書きたいんだっていう流れと、赤ちゃんができたけどおろしたくないんだっていう、おんなじなのよ。ただ内容が違うだけなのね。

（中略）

S376：やらせたらやっぱ若い子だから喜ぶじゃない。それでもうすぐ覚えるじゃない。面白くもないことじゃなくてね。すっごい楽しい。

Q377：同僚の先生ともみなさん仲良くやって。みんなお互いに会って話したり、そういうことってあります？どういうことやってんのとか、情報交換。

S378：いつも同じ部屋にいて、ああだこうだ冗談言いながらやってるから、それがすごい楽しい。で、なんていうか、足を引っ張る人とかそういうの誰もいないからね。お互いに「面白いじゃない」っていう人ばっかりだから、それはいいとこよ、あそこは、今のD大学は。

　Sは、日本語学校では進学という目標のために、決められた試験を視野に入れ、日本語そのものに注目した日本語教育を実施する必要があっ

た。その後勤めた欧州のG研究所でも、到達目標や教授方法が決められていた。いずれも、コース設計が確立した中で授業を分担する一教師であり、S自身がコースの目標を意識的に設定することはなかった。しかし、欧州のD大学では、新たな主任講師のもと、コースの改革の最中であり、Sは主任講師からも、ベテラン教師として頼られ、経験の浅い講師へのアドバイスや、独自の教育実践を期待されている。Sは、自ら担当クラスのコース設計をすることで、D大学の学生に対する日本語教育で何を目指すのかという、教育実践の目的にも意識的になった。その目的はSが25年前、最初に欧州に滞在したときの経験が、欧州の平和への取り組みの素晴らしさを知る機会であったことから、それを担う学生を育てたいという気持ちと、その一方で、D大学で接している大学生の考え方の偏りに問題を感じていることから形成されている。それは、学生が日本語学習を通して、世界にはさまざまなものの見方、考え方があることを知り、視野を広げて、それらを受け入れる姿勢を持つことを目指すというものである。それによって争いのない世界を築いてほしいという、Sの願いがある。

Q471：Sさん、学習者にどうなってほしいなっていうのってあります？ 日本語勉強して。

S472：あのね、欧州の人って特に、日本語を通して世界にいろんな考え方があるんだってわかってほしい。やっぱり欧州の人っていろんなことができるけど、だけどやっぱり欧州内だけじゃない。そうするとやっぱりこっちの方向なんだよね。片一方でしか世界を見てない。でやっぱりこっちの人ってある意味自己中なものの考え方、私たちが正しくて、それ以外はちょっと間違ってる、違いは違いとして認めるんじゃなくて、自分たちが上で、相手が下だと。そういう風なものの考え方を持ちがちだと思うのね。それじゃなくて、日本語ということばも上手になってもらいたいし、ことばと同時に伝わるその、東洋的なものの考え方、日本的なものの考え方、それを知って、欧州、アジア、両方のなんていうのかな、知的レベルを上げてほしい、そうすると世界がもっと何ていうかな、広い視野で見ることができれば争いもなくなるんじゃないのかなって。私最初に、25年前に日本語教師始めたときにね、あの頃はEUじゃ

なくて、ECだったのね、それだけど、ついこの間まで殺し合い続けてたI国人と現地人がすごく仲良くなってたわけよね。そういった関係をアジアに作りたいなって。そのためにはやっぱり日本に来た人には日本語を学んでもらう。そしてこっちが相手の国に行ったときにはその国のことばを学ぶっていったことで、バイリンガル、プリリンガルになって、お互いに、相手の文化を理解できればね、いい関係になるんじゃないかな、アジアにECがほしいなって思ってたんだけど、やっぱりアジアはね、経済的にいろいろ差もあるし、いろんな政治的な問題があるからね、それは難しかったけど。

そのような学生を育てるために、Sの担当するクラスでできる教育実践として、6セメスター目の授業で、新聞記事を読んだり、ディベートしたりする活動で、相手の意見を聞き、理解した上で、自分の意見を述べるという活動を設計している。この活動について主任講師に話したところ、6セメスター目でこのような活動ができるとは、期待以上であると言われたという。

Q477：そういう、思想的なことというか、自分の考えを出したりとかね、日本語でね、そういう授業ってもっと上のレベルにならないと難しいですか。

S478：今やってるけどね。今、最後の段階で意見文を書くこととディベートっていうことをやってる。

Q479：あ、そうですか、Sさんのクラスでもやってます？

S480：うん、うん。それもね、Hさん（主任講師）に言われたの、私、最後の段階で、新聞記事読ませてね、意見文書かせたいって言ったら、まさかね、6セメスターまででね、新聞記事が読めるまでに行くと思わなかったって言ってくれたから。そこまで私なんか持ち上げた、持っていったから、で、それを要約させて、それに対する意見文を書かせるってこと。で、こっちの人って最初っから先入観があって、最初に要約しろって言うと、自分の意見バンバン入れてくのよ。そんなことどこにも書いてない、書いてない、書いてないってつっかえす。とにかく相手の意見を知らない限り、きちんと理解した上じゃないと、意見言えないでしょ。

そこから教育した。その相手の意見をきちんと読むこと、聞くこと。相手の意見を、「確かに、しかし」文でさ、「確かに」なんとかだけど「しかし」って、相手の意見を一部肯定しつつ、自分の意見を言うんだと。その訓練を、すごく大切だと思うのよ。自己主張してるだけだと、それは意見文じゃないと思うのね。やっぱり相手から聞いて、それはいいとか悪いとかは、判断保留した上で、ここで熟成させて意見を出すのが、本当の意見だと思うからね。その訓練からした。

Q481：そういうのも、Sさんの目標に向かってっていうか。

S482：ちょっと、そう、多方面から物事を見られる力っていうのかな。

　このD大学でのSの任期は2年であり、2年後には帰国するか、別の職場を探さなければならない。Sはこれまで日本語教師として多くを学び経験してきたことから、年齢的にも経験的にも、これからは若い教師たちを育てることが役目になるのではないかという。そのため、現在の職場にいる間に、経験の浅い同僚教師たちにアドバイスしたり、改革の最中であるD大学のコース設計に協力したいと考えている。また主任講師もSにそれを期待しているという。

Q483：あと、Sさん自身が、自分はこの部分がまだちょっと足りないなとか、こういう部分、自分のこういう部分、もっと勉強してとか、もっと伸ばしたいとか、なんかありますか。

S484：あのね、けっこう私歳だから、もうすぐ50になるんだけどね、私にとってG研究所って、今年の3月までが修行の期間だと思ったの。そこまでたぶん学ぶことは学んだと思ったの。この先たぶん日本語教育がどんどんどんどん進歩していく、それはどんどん取り入れなきゃいけないと思うけど、もう、これからは出すほうなんだ、次の世代に伝える時期に来てるんだなって思った。

（中略）

Q489：じゃ、ま、若い人を育てるとか？

S490：うん、そういうことだよね。

Q491：そういうところで貢献していきたいなって？

S492：そう、思って。それは今、そういった環境を与えてくれてるからね。H

さん（主任講師）がね。だから、それは私にとっては嬉しい。

　ただし、Sは日本語教師としての知識や経験にある程度の自信を持っているものの、現在も、授業がうまくいったと感じることは少なく、反省することのほうが多いという。その反省点とは、教室の中に学んでいない学習者がいることにある。Sは授業中も一人ひとりの学習者の学びを敏感に感じ取り、すべての学習者の学びが実現することを目指し、いかに教えるかではなく、支援する教師として、いかに学んでもらうかを常に意識している。

Q453：いい授業だと思う授業ってどんな授業ですか。
S454：学習者が生き生きしてるときかな。
（中略）
S456：何かな、いい授業をやったからって、自分で反省点が多いな。どんな授業をやっても。学習者がこれ（現地人の称賛のジェスチャー）やってくれても、例えば一人がわかんない顔してたとかね、そこはやっぱりここら辺にひっかかってるじゃない。うん、だから、あんまり自分で自画自賛することってあんまりない。あんまりいい授業やったって自分では思わない。いつも反省点のほうが多い。
Q457：どんなことを反省します？ 反省されるときって。
S458：えーっと、こっちのここら辺の人たちの学びのお手伝いができなかった。なんというかほら、見えるんだよ、ここら辺が、私授業やってると、360度見えるのね、なんとなくね。そしてこっちのほうを押さえるためにこっちのほうを犠牲にしちゃったっていうのがあるのね。で、それって、しょうがないのよ、やっぱり学習者にいろいろ個性があるからそれを押さえないと、なんていうのかな、必死になりすぎて忘れてしまうこととかね、いろいろあるんで、誰がやっても失敗する授業ってあると思うのね。だけどやっぱりそれでも私は自分が力不足だったと、どうやればいいかって思う。
Q459：じゃ、全員の学びになっているか。
S460：そう、何らかの貢献をしたいと思って。でも、すべての人にいい教育ってなかなかできない。だからたぶん私はたくさんの引き出しがほしく

て、いろんな教授法だとか、いろんなことを学んできたんだと思う。

　すべての学習者一人ひとりの学びを実現するという課題は、Sが新教授法に出会う前から持っていた課題であり、それは現在も続いている。Sは、その課題を持ち続けているからこそ、すべての学習者の学びにつながる教育実践を模索して、新教授法をはじめ、さまざまな勉強会に参加し、大学院にも進学し、欧州の新教授法を実施するG研究所に飛び込み、現在も同僚と、教育実践の方法について検討している。そして、後輩の指導をしつつ、今後も新しいことを学んでいきたいという気持ちを持っている。

4.3 ｜ Y

4.3.1　初期の教育実践の立場

　Yは大学で美術教育を専攻し、卒業後は絵画の制作をしながら、複数の高校の美術講師を15年間務めた。美術講師をしながら、研究生として大学院にも在籍し、その間、教授からの依頼で、外国人留学生が日本語で論文やレポートを書くための手伝いをした。そのとき、日本語を外国人に説明する必要があり、それが日本語を外国語として見る経験となった。また、留学生は日本語を使って論文を書いているものの、日本人とは考え方が大きく違うことが印象に残った。

> Y24　：（前略）何人かの先生が、自分の研究室に留学生がいて、自分で面倒が見れないから、論文とかレポート書くとか、日本語で書く、その手伝いをやってくれって言われて、留学生からも日本語を教えてくれとは言われて、そういうことは、そこそこやっていたので、日本語教師になろうとかって思っていたわけじゃないけど、やりながら、日本語を客観的に説明する必要もあったし、それから、外国人の考え、日本語で、例えば、A国人とかB国人とかC国人とか、アジアの人が多かったですよね、日本語で論文書いていても、考え方がずいぶん違うな、っていうのはそのときに思ったりして。ま、そういう意味では、多少は、経験っていうほどじゃないけど、やったことはあったので、それで、ま、こっち（欧州）

に来ても、そういう仕事だったらそんなにいやでもないなと。

　そして結婚を機に、英語母語話者で高校の英語講師であった夫とともに、渡欧することになった。渡欧が決まってから、欧州での仕事として日本語教師を考え、渡欧前に、日本の居住地近くで行われていた外国人配偶者への日本語支援のボランティア講習会に参加した。講習会は、日本語の文法を外国人にどう説明するかが中心であった。Yは実際にボランティアを経験しなかったが、外国人参加者が日本語教室に求めているものについては、講習会での説明や、日常的に地域に住む外国人と接する中で感じていた。

> Y60　：（前略）お嫁さんのための講習そのものは、日本語教育の、なんというか、日本語教育畑で、日本語教育の指導をしてきた人が講師になってやってたから、それはいろいろな、文法的な動詞の活用についてとか、形容詞はイ形容詞とナ形容詞に分けてますとか、そういう外国人に日本語を教えるための、いろいろな国語文法とは違う、文法の構造の説明の仕方とかだったけど、それは受けたけど、実際に、私の市の日本語教室に行って、来るA国人とか、B国の人とかたちは、そういう授業を受けるためには来てないですよね。片言だけど、コミュニケーションはそこそこできるけど、話し方が、子どもみたいな話し方だから、PTAに行ったときに、他のお母さん方と話したり、先生と話したりするときに、普通に話せない。それはね、市側の意向でもあったんでしょうね。だから、「食べるよね」っていうのを「食べますか」っていう風に言ううっていうような、言い直ししたり、やっぱり、話す内容、テーマは日常的なことだから、彼女たちの生活についての、愚痴っていうほどじゃないんだな、そういう部分もないことはなかったですね。

　そして渡欧後は、欧州の居住地域で、日本語が教えられそうな機関に手紙を出し、返事のあったいくつかの機関のうち、民間の成人対象の語学学校と高校2校で日本語教師の職を得た。それらの機関は、日本語教育を実施するのが初めてである上、Yはただ一人の日本語教師としてコース設計のすべてを任された。Yにとってクラスで日本語を教えるのは

それが初めてであった。そこで、日本から持参した総合教科書を使用して教えようとしたが、内容が現地の学習者の生活に合わないように感じた。また、授業で教科書の内容を順番に扱っていくことは、学習者にとってつまらないだろうと思い、すぐに自作の絵カードを使って、フレーズを機能として教えていくようにした。

Q65：語学学校と高校で教え始めるときに、何か教科書を準備したりしましたか。

Y66：準備はしましたけど、日本から持っていったりした教科書は、役に立たないとすぐに思いました。

Q67：どうして？

Y68：ていうのは、持っていって使おうと、日本では教えたことがなかったから、それでもいくつか買ったりして持っていったものの中で、教科書っぽいのは『D日本語教材』だったかな、で、まずひらがなとか教えなきゃいけないし、ただ、なんというか、その人たちの生活にあんまり合わないような感じがして、（中略）で、ま、教科書、日本から持ってきた教科書はなんか使えない感じだし、『D日本語教材』、それに、あんまり解説も書いてないですよね。それをみんなに一緒に言わせるのも、なんか変な感じだなぁと。

Q69：どういう意味で使えないなと思ったんですか。

Y70：えっと、まず、私最初、現地語できなかったですから、E語でするしかないなとは思ってて、最初は文字を教えるしかないな、と思って、ま、文字教えながら、それでも、そればっかりやってればつまらないし、もちろん、授業始める前に、どうやって教えるかな、って思って考えて、教科書見ながら、で、これをどうやって教えるか、飯野さんあれどうやって教えますか。

Q71：使ったことないです。

Y72：あ、そうですか、ほんと？や、あれ使ってどうやって教えるんだろうって。もちろんね、「〜は〜です」の簡単なのが例文として書いてあって、入れ替え練習みたいなのがあるんですけど、ま、それだけっちゃ、それだけですよね。じゃ、ひらがな覚えたから、じゃ、読んでくださいとかいうのかなぁとか思って、で、いやぁつまらんだろう、と思ったんです

よね。だから、これそのままは使えないな、と思ったりしたので、もう、そのときから、絵のカード作って。
Q73 ：自分で？
Y74 ：うん、ま、そういうのはね。カード作って、「これはなんですか」だって、教科書を読んで「こ・れ・は・な・ん・で・す・か」っていうフレーズを覚えるんじゃなくて、「これはなんですか」ってその、物の名前を聞くときに、だっていうような感じで、ま、直説法みたいな感じだったんでしょうね、（後略）

そして、授業で扱う内容は、既成の教科書を参考にしながら、まずはY自身が教室で学習者と実際の話をするために必要な表現を扱っていった。

Q77 ：ご自分で、これぐらいのことを知っていたらいいだろうというのを順番に？
Y78 ：もちろん、それのために、いろいろ、Fさんの（現地語の解説がある教科書）にしろ、『D日本語教材』にしろ、参考にはしたけど、それでもやっぱり、本当に最初のときはそうでしたね、クラスの中で、少しでもその人たちと話をするためにはこういうことが必要だな、ということから教えていきました。（中略）だから、「好きです」とか、「持っています」というのはかなり早く教えました。

教え方については、日本で市販されている文型の導入方法が書かれた参考書などから知識を得ていた。また、渡欧直後から、現地語を独学し、現地人の友人を相手に身につけていった経験から、どうしたらことばが使えるようになるか、自分の経験を振り返り、指導にも生かしてきた。

［2回目］
Q156 ：じゃ、教え方みたいなのって？
Y157 ：教え方は、えっと、日本語教授法という本も、そういう市販されている日本語の教授法の本は買って読んだりはしました。けどどうかな、最初の頃に使ってた、自分で作った、毎週やってたテストとか、そういうの

は、現地に、手書きのね、テストとかありますけど、どうやってたかな。

Q158：そうですね、私がずっとお話聞いてて思ったのは、やっぱりボランティアの講習会と、教材とか参考書とか読んでるうちに、だんだん。Yさん自身が外国語を習った経験とか、そういうのは。

Y159：あ、それも、うん、ありますね。その頃同時に現地語を自分で、外には習いに行かなかったんですよ、私、自分で、自学っていうか、独学だったから、現地語の。

Q160：一人でやってたんですか。

Y161：はい、テープと教科書で。周り現地人ばっかりだったから、聞いたりして、友達のお父さん、退職してうちに居た友達のお父さんのところに行って、聞いてくれって言って、そのお父さんに。

Q162：聞いてもらう。

Y163：聞いてもらう。全然、現地語私、話せないし、お父さんはE語も全然だめでしょ、で、読んでいいかって言って、これ読むからって、間違った発音は直してくれて、辛抱強く聞いてもらいました。

（中略）

Y175：ま、そういうので、ある程度システムみたいなのを勉強しなきゃいけないんだなっていう風には思ったかもしれないですね。いや、それを日本語にしてたわけじゃないですけど（後略）。

Q176：でも、それから得るものもきっとあったんでしょうね。現地語はこうだから、日本語と比べたりとかして、現地語はこうだから、日本語を勉強するときこれが難しいだろうなとか、もしかしたらあったかもしれない。

Y177：うん、だからま、同時に、外国語を勉強してるというのは、やっぱり役に立ったと思います。繰り返さなきゃいけないとか、おんなじことを何回も言わないと覚えられないとかっていうのは、自分でそう思ってた、今もそう思ってるし、だから、そういうのはわりと、授業で私、結構、毎週、おんなじ質問するんですよね。で、早く覚えられる人は、またその質問ですかみたいな感じなんだけども、でも、何回も言われても出ない人っていますよね。

Q178：うん、いるいる。

Y179：そういう人には気にしないで、先週も聞いたけどって言いながら、同じ

質問を、で、私がした質問を隣の人に言わせるとかって、そういうやり方をしないと、語学は身につかないなっていうのを自分で感じてたので、わりと授業も、そういう風にするようになったのは、たぶんそうだと思う。

　日本語を教え始めた翌年からは、既成の教材を参考としながら、Y自身が現地の学習者が興味を持ちそうな内容の物語を書き、その中に難易度順に、あるいは物語の構成上必要な文型・文法、語彙を入れていったものを主教材とするようになった。

Y180：最初の頃は、2年目から始めて、4年5年ぐらいずっとやってた人たちが、自分で物語作って、その物語の中に、だんだん複雑な文型が入っていくようにしてたんです。副読本ていうよりも、それ、ほんとに主教材にしてやってたので。

Q181：それ、Yさんが書いたんですか、物語を。

Y182：そう、変な物語なんですけど。ある程度普通の生活の動詞もやって、それから形容詞もやって、持ってますとか、ほんとに簡単なのができるようになってから、最初の語学学校でやってたときに、その物語書き始めて、クリスマスの物語にしたんですよね。その中に、書きながら、授業やりながら書き足していったので、次に、やる、文法、文型をそこに入れて、で、その文型を最初に、授業のときに文型として練習して、じゃ、続きを見ましょう、っていって、進んでいく。そんな風にやってたんですよね。それか、まあ、結局、どっちもだったんですけど、書きながら、どうしても物語の必要上、こういうことば、っていうか、こういう表現が必要になってきたので、授業で、これやって。

（中略）

Y186：おとぎ話みたいだったんだけども、結構、みんなそれなりに楽しんで。

　それは、学習者にとって身近な内容で、次はどうなるのだろうと期待しながら楽しんで学べる教材とした。そして、文型・文法を手掛かりに、それを読むだけでなく、内容理解の質問や、表現の練習などもしながら、授業を行っていた。また、Yが描く挿絵も、文型の導入のきっかけにな

ったり、現地語との対照で、新しいことばを入れていったりした。

Q211：どういう語彙を入れるかとかもちゃんと考えてるわけですよね。
Y212：最初はね、全然考えてませんでした。だけど、そのうちっていうか、どうすればいいかなっていうのはいろんな本で見て、本ではこういう文型をどういう風に教えてるかなっていうのは、私も自分ひとりでやってるわけじゃないですから、いろいろ参考にして、例えば能力試験の4級の語彙はどんなものかなって、ばーっと見て、やっぱり私、見て、感想は、日本にいる人たちのための語彙を選んでるなって気はするんですよね。だけど、これは教えたほうがやっぱりいいんだろうな、って思うのを、4級とか3級ぐらいからは取ってそういうのは落とさないように、むしろ落とさないようにっていうのを気をつけてる。

（中略）

Y214：語彙のことだけど、例えば、ねずみのチュー子が星を探すんですよね。で、ロホネスっていう、変な。
Q215：（挿絵を見て）何ですかそれ、ワニですか。
Y216：違うんです、竜なんです。だけど、たまたま後で、学生があの、これ、竜ですか、ワニみたいですねって、あ、その文型も入れたほうがいいよなと思って。なんか、そんな風に付け足していくっていうより、穴をふさぎながらって感じです。

（中略）

Y218：かなり初級のうちから、これに自分で文をつけるっていうのはやったりするから、作文の練習に。これはその、星を探すけどなくて、代わりに、いろんな人が、あそこに行ってあれがあるよって言って、でもそれは星じゃなくて、ヒトデだったんですよね。でね、現地語のヒトデがね、星が「○○（現地語）」で、ヒトデが「○□（現地語）」、ヒトデが星と関係があることばなので、ヒトデなんてことばは初級の人が別に覚えなくてもいいことばなんだけど、出さなくてもいいんだけど、それはそれで。その、他にはクリスマスのオーナメントだったんですよね、クリスマスの星だった。それからポインセチア、それは名前は出してないけど、それも現地語では「○△（現地語）」って、クリスマスの星って言うんですけど。ま、結局、ほんとの星の代わりにその花をもらっていき

ますっていう。

　このように、語学学校ではYが自作した物語の中に、文型・文法、語彙を入れて、それを積み上げていくカリキュラムとすることで問題なかったが、並行して勤務する高校では数年後から、学校側の事情で、既習者と未習者が同じクラスにされたり、また、正規科目ではないため、欠席や生徒の入れ替わりも頻繁にあり、文型・文法を積み上げていく自作の物語教材を用いることが難しくなった。そのため高校では、やむを得ず1回完結型の授業を実施するようになり、現地人を主人公とした会話文と練習問題から成るモジュール型教材を新たに作成し、使用するようになった。その教材も、既成のモジュール型の教材を参考にしながら、現地の高校生に合わせて作ったものであった。
　このように、Yが既成の教材を参考としながらも、教材を自作してきたのは、学校教師として、学習者にとって身近で、興味が持てる内容で学べるように、既成の教材を絶対視しない態度を持っているからではないかという。

Q199：自分で主教材を作るってなかなかできないですよ。
Y200：でもね、私、教育学部だからなんですけれども、普通の日本の小中学校の教師はみんなこういうことやってますよ。

（中略）

Y202：教科書だけじゃだめだと思ったら、自分でこういうものを作って、授業で使うっていうのは、ほんとに普通にやってるし。ま、私は美術だったけど、美術なんかはもちろん、教科書なんて、何の役にも立たないですから。

Q203：そうですね、確かにね。

Y204：例えば、理科なんかは教科書通りになんて、私の先生はしなかったし、私の友達、理科の友達なんかも、教科書通りに、教科書のことやってても、学生は絶対、つまらないと思うし、授業もつまらなくなるから、何とか別の方法で、その、いろいろな日常のと合わせてやらなきゃいけないし、っていうようなこととか、最近のその教育番組みたいなのを見ると、英語の先生も、いろいろ工夫してやってるし、そういう意味では、

市販の、なんかいい教材ないですかねっていう探し方は、私は、教師っていう風に考えたら、まだ一人前じゃないな、っていう風には、思わざるを得ないですよね。（中略）学校教育全体とか、教育全体を考えると、その人に合った教材をなかったら作るでしょうって感じですね。

　Yが市販の日本語教材が使えないと思うのは、その多くが日本を舞台にしており、欧州でYが教える一般の社会人や高校生には、その場面での日本語使用に現実味がないと考えるからである。Yは、教科書に日本の情報を盛り込み、日本に関する知識を与えるより、日常的な内容で実際のコミュニケーションができるようになることが重要であり、それが喜びになると考えている。それは、Y自身が現地語を学んだ時に感じた、実際の場面で現地語が理解できたときの喜びにも由来している。

［2回目］
Q212：Yさんはずっと自作（の教材）でやってらっしゃるんですよね。
Y213：そうですね、余計な苦労してるな、とは思うんですけど。楽しいといえば楽しいけど。
Q214：やっぱりそのほうがいいと思ってるからでしょ？Yさん自身が。
Y215：ま、そのほうが私にやりやすいからですよね。
（中略）
Q218：やりやすいっていうのはなんなんだろうな、どうしてやりやすいのかな。だって大変。
Y219：たぶん、自分で作ると、その学習者に合わせたシチュエーションなり、それから練習問題が作れるからだろうと思います。やっぱり、市販の日本で作られたものを、じゃ、これ教科書にしますっていっても、リアリティがその場でないと、どうしてもやっぱり、早稲田はどこですか、みたいなのを言わせるのは、やっぱりなんか、うそっぽいっていう、うそっぽいっていうのは変ですけど、考え方によっては、その子は東京にいつか行って、早稲田はどこですかって言うかもしれないんだから、今ここで、早稲田の駅はどこですかって聞いたって、言葉にして出したっていいんだけど、特にあの、大学とかだったらもっと現実味があるかもしれないけど、成人教育機関とか、語学学校にしても、年齢層もいろいろ

で、いつか行きたいとは思ってるけど、そんなにこうはっきりね、思ってるわけじゃない人にも、言わせて、それは、なんか、やってても、リアリティがないような、気がするからかな、市販の教科書使えないっていうのは。あの、工場で何を作ってますみたいなのも。

(中略)

Q122：当然のように日本語なんだから日本の場面で、早稲田はどこですかって、日本らしいじゃないですか。

Y123：ま、そうですよね。

Q124：それでやればいいじゃないって言う人もね、やっぱいると思うんですよ。だから、そういう発想になるのは。

Y125：うん、そうですよね、2年前に、私も出来上がりチェック頼まれた、現地で作った、現地人が作った日本語の教科書は、現地人の家族が、東京に行って、生活してるっていうのが設定なんですよね。だから、おそば屋さんとかうなぎ屋さんとか、そういうのが出てくるんだけど、やっぱりね、それでもそれは使う気にね、ならないんですよね、家族で東京へ行ってっていうのは。で、作った現地人たちは、もちろん、女の人二人なんだけれども、日本に行ったことも、経験もあるし、日本での生活も知ってるし、そういうのを、高校生にも使ってるっていうんですよね。で、高校生に日本のことを、いろいろ話しながら、こうなのよ、ああなのよって、現地語で話しながら、やれば高校生も楽しんでるって言ってるんだけれども、ふうん、そうかって思って。私はあんまり授業中に、日本はこうだよああだよって、あんまり言わない、わりとまじめに日本語のレッスンしてるので、日本語でその人の生活のことを言うとか、私との会話になったほうがいいと思う、私はとりあえずそう思ってるので、たどたどしくても、私とその場で日本語で、今日あったこと、昨日食べたものについて話すっていうことのほうが、早稲田に行くのにはいくらですかって聞くよりも。

Q126：そうですよね。そういう発想ってどこからきてるのかなって思うんですけど、Yさん、中学校のときから英語をやったりとか、現地語を勉強してるときとかに、何かそういうのとかあったんですかね、そういう体験みたいなの。そう感じる何かみたいなの。

Y127：あ、そうね、ま、英語のことはそんなに覚えてないんだけど、現地語で

はね、現地語の教科書に載ってるのとおんなじことが、街で、言われて、そのフレーズがわかったときには、おーっ、教科書。それが、笑うんですけどね、電話、教科書の中に、電話かけるシーンがあって、聞こえません、もう一度言ってください、っていうセリフだったんです。でね、電話かけてたんですよ、公衆電話で、で、公衆電話壊れてて、向こうの声は聞こえるけど、私の声は聞こえなかったらしいんです。そしたら、相手が、聞こえません、もう一度言ってくださいって言ったんですよね。それが、はっきりわかって、あのときの嬉しかったこと。勉強してたことが役に立つっていうのは、こんなに。

Yの学校教師、美術教師という背景は、教材に対する考え方だけでなく、表現者を育てるという教育観が、日本語教育にも通じると感じられ、日本語教育の開始当初から、Yの教育実践に影響を与えてきた。

  Y46 ：（前略）美術教えながらもそうだったんですけど、私はね、基本的に、教えることはできないんです。例えば技術とかを、多少アドバイスしたり、そういう風にしたいんだったらこういうやり方があるよって、そういうことは教えられるけど、その人が物を見て、自分で感じて、それを今度、表現する、外に出すことは、私はできないんですよね。できないっていうか、その人の問題だから。もちろん例えば、テーマで、そのテーマについて話したり、それからその、石一個でも持ってきて、それについてどういう風に見るかっていうようなことを話したりはできるけど、（中略）個人個人の経験で、個人個人の見方をしていけるし、いかなきゃいけないし、もし教師が何かできるとしたら、それに手伝ってあげる、ま、花に水をあげるとか、そういう言い方してる人もありますけど、こっち側に伸びるように、こう。そういう風に感じてたから、そういう意味ではね、日本語を教えるのはかなりそれに近いとも思ってるし。というのは、日本語も結局、できるようにならないと意味がないでしょ。絵を描くのも、今まで全然どこから始めてどうすればいいのかわからなかったけど、なんか、できるようになってきて、で、今まで自分がそれについて考えなかったけど、考えて、例えば、木の枝がどういう風に伸びているかとか、それから、それが、ま、秩序ないように見える

けど、その中で秩序を自分が探して、ま、絵の場合なんかは特にそういうところがあるんですけど、自分がその、秩序を作る神様みたいなことに、小さい世界だけど、できるからっていう風に、(現地で教えている)墨絵のときなんかも言ってるんですけど、あの、目の前にあるものを描くんじゃなくて、できたものがあなたなんですからっていう感じで。日本語も結局、ひらがなももちろん正しく書かなきゃ、それは、コミュニケーションの道具だから、これは自分の「あ」ですってわけにいかないですけど、ずいぶん違うんじゃないっていうことになっちゃうから、他の人にも伝わらないと、コミュニケーションだから、自分の好きにはできないから、そういうことはもちろん教えなきゃいけないけど、ただ、自分が言いたいことが言えるようにならないと、道具としても、やっぱり意味がないから、そういう意味では、なんていうか、体を使った、ま、トレーナーみたいな感じだと、日本語を教えるのはね、ま、私にとってはそんな風に感じてはいるから。かなりその美術を教えるのと共通してるな、とは思いました。だから、そういう意味では、役に立ってるのかもしれないけど。

Yにとって、教師が教えるのではなく、学習者がしたい表現ができるように助けるということは、教師が学習者に代わって表現してやることはできないのだから、学習者自身が表現できるように、表現するための道具である文型・文法、語彙を与え、それを口頭練習で身につけさせ、学習者が自ら使用できるようにしていくことである。そして、学習者が表現したいことを表現できるようになるための方法として、ごく初級の段階から、Yが描いた絵について、できる日本語でその状況を表現したり、何枚かの絵で物語を作ったりと、想像力を働かせて、自由に表現する練習も取り入れてきた。

［2回目］
Y369：(前略) かなり早い段階から、マンガを書いて、それにセリフをつけてくださいっていう問題は。
Q370：マンガはYさんが書く？
Y371：うん、そう、セリフつけてくださいっていう問題はかなり初級の段階か

ら出して、で、あの、何でもいいので、やってたんです。で、ま、それはね、それもいくつかね、あの、現地にとってあります。で、面白いなと思ったのはね、あの、マンガのキャラクターは私が作った物語の中に出てくるキャラクターだから、ま、名前紹介したりはしなくていいわけですね。で、その場面2つ、2コマか3コマか4コマで、おちがあるような感じのものを、私なりの、でもセリフなしで、例えばその、キャラクターのロホネスっていう恐竜が、あ、竜なんですけど、竜が自転車に乗って、フンフンって自転車に乗っていて、で、花が好きなんですよ、そいつが、その花が咲いてる、あ、って花を見て、そして、その次3コマ目がぜーんぶ花なくって、その恐竜はフンフンって向こうのほうにもう行ってる。で、ま、だいたい私の考えも、だいたいの人も、ロホネスは自転車に乗っています、ロホネスは花を見ました、で、ロホネスは花を食べました、ぐらいの感じで、花なくなってるからね、で、ロホネスが花が好きだ、食べるの好きだっていうの、キャラクターで知ってるから、ま、それぐらいはできるんですよ。だけど中に、あのー、なんていうか、自分なりにいろいろ、ロホネスは今日どこどこに、あ、チュー子に会いに行きます、いい天気です、とかっていうのをね、できるようなのにこう、いろいろ考えて、一つ花を食べました、他の花はたくさんチュー子のところに持って行きました、とかね、いろいろそんな風に自分で考えて書ける、できる言葉で、ほんとに単純で、結構あんまりイマジネーションのない人は、ロホネスは自転車に乗っています、ロホネスは花を見ました、花がありません、とかそんな見えるものを自分のできる日本語で書くし、イマジネーションのある人は、花を一つ食べました、たくさんチュー子に持って行きます、とかなんか、そういうことはやってました、結構。

このように教育実践をしていたが、数年後、語学学校の職は他の日本人に譲り、Yは同市内の成人教育機関で日本語クラスを担当し始めた。また、同市内にある、日本から公的に日本語教師が派遣されている大学の日本学科でも会話や漢字など、学期ごとに指定された科目の授業を担当するようになった。そこには日本からの支援で送られてくる教材や参考書も豊富にそろっており、Yもそれらを見ることができた。また、成

人教育機関では、初めは、日本語教師がY一人であったが、その後徐々にクラスが増え、同僚ができ、さらに同国内の他の日本語教師とも徐々に交流するようになった。ただし、現地では伝統的に、同じ機関に勤務していても、担当クラスのコース設計や使用教材の選定はそのクラスの担当者一人に任されているため、Yは一人で担当クラスのコース設計をする必要があり、試行錯誤の中で、コース設計や教材制作を続けていた。成人教育機関では、語学学校と同様に、自作の物語を主教材とし、その中で文型・文法を積み上げていく方法をとっていた。しかし高校では相変わらず、レベルが混在するクラス編成の問題や、受講する生徒が頻繁に入れ替わることなどから、文型・文法を積み上げていくのが難しかった。そのため、自作のモジュール型の教材を使って、場面に合ったフレーズを学んでいく1回完結型の授業を行っていた。Yにとって、その方法はやむを得ず行っていたことであり、高校生向けのカリキュラム設計はYが模索し続けている課題であった。

4.3.2 教育実践の立場の変化
4.3.2.1 文型・文法を積み上げない日本語教育
　数年後Yは、日本で実施される現職者日本語教師研修に参加した。Yは研修を通じて、同じように日本国外で教育実践を行う日本語教師の仲間を増やし、研修後もその仲間と、日常的なさまざまな問題を、電子メールを通じて話し合っている。

　Yは研修では、高校生向けのカリキュラム設計を自らの課題とした。それが、同じく週1回のクラスである成人教育機関のコース設計にも応用できると考えた。そして、その研修中に、参考とするために、外国の中等教育向けの日本語のシラバス、カリキュラムや教科書を分析した。すると、それらは異文化理解を主な目的とし、言語そのものより文化的な内容を重視していた。そのため、文型・文法を積み上げるのではなく、場面ごとに、使用する表現を体験していくという方法がとられており、はじめは、Yが担当するクラスの参考にはできないと感じた。

　Y84　：（前略）研修のときも勉強になったのは、研修のテーマに高校のカリキュラムを選んだんだけど、K国にしろ、L国にしろ、わりと文化教育と

しての日本語の面がすごく大きいから、文化紹介みたいな部分もかなりあって、そのカリキュラム見ても、わからなかったんですよね。

Q85 : わからないって？

Y86 : ていうのは、何を教えたいのかな、っていうのが、全体見ても。M国のも見たけど、漠然としてて、場面シラバスというわけではないけど、一個一個の場面とかをもう、全部、媒介語、現地語でできるからなんでしょうけど、つながりがないというか、積み上げなくても別にいいみたいに作ってあるな、というのが私の印象だったんです。だから私が欲しいなっていうか、高校生とか、こういうところ（成人教育機関）でもそうだけど、即使うわけじゃないけど、興味のある人たちに、それでも自分でことば発して、自分の言いたいことを言えるようになると、やっぱり楽しいですから、そういう人たちに代用するにはどうすればいいかなっていうの考えてた、ちょうどいいのはね、私の探し方がよくなかったかもしれないけど、見つからなかったんです。で、研修で、課題ちゃんとしなきゃいけないから、一応、18課で、自分が教えてる高校のプロセスで、どのぐらいまで教えれば、さっきの日常のことをお互いに聞いたり話したりできるようになるかなっていうのを考えて、このくらいっていうのを一応、作って、まだ今のところ、それを直しながらやっています。だけど、わからない、それは飯野さんが専門だから。

Q87 : いやいやいや。

Y88 : 私のほうが飯野さんに聞きたかったんだから。何が必要ですかね。例えばね、教科書ほんとにいろいろですよね。初級で何時間かしかやらない日本語のサバイバルの日本語の教科書なんかでも、もう、フレーズで教えてるから、丁寧な言い方も最初から教えてるのもあるし、普通の積み上げ式の文法のだと、敬語関係は後ですよね、かなりね。もちろんその、学習者が何に使うかが一番大切なところなんだけれども、ここでとりあえずすぐに使うわけじゃないけれども、例えば日本人にたまたま会ったときとか、それから今、インターネットで結構、日本に友達がいるっていう人もいるから、そういう人たちと、ちょっとでもやりとりするときに、どういうことばとか、どういう文型が役に立つか、役に立つとやっぱり嬉しいから、続けるだろうし、もっと知りたいだろうと思うし、多少難しくても頑張る気にもなるし。いろいろ知ってるけど、役に

立たなかったら使えないから、やっぱり面白くもなくなっちゃうんじゃないかなと思うので、私もまだ今のところ、こういうのがいいっていう風にはっきりとは言えないんだけど、模索しながらやってます。

　Yは、主に担当する高校でも成人教育機関でも、日本や日本語に興味を持つ学習者が、日本に行ったり、日本人と接したりする可能性は低くとも、現地で想定される状況で、日本語で自分の言いたい日常的な内容がやりとりできることを目標としてきた。そしてそのためには、文型・文法を基礎から積み上げ、それらを繰り返しの口頭練習によって身につけていくことがよいと考え、自作した物語教材を用いて教育実践を設計してきたのである。ところが、外国の中等教育向けのシラバスやカリキュラム、教科書は、文型・文法を基礎から積み上げていくものではなく、それを知ったときは、自分の学習者のために参考にできるものはないと感じた。

　しかしYはその後、高校生の日本語学習の様相を観察し、高校生の外国語学習の意義や、動機づけの弱さ、特に若年の高校生の発達段階や教室外での生活、外国語学習のストラテジーの不足などにも目を向けるようになった。それによって、文型・文法を基礎から積み上げていく以外の方法、つまり、文化面を重視した場面シラバスによる日本語教育は、特に若年の学習者には有効なのではないかと、肯定的に捉えるようになった。

> Y140：（前略）高校なんかはやっぱり異文化教育の面もかなりあるし、語学教育というより、文化教育の部分にウエイトを置いたほうがいいんだな、っていうのは、ほんとに最近、思いました。で、K国やL国やM国の教科書は、そんなに日本語だけに集中してないな、という意味もなんとなくわかります。そこ（現地）の高校でも、結局、必修じゃない、選択だから、生徒もなんというか、そんなに真剣にならないから、文化的なこともやると、それはそれで喜ぶし、それと、積み上げていくのは難しいっていう感じかな。
>
> Q141：難しいというのは？
>
> Y142：うんとね、16歳17歳ぐらいまではね、覚え悪いんですよね、すぐ忘

る。クラスやってるときは覚えるけど、1週間経つと、忘れる率がすごく高くて、ここでずっと14、5歳からやってる若い子見ててもね、17歳過ぎるとすごく理解度が上がるんです。その前はね、結局、住んでる世界も限られてるし、自分のことばもまだなんとなく、ちゃんと確立してないから、覚えると言っても、いろいろなストラテジーっていうのを使ってないのかなと。

　同様に、高校生の行動を観察し心理を察することにより、外国の中等教育向けの教科書が、場面ごとに使用するフレーズを個々に学習する方法がとられているのは、その時々に日本語でやりとりする喜びが感じられる体験をするためであると考えるようになった。それは若年の高校生の発達段階における、外国語学習の目的となるのではないかとも考えている。

　　　Q157：Yさんの理想としては、積み上がって、最後に、こういう力がつきます、というのが理想的?
　　　Y158：うん、そう思ってたんですよね。でも、そうじゃなくて、例えば、買うときにはこんな風な表現、みたいな感じ。それから、自分の感情を言うときにはこんな表現みたいな感じの、その教科書を見たときにはそんなで、それを練習してみる、という風に作ってあったので、そうかなぁ?と思って。でも、歳には関係なく、外国語を話して、相手に伝わるというのは嬉しいですよね。そして高校生なんかもアニメ見てるから、アニメで出てきてることばを私に言ったりして、それが私がわかってるっていうのを聞くと、すごい喜んでるから、コミュニケーションすること自体は年齢とは関係なく、それ自体が喜びにはなるんだな、とか思って。そうすると、今、練習してるこれが、こういうときにだよっていうのがはっきりわかっていたほうが、高校生ぐらいには、いいのかな、ばらばらでもいいのかな、って思ってみたりもしたり、それから、もちろんね、18、19になると、それが統合されるから、ガーって伸びるのかなって思ったりもしたり。

　外国の中等教育向けの日本語教育に見られる場面シラバスによるカリ

キュラムは、奇しくもYが以前から高校で実施していた、モジュール型の教材を使用して、場面やテーマに合わせたフレーズを学習する、1回完結型の授業と共通するものである。Yにとってそれは、高校の状況から、やむを得ず行っていたことだった。しかし、外国の中等教育向けの日本語教育について知ったことをきっかけに、高校生の学習の様相を観察し、高校生の日本語教育の目的を考え直すようになった。そして、テーマや場面ごとのコミュニケーションを体験していくことも、それが喜びになり、その体験そのものが学びとなって、高校生の日本語学習の目的になると感じるようになったのである。

　また、成人教育機関には、文型・文法を積み上げて、口頭練習するクラスの活動に熱心に取り組んでいるにもかかわらず、学習項目が定着しない学習者がいる。そのような学習者は、将来的に高度な日本語運用力をつけることを目的としているのではなく、日本語学習そのものを楽しみとしており、たとえ学習項目が定着しなくとも、学習を長く続けることを希望している。Yは、このような生涯教育とでもいえる日本語教育が、将来の仕事や勉強のため、あるいはアニメやマンガなどを日本語で理解したいなど、目の前に明確な目的がある日本語教育とは別に、現地で需要があると感じている。そのため、次学期から、そのような学習者に合わせた新たなクラスを作りたいと考えている。そして、そのような学習者に対しても、主に高校生に実施してきたモジュール型の教材を使用した実践方法が生かせると考えるようになった。

[2回目]

Y233：（前略）みんながみんな専門家になるわけじゃないから、できるだけ長く、ゆっくりでも、ずっと続けていってもらうことを考えると、どういう風なステップを見せてあげればいいのかなっていう、生涯学習としての日本語みたいな感じ。

Q234：やっぱ、そういう風にずーっとやっていきたいと思ってる人は多いんですかね。実際、使うっていうことよりも、勉強することそのものを楽しむ人たち。

Y235：多いかどうかはわからないけど、いるのは確かですね。だから、現地に帰ったら一つやりたいなって考えてるのは、あの、ゆっくり学びたい人

の日本語みたいな感じで、時間かかるけど、だけど、諦めないで、即使うんじゃなくて、じっくり勉強するのを楽しみたいっていう人の日本語クラスっていうのを開いたらどうかなって。

（中略）

y253：自分で歳取ってくると、だんだん物覚え悪くなるし、ほんとに何回も何回もやらないと、やっても忘れるし、だからそれもあって、別にして、ゆっくりやりたい人のクラスを作ったほうが、それでも諦めたくないって言ってる人もいるので、別にね、分けたほうがいいかな、なんて思って。自分がだんだん歳を取って、自分のことを考えると、実は現地にいた最後の2年間ぐらいN語を勉強しようと思ったんです。ぜんぜん、ほんっとに覚えらんない。テープ毎日聞いて、なるべく一人でいるときは、掃除しながら洗濯しながら炊事しながら、テープというか、CD聞いてたけど、ほんっとに覚えられなくて、そのときは、うん、うん、って感じだけど、次の日になれば、あ、そういえば、ぐらいな。ずーっとやってると、こりゃあ覚えらんないわっていう、その気持ちがわかるので、やっぱり自分と照らし合わせると、諦めてくださいってわけにはいかないよなっていう。

（中略）

Y261：そういうクラスになるとなおさら、モジュール式のほうがかえっていいような感じもしますけどね。

Q262：ん？モジュール式っていうと。

Y263：ああ、だからそういう人たちを集めてゆっくりやる日本語のクラスとなると、この教科書を一年間、こういう風にこういう風にこういう風にこういう風に行きましょうっていうよりも、じゃ、今日は数字、今日はなんとか、っていう風にして、じゃ、数字のおさらいとか、なんかそんな風にやって、ほんとに少しずつ、やりとりができるようになっていったほうがいいのかな、とか思ったりして。

　生涯学習としての日本語学習者には、学習項目を絞って、少しずつでも、場面や機能による日本語でのコミュニケーションを体験することによって、興味を持っている日本語に触れ、日本語でコミュニケーションする喜びが感じられることに意義があると考えるのである。そのための

方法として、高校生への実践でも使用し、肯定的に捉えるようになったモジュール式の教材を使用した実践を積極的に取り入れようとしている。それにはY自身が現地語や外国語を学習したときの、年齢による記憶の壁にぶつかった経験の振り返りもあった。

また、Y自身の、現地語の学習過程で、学んだフレーズが通じたときの喜びが、さらなる学習意欲にもつながったこと、さらに休暇中に、外国旅行でその土地の言葉をほとんど知らなくても、なんとか必要なコミュニケーションができた嬉しさがあったことから、コミュニケーションは、言語知識の量は少なくても体験できると考えるようになった。それを体験することが喜びとなり、学びとなって、さらに学習が進むと考えているのである。

［2回目］

Y269：私、旅行してて、数字と、こんにちは、ありがとう、ここ、あそこ、ぐらいがわかれば、どの国の言葉でも、なんかコミュニケーションできますよね。ま、旅行程度だったらね。

Q270：できると思う。一つも、全くできなくても、結構、気持ち通じ合ったりする気がします。

Y271：そうそう、うん、それで、全然わからなくても、数字とか、「ここ？」とか、なんか。

Q272：なんか指さすとか、「あれ、あれ」とか。

Y273：そう、それだけでも言うと、向こうも、「お、お前、現地語わかるのか」「わからない」それしか言えないんだけど、なんとなくわかるような。

Q274：（前略）自分の体験からも、やっぱり日本語で、こことか、数字とかそれぐらい知ってれば、日本人来たとき、なんとかなるって気持ちがあるから、ゆっくりやってる人たちにも。

Y275：励ましにはなるんじゃないかと。

Q276：少しずつでも、通じたという喜びがあれば、

Y277：あれば、じゃあ、もうちょっとやろうかなって。

このように、Yは日本語教育の開始当初から、語学学校や成人教育機関では文型・文法、語彙を積み上げて、繰り返しの口頭練習で身につけ

ていく第一の立場の教育実践を行ってきた。ところが現職者教師研修で、外国の中等教育段階の日本語教育で行われていた第二の立場の教育実践に接した。その後、Yは、担当する学習者の学びの様相の観察を通して、第二の立場の教育実践を徐々に理解し、Y自身、以前は高校の状況からやむを得ず行っていたモジュール型の教材を用いた1回完結型の授業、つまり第二の立場の教育実践を、肯定的に受け入れられるようになった。さらにそれは、成人教育機関で、第一の立場の教育実践に合わない年配の学習者への日本語教育にも結びつけられた。それはまたY自身が、そのような学習者と同じ年配者として、自分の外国語学習の困難さを感じていることや、現地語や外国語の学習経験、外国旅行時の外国語使用の経験など、Yの個人的な経験にも裏づけられている。つまり、文型・文法を積み上げて繰り返しの口頭練習をする第一の立場の教育実践は、すべての学習者に対する絶対的な方法ではないと感じるようになったのである。それが合わない学習者には、ある場面でのコミュニケーションを体験し、その喜びを実感することを目的とした、場面を体験する中で日本語を学ぶ、第二の立場の教育実践を行うことを、積極的に認めるようになったといえる。

4.3.2.2 現地人教師の外国語教授法

　Yはこれまで、担当クラスのコース設計は一人で行ってきたものの、なるべく同じ機関の教師と情報交換をし、協力したり連携したりするようにしてきた。また、同国内の他機関の教師とも積極的に交流し、同国内の日本語教師たちで組織する教師会でも、発足当初から中心的な役割を果たしてきた。ただし、現地人教師の教育実践はGTMであり、口頭練習への認識が低いため、Yは連携するのが難しいと感じている。

> Y264：（前略）ここの現地人の日本語の先生は、自分が日本語できるから説明できると思ってて、説明すればそれでいいと思ってるところが非常に多くて、ここの語学学習に対する考え自体も、それはかなり強いんですよね、日本語だけじゃなくて、英語でもそうだし、他のことばでも、翻訳型の授業をやってるから、教室の中で、ドリルをするとか、会話をするとかいうようなのが授業じゃないというような考えを持ってるな、とい

うのは現地人の先生と話しててわかるから、現地のそういう人たちの日本語教育に対する考え方とか、それは確かに難しいことではあるけど。

　Yが口頭練習を重視してきたのは、これまで目にしてきた日本語教材や参考書、また参加した現職者日本語教師研修でも、日本語教育の潮流として感じたためであるという。そして、翻訳中心の授業を行う現地人教師の方法では、口頭での表現力がつかないと感じ、歯がゆい思いがあった。そのため、同じ機関で働く、若くて経験の浅い現地人教師には、Yからアドバイスすることもあった。
　ところがYは1回目のインタビューの直後から休暇に入り、休暇中に考えた結果、2回目のインタビューの頃には、現地人教師の教育実践の方法も一つの方法として認め、自分が実施している方法が絶対ではないと感じるようになった。

　　［2回目］
　Q206：（前略）Yさんが日本語教育はコミュニカティブにやっていかなきゃっていうお考えになっているのは、どういう経緯からなのかなっていう風に思ったんですけど。やっぱり教科書とか見てですかね。
　Y207：もちろん、なんかそういう教科書見たり、教授法の本とか見たりしても、研修で講義受けて、あ、やっぱりなって思ったのは、全体的な傾向っていうか、潮流はコミュニカティブな語学の勉強の潮流だなというのは、感じて。でもこの2年私ね、ちょっと休んでよかったなって思うのは、そういうことも客観的に見られるっていうか、今ね、自分が、客観的に見てるなっていう感じもします。だから講義の形式で教える人の気持ちも、なんかわかる。絶対コミュニカティブじゃなくちゃって思わなくなったっていうのかな。
　Q208：え、それはこの休んでる間に？
　Y209：うん、休んでる間に、わりと客観的に、というよりも、ああ、現地人の先生またあんなことしてるっていう風に、そのときはちょっと内心思ってたけど、かなり思ってたけど、それからちょっと離れてるから、私のやり方だけが、一つの、それだけしかないわけじゃないなっていう風にも、そんなにこう、いきり立たなくなりましたね。

Q210：なんでだろう、それはどうしてだろう。
Y211：なんででしょうね、わかりませんが。だから、客観的に、現場から離れてるからじゃないでしょうかね。ただずーっと思ってるのは、どんなやり方しても、ちゃんとできるようになる人っていますよね。

　Yは、現地人教師の多くが、学習者として翻訳を中心とした授業を受けてきたにもかかわらず、日本語が使えるようになっていること、また、外国の中等教育向けの教材などを見ても、授業は現地人教師が現地語で行うことを前提にしていることがわかるので、日本国外では、Yの同僚の現地人教師が行っているようなGTMも一つの方法なのだと理解し、自分の方法だけを絶対視しなくなった。

　それでもYが口頭練習を重視し、第一の立場や第二の立場の教育実践を行うのは、これまで教材や参考書、研修などで学んできた方法として、学習の効率や日本語としての自然さを身につけるにはより有利であると感じているからである。同時に、美術教師であったときの、表現者を育てるための教育観が、日本語教育にもつながっているという背景があるためでもある。

4.4　N

4.4.1　初期の教育実践の立場

　Nは大学で社会福祉を専攻し、卒業後は知的障害児の施設の指導員になった。学生時代からオーケストラサークルに所属し、知的障害児に対する音楽療法に興味を持っていたため、数年後、施設の職員を辞めて、音楽療法を学ぶために渡欧した。その数年後、友人から、中米の幼稚園で音楽を教えないかと誘われ、そのまま中米に渡った。現地語を学び、モンテッソーリの幼児教育の方法を学ぶ学校に通いながら、幼稚園に勤務したが、数年後には、幼稚園の経営が悪化したため、現地に残るために、日本語教師への転職を考えた。同市内にある日系人が経営する日本語学校を訪ねたところ、教員免許を持っていたことと、知的障害児施設や幼稚園で教育に関わっていたことから、採用された。そこは、現地で伝統のある日本語学校で、教師はすべて日本人であり、日本から公的に

派遣された教師もいた。Nは、日本語教育に関しては知識も経験もなかったため、まず、先輩教師の授業を観察し、先輩教師の指導を受けながら授業を担当して経験を積んだ。

Q111：教え始めはどうでしたか。
N112：教え始めはね、とにかく先輩がどう教えるのか見て、ああ、こうやって教えるのかって思ったわけ。それでその先輩に、「この課をどうやって教える？」って言われて。日本語学校ってよくそういうことがあるけど、日本語学習者って、授業でもないのに来て、受付の周りでふらふらおしゃべりしてたりとか、そんなのが、午前中なのにいたりしたから、「ちょっと来て」って言って、その人は初級の人じゃなくて、初級の終わりとか中級の人だったけど、「ちょっとあなた全然日本語がわかんないことにしてね」って言って、それで受付の前とかで、「この人は何とかさんです」っていうのを先輩の指導のもとにやって、「今度の土曜日これで授業してね」って言われて、「はい」って言って授業したりしてたんです。

その学校では、主教材は、日本で出版された文型・文法積み上げ式の教科書を現地版にアレンジしたものが使われていた。教師たちは主に日本語を使って、コミュニカティブな教授方法を実施していた。教師は専任と非常勤で10名以上おり、その大部分が元は現地語を学びに来た日本人留学生あった。その中で、日本から派遣される教師は、Nにとっては貴重な情報源であり、教師たちが日本から持ってくる参考書や研究書などを読んで、最新の知識を得て、また、教師たちの授業にアシスタントのように入って教授技術を学んだ。

N128：（前略）そこはね、公的派遣を受けてた学校だったの。公的派遣の人が来て、2年とか3年、任期、帰って次の人が来て、次々に。その人は日本とのパイプっていう感じで、しゃぶりつくすっていうのかな、その人の持ってる物、人的ネットワーク、もう、全部搾り取るように使ったね。自宅に行けば、本とか並んでるでしょ。日本からその人が自分用に持ってきて、そんなの借りて読んじゃったりとかして。その人が日本語教育

学会の学会誌、個人的に取ってるじゃない。だからそれもいつも読めたしね。

Q129：教え方について、そのとき一番どこから学んだと思います？

N130：それは公的派遣の人からですね、次から次へと来るから。

（中略）

N132：あとね、たまたまなんですけど、A事務所の、初代の所長の奥さんが日本語教師だったの。で、A事務所の職員の妻っていうのは働けないでしょ、ビザから。働いちゃいけなかったけど、その人は日本語教えたかったんだよね。だからただで働かせちゃったの。ただでいろんなこといっぱい教えてもらっちゃったの。

Q133：教えてもらうっていうのはどういう風に教えてもらうんですか？　授業を見てもらうとか？

N134：両方。授業を見せてもらう、授業を見てもらう。授業を見せてもらうのは毎回毎回毎回毎回、べったり入って見せてもらっちゃった。アシスタントみたいになって。授業に入って見るのが面白くてしょうがなかったんだもん。公的派遣の人の授業は残念ながら同じ時間に自分の授業もあったから、あんまり見られなかったんだ。でも、奥さんの授業は力いっぱい見た。特にその人はね、TPRをよくやる人だったの。それが面白くてしょうがなくてね。あと、他の先生の授業も見たよ。今も、夏休みっていうと必ず（日本へ）帰ってきて、B大学で授業する人なんだけど、C先生っていう先生も教えてたの。その先生の授業もね、入って、やるのを見てたの。

Q135：何がよかったんですか。

N136：授業中のしゃべり方。現地語がすごく上手な人なんだけど、日本語と現地語の使い分けがすっごく上手だったの。どこで現地語を使って、どこで現地語を使わないか。使うときは、ほんとに凝縮された形で、ちょっと使うのよ。もうほんと、あーって、よだれが出るぐらい見事だった。それでね、やっぱりね、周りでね、学習者のみなさんが惚れ惚れとした顔で授業にいるのを見ると、はーすごいなーと思ったの。自分もこうなりたいもんだと思いましたけど。

そして、教え始めて5年ほど経った頃、日本で行われる現職者日本語

教師研修に参加する機会を得た。Nは、そこで講義を担当した著名な日本語教育研究者を全員知っており、講義内容も知っていることばかりであった。

> N136：(続き) それで私驚いたのはね、1990年かな、私、研修受けに行ったのよ。(中略) その研修って毎日毎日先生が変わるのね。日本語教育の世界で有名な先生が次から次へとやってきて、次から次へといろんな授業するの。その授業の一つひとつ、それから先生の名前、ほとんどみんな知ってたの。おかげさまで。

Nは研修から現地に戻ってからは、勤務校の教務主任となり、教師の採用や配置、研修、主教材の改訂も行った。そして、その頃には日本から派遣される教師とも、専門職者同士として対等に議論できるようになっていた。Nは専門性を持った日本語教師として、自信を持つようになっていた。

> N246：(前略) 最初のうちは、現地のスタッフと公的派遣との能力差がこんなにあったんだけど、代々、能力差が縮んでったっていう感じがする。現地のレベルが上がっていったのかな。だから、前は神様のような感じの公的派遣の人だったけれども、そうこうするうちにわりと、対等に、専門職者同士の対等なディスカッションができるようになるっていう感じがしてきた。

Nはこの日本語学校に9年間勤めたが、父親の他界をきっかけに、日本へ帰国することになった。日本でも日本語教師を志望したが、日本での教授経験も、日本語教育能力検定試験の受験経験もなかったため、検定試験の受験勉強をする傍ら、学部の専門を生かして、ソーシャルワーカーの職に就いた。そして、働きながら日本語教育能力検定試験に合格し、いくつもの現職者日本語教師研修を受講していた。

4.4.2　教育実践の立場の変化
4.4.2.1　日系人コミュニティの日本語教育

　そして4年後に、ソーシャルワーカーを辞め、派遣機関を通じて、南米の、日系人の子どもたちが通う継承語学校に赴任した。そこでは、幼稚園児から高校生までを対象に、日本語だけでなく音楽や書道など日本文化を伝える授業や、現地人教師への指導的役割が求められた。

> Q309：どんな内容を教えるんですか。
> N310：あのね、『D日本語教材』使ってましたね。それとね、もともとそこは日本語を教えるだけじゃなくて、日本文化、日本人の礼儀、何ていうのかな、修身みたいな感じのものも教えられてたんですって。南米の日本語教育っていうのは、日本語を教えるっていうより、日本人を作るんだよね。そういう感じの雰囲気がまだ残ってるのね。だから、日本語だけを教えるっていうよりは、なるべくこう、そうじゃないものもいっぱい教えたほうがいいっていうことになってるわけ。(中略)自分ができることは全部やりましょうと思ったので、書道も教えました、音楽もちろん教えました、それから現地の先生のスーパービジョンもしました。

　はじめは、それまでNが学び、実践してきた方法で日本語教育を行っていたが、子どもたちの日本語学習の意欲が低く、教師や保護者も日本語教育にあまり熱心ではないと思われ、Nはストレスを感じるようになった。しかし、その継承語学校を運営する日系人コミュニティの人々と親しく接し、特に赴任半年後に、コミュニティの人々が総出で、継承語学校の運営費を捻出するためのバザーを開催する様子を、準備から一部始終観察したことによって、気づいたことがあった。

> Q269：じゃ、日本語の勉強ここまで持っていかなきゃっていうのはないんですね。
> N270：ないね。一応ね、言う人もいるのよ。日本語のレベルを下げてはいけないって言う人も確かにいるんだけど、大方もう諦めてる。日本語学校の存在意義は、日本語の勉強させるって言うよりは、友達作りをしていただくところっていう。(後略)

Q271：Nさんとしても、その人たちと楽しく過ごして。
N272：そのときはほんと楽しかった。最初はね、すごくストレスフルだったの。自分が考えてた日本語教育と違うから。自分が考えてた日本語教育っていうのは、もっと必死に日本語を継承しようと思ってると思ってたから。
Q273：思って行ったら、みんなは？
N274：もう諦めてる。
Q275：そういう境地になったのはどれ位経ってからですか？
N276：やっぱりね、そのね、半年ぐらいしてからだと思うんですけど、バザーをやるのよ、そのコミュニティで。そのバザーで、どんな出し物があるかっていうとね、みんな花作り農家だから、自分ちで作ってる花の苗を売るのは当然あるんだけど、それだけじゃなくてね、もう全員総出で餅つく、全員総出で幕の内弁当作る、それからね、2日間ぐらい鶏のダシとってね、でっかい鍋で鶏のダシとって、メチャうまいうどん作る、うどんももちろん手打ちうどんだよ。そういうのを来た人に売るのね。それで資金作って、1年分の学校の維持費にするの。そうなると、もう、みんな総出だよね。そんなだから、昔の村祭りの準備みたいな感じ。そういうの見ると、そういうときお互いにみなさん話してることばは現地語だからね。でも、全然かまいませんっていう感じで。そこで日本語とか誰も言ってないし。でも、みんな日本人の顔してるし、自分たちは日系だっていうアイデンティティはすごくくっきり持ってるしね、自分たちは仲間みたいな、すごく強い絆で結ばれてるし。そういう形で、はははぁ、なるほどねと思った。
Q277：なるほどって？
N278：日本語、ことばとしての切り取られたものをぶりぶり怒りながら話せるようにしなくちゃとかっていう風に感じなくてもいいってこと。
Q279：その学校を運営することそのものが、みんなの結束になってる？
N280：なってるなってる。

　Nは、自分がそれまで日本語だけを切り取って教えようとしていたことに気づくとともに、日系人コミュニティの日本語教育には、コミュニティの結束を強め、コミュニティの将来を担う成員の絆を作るという目

的があることに気づいた。そして、日系人の子どもたちが継承語学校に通うことによって、お互いに絆を強め、将来、日系人コミュニティを維持する役割を担っていくという姿が、そのときの日系人会の役員たちを見て想像できた。そこでNは教育実践の目標も変えるようになった。

　　［2回目］

N134：（前略）日系の子どもたちっていうのは、ゼロスタートじゃないじゃない、既に。だからなんかこう、あんまり進歩がはっきり見えないっていうのかな、全然こう、トライの仕方っていうか、アクセスの仕方というか、私たちが関わるときの、関わり方が違う感じ。

Q135：あー、どういう感じなんだろう。

N136：日系の子どもたちにはとにかくモチベーションを下げないこと。

Q137：やる気を起こさせる。

N138：うん。でもま、ほとんどそれは無理なんですけど。目標設定を、日本語上手になりましょうではなくて、日本語を通じて、仲良し仲間を作りましょう、みたいな感じ。そうすると、その子たちが大人になってから、日系人会とかの役員になるわけじゃない。だってね、日系人会の役員のお父さんたちが、そうだったのよ。かつて、日本語学校で一緒に遊んだ仲間なわけよ。で、彼らは一緒に遊んで大きくなって、そのつながりをもって日系人会を維持してるわけね。で、なかなかいいつながりの人たちだから、そういうつながりを作るためには、子どものときから一緒に遊んで、ちょっとかぎかっこつきの、一緒に勉強をして。

Q139：そこで具体的にどんな教室活動とかされたか、具体的に覚えてらっしゃいます？

N140：ま、私は向こうから頼まれたこともあって、音楽をっていうのがあったわけよ。だから、ま、具体的に言うと、最後の学芸会に、学芸会の舞台で、何か出し物をする、ものの準備とかね。

Q141：どんなことやってたんですか、学芸会で。

N142：あのね、リズム体操みたいなものやってたんですけど。こんなやつ（ジェスチャー）、足使ったり、手使ったり。

　　（中略）

Q145：そこに日本語を入れていく？

N146：うん、それからその、授業中、日本語を使って授業をするっていうのかな。私が例えば、「はい」って言ったときに、「見て、ここ見て、ここ見て」とか。
Q147：あ、「見て」っていうのを日本語で言っていた。
N148：「見て、見て」とか「静かに」とか、「もっと小さく」とか、（中略）一応クラスの中で使われてる、ていうか、私が使ってる言語は。

　こうしてNは、日本語そのものを勉強していることを意識しない方法で、音楽や書道などの授業、学芸会の出し物の練習などの中で、日本語を使って何かをしながら子どもたちの絆が深まっていくことを目的に、教育実践を設計するようになった。
　Nは、最初に勤務した中米の日本語学校で、第二の立場の実践を行っており、継承語学校でも当然その方法で実践しようとした。ところが、日系人コミュニティの人々が求める日本語教育が、日本語そのものを切り取って教えることではなく、日本語学習を通して将来に続く絆を作ることを目的にしていることを感じ取った。それは第三の立場といえるものであり、Nはそれに合わせた教育実践を行うようになった。
　このような日系人コミュニティの目的に合わせた日本語教育の経験は、Nにとって、知識として知っていた、日本語教育のさまざまなモチベーションについて実感できる体験であった。

［3回目］
Q19　：で、そういう言葉そのものを教えるんじゃないっていう日本語教育のあり方って、Nさんそのときに初めてそういうのを感じる世界に入ったんですよね。
N20　：うん、そう、自分の体験としてはね。
Q21　：で、その後に、そのときの経験があったから、何かその後にも、何か影響することがあったとか、こういう考え方ができたとかそういうのってあります？何か。難しいかな。意識してないですかね。
N22　：うん、意識してない。たぶん、ちょっと考える時間が必要だと思う。
（中略）
N24　：もしかすると、モチベーションとか、そういう風なところで、まとめら

　　　　　れるかもしれないな。
　　Q25　：モチベーション？　どんな？　誰の？
　　N26　：えーと、学習を進めるためには、教師の立場から言うと、学習を支援するためにはっていうのかな、モチベーションがすごく大事だって言うじゃない。
　　Q27　：あ、学習者の？
　　N28　：うん。それでその、モチベーションにはいろんな種類があって、すごく直接的なモチベーションと、すごく間接的なモチベーションとあったりとか、それから、すごくエモーショナルなモチベーションとか、あと、道具的なモチベーションとかっていろいろこう、モチベーションを分類できるじゃないですか、だから、モチベーションが非常に多様だっていう認識を、すごくそこで私は現実的に持ったと思う。習って、理論上で、本で読んで知ったっていうだけじゃなくて。あのー、なんで日本語を習うかっていう風なのが、子どもたちの心の中にも、子どもたちの親たちにもあるわけじゃない。それで、日本語上手になって、日本企業に就職しようとかって、そういう風な人は誰もいないわけね。だけれども、日本人コミュニティをこれからも継続させていこうとか、日本人コミュニティを継続させるためには、その、仲間としての結束力を強めたいから、そのための一つの道具として、一つのネタとして、日本語があるんだとか、日本語を学ぶという場があるんだとか、そういう風な、それをモチベーションっていう風に言えるんじゃないかと思うんですけど。そういうモチベーションがあるんだっていうことを、聞いてはいたんだけど、あ、ほんとにそうなんだって、実感したのはやっぱりそこだろうね。

　Nは日系人コミュニティの人々と楽しく過ごすことができたが、体調を崩してしまい、1年余りで帰国した。日本で療養し、体調が回復した後は、日本国内の日本語学校で非常勤講師を始めた。Nにとって日本の日本語学校でクラスを担当するのはそのときが初めてであったが、それまでの教育実践の経験から、問題を感じることなく、クラスを担当できた。その間にも、いくつもの現職者日本語教師研修に参加し、また、日本語教育を専攻する大学院への進学も果たした。

4.4.2.2 学習者同士の学び合い

Nにとって大学院は、いろいろな経験を持つ現職日本語教師に出会える機会となり、刺激になった。また、何でも研究テーマにできると感じ、今後も何らかの形で研究を続けたいという気持ちも芽生えた。そして、一番強く実感したことは、議論できる仲間の素晴らしさであり、大学院のゼミの仲間とは現在もメールで議論し合う仲であるという。

[2回目]

Q215：(前略) Nさん、大学院で学んだことが、修論も含め、その後の日本語教育をやっていく中で役立ったこととかあります？大学院に行って、これがよかったとかいうことありますか。

N216：あの、なんでも研究のテーマになるっていう風に実感した。

Q217：それはNさん、自分がやってることも含めてっていうこと？

N218：うん。だから、どれを取っても研究のテーマになるので。つまりボーっとしてなかったら、ちゃんと目を開き、耳を開いていれば、研究のネタっていうのはごろごろ転がっているので、それさえつかんで、それさえ利用して、自分の時間を使って研究を進められるんだなっていう風に思ったの。

Q219：それは逆に言えば、研究をやっていきたいなっていう気持ち？

N220：それはうん、ある。それはやっぱりね、生まれたよね。それとね、大学院で一番いいなと思ったのは、あの、ゼミ仲間。

Q221：どんな方？

N222：結局ね、五人だったんですよ、2年間。G先生のところで五人いたんですよ、同期が。この五人っていうのがすごくいいスタディメイトになったの。何かちょっと考えたときにこの五人に話すっていうこと。そうすると、それぞれフィードバックもらえるでしょ。それから、何かについてちょっと書くじゃない、そうすると私を抜かすから四人ね、からフィードバックをもらえるの。すごくいいスタディメイトになったなぁって思う。今でも。(中略) それが大学院の一番の収穫かな。

Q223：今でもお互いに交流がある。他の方は全然別のことをやってるんですか。

N224：うん、テーマは違うの。それはね、G先生っていうのはね、すごく、何

ていうの、間口の広い人で、テーマ何でもよかったの。だから五人ともテーマが違うの。
Q225：じゃ、Nさんも全然テーマが違う人たちの話とか書いたものを読んで、何かフィードバックするとか。
N226：そう、私なりにできることをね。その、あんまり近くない人からコメントもらうのっていいじゃない。
Q227：そうですよね。あ、こんな見方されるんだっていうの、ありますよね。
N228：それが大学院の一番の収穫かな。
Q229：今もそれは続いてるんですね。
N230：続いてる。メールでだけどね。
Q231：みなさん今も日本語教師ですか。
N232：全員。

　このスタディメイトを得たことは、Nの学習観の転換にもつながった。Nが大学院に通っていたとき、日本語教育では、学習者同士の学び合いが注目され始め、大学院でもその議論が行われていた。しかしNははじめ、その学習観を受け入れられなかった。

［2回目］
Q557：Nさん今までね、大学院にも行ってらっしゃるし、研修もたくさん受けてらっしゃるじゃないですか。
（中略）
Q561：その中で、影響を受けてるっていうか、一番、この後に自分は変わったなみたいな経験ってありますか。大学院でも研修でも、実際に働いてるときでもいいんですけど。なんか、すごく影響を受けたなっていう、とか、その前とその後で自分が変わったなとか、覚えてることありますか。
N562：あの、大学院のその五人の仲間がすごくいいスタディメイトになったっていうのは、私にとってはエポックメイキングなことなの。私って、頭がわりとこう、古風な教育観っていうのがあって、学習観っていうのかな、やっぱり、偉い先生から、偉い知識をご伝授いただいて、それで私はよりよくなれる、よく学べるっていうような、教育観が私はすごく染

み付いてたっていうか、すごくそれが強かったのね。でそれを、大学院の時に、初めて、そうじゃない、ピア・ラーニングじゃなくて、スタディメイト間のラーニングっていうの、それをね、初めて体験したの。それってね、かなり、頭の中の構造が変わったっていう感じがする。

Q563： 具体的に印象に残ってることとかありますか。言ってもらえることがすごく、自分が気づかない点だったとか？ そういう経験があったということですか。

N564： あのね、誰かがピア・ラーニングの論文を書いてたか、誰かの論文の紹介をしたかしたときにね、ディスカッションがあったの。そのときに、そのときにわりとこう、激しいことばのやりとり、ま、最近の流行としてはね、ピア・ラーニングっていうものがあり得るっていう話でしょ。そのとき、一応、そこの場にある雰囲気に合わせときましょうなんて思ってたわけ。

Q565： でも自分はそう思ってないぞっていうこと？

N566： そう、思ってなかったの。だけど、口には出さなかった。でもそのときに、交換してた、みんなが言ってた意見っていうのは、ピア・ラーニングはいいものだとか、ポジティブな肯定的な意見が飛び交ってたんですよ。だけど、腹の中でそう思ってなかったのね。それでね、なんかのときに、もっと狭いサークルで話をしたときに、口に出したんですよ、私。

Q567： 狭いサークルっていうと？

（中略）

N572： それを、その後に、この五人ですよ、話したときに、口に出したのよ、私。くだらない意見なんか聞いたって全然学びにならないとかって言ったわけ。なんですけれども、そうじゃないんだっていうのがやっぱりその後で実感したんだよね。あのね、毎週1回その五人で集まって、どこまで進んだかっていうのをさ、進んだ部分を見せ合ったり。

Q573： 修論？

N574： そ、修論、修論ごめんなさい。進んだ部分を見せ合って、それでお互いいろいろコメントし合ったりしてたときがあったのね。それがすごく役に立った。それから私が人にコメントするのでも役に立った。

Q575： 役に立つというのは具体的にどんなことだったんですか。

N576： 私がどう進めたらいいのかわかんないものが、人になんか言うことで、

私も、ああ、こう進めりゃいいんだってのがわかったりして。そんな感じ。で、ああいいもんだって。

Q577：メンバーから言われることについても、ああそうかって思えることがあったと。

N578：うん、そう。実際に私にコメントしてくれたのも役に立ったし、私が人にコメントしたことから、自分自身が役に立ったのもあったの。あとね、G先生がね、例えば日本語学習者でも、ほんとの入門の人と、初級学習者、中級学習者、上級学習者っていうのがいるとするじゃない。そうすると、初級学習者っていうのは教師から学ぶものも大きいけど、中級学習者や上級学習者から学ぶこともすごく多いんだっていう風に話してたのね。そして、中級学習者がやっている誤用を、それをなんか、よく学習しちゃって。

Q579：間違っちゃう？

N580：間違っちゃうこともよくあるし、なんだっけな、G先生自身がなんかあったのかな、（中略）ちょっとよく覚えてないんだけど、とにかく学習者同士がお互いに学び合うんだっていうことを彼女は言いたかったんだよね。だから、学びというものは、ほんとに偉い、先生から学ぶものもないわけではないが、学習者から学習者が学ぶことっていうのはものすごく大量にあるんだっていうことを学びました。

Q581：実感できたと。

N582：そう、それはかなり衝撃的なことだね、かなり大きな変化だね。

　Nは、それまでの学習経験や教授経験から、先生から教えを受けてこそ向上するという学習観を強く持っており、学習者同士で学び合うことの効果には、自分自身の学習においても、日本語教育の実践においても疑問を持っていることを意識した。ところが、Nが修士論文執筆時に、毎週のように論文の進捗状況をゼミ生同士で報告し合い、コメントし合っていたとき、自分が仲間から得たコメントも、自分が仲間に出したコメントも、自分の思考の整理や論文の方向性の決定に役立つと感じられた。それによって、学習者同士の学び合いを自ら体験したのである。また、大学院の指導教員が話したエピソードから、日本語学習者同士にも学び合いが起こることにも納得した。「流行り」だからではなく、自分の

体験と結びつけて実感できたことで、自らの学習観の変化を感じた。そして、それはNの日本語教育の実践にも影響を与えるようになった。

[2回目]
Q583：それってその後に、何か影響してますか。自分が日本語を教えるときとかに。
N584：うん、教室内活動でグループ活動をうんとさせる、ていうか、前よりもっとさせるようになったね。昔はグループ活動させるのに、実は心の中で、あんまり賛成してなかったの。つまり教師の監督下に置ける活動はOKなんだけど、わりと野放しにするの好きじゃなかったの。学びが少ないっていう風に、ちょっと大げさに言っちゃうと、学びがないか、学びが少ないっていう風に思ってたの。
Q585：ふーん、学びが少ないか。少ないか、ない。それはなんなんでしょうね、知ってる語彙も限られるし、間違うこともあるしってそういうことなんですかね。
N586：うん、うん、私昔、H語を習ってたときにね、教室の中が多国籍だったのね。で、隣にI国人が来るのがすごくいやだったの。聞き取りにくい発音だったから。だから私は早く学びたいのに、隣にI国人が来るっていうことで、私の学びのスピードが落ちると思ってたのね。だから、やだと思ってたわけ。というようなことです。そういう原体験があったんだな、きっと。そこから来てるんだろうな。
Q587：でも今は、学習者同士でも学びはあると思える。
N588：うん。なんていうの、それが流行りだからじゃなくて。今、流行りじゃないですか。

　一方、Nが体験したような学習者同士の学び合いが、Nの日本語教育の実践でも実現できればいいと思いつつも、Nが担当するクラスでは、実現には至っていない。グループやペアで練習させることはあっても、それは単なる会話練習や口慣らしであり、日本語の学び合いではないと感じている。そして、自分の学びの経験を振り返ると、日本語の学び合いを起こすためには、クラス参加者同士の関係性が重要であるが、これまでは、そのような環境を設計できていないと考えている。

[3回目]

Q41：自分が学習するにあたって学習者同士の学習については認められたけれど、日本語教育でペアやグループで学習することについても、否定的だったっていう風に、この前おっしゃってたんですけれども、自分の学習にとって仲間同士がよかったということがすぐに、学習者のほうにも結びつきました？　この前（2回目のインタビュー）のお話では、G先生が留学されてたときに、J語の学習者同士の学習のお話をされたっていう風にちょっとおっしゃってたんですけど、そういうのがいろいろ結びついて、日本語の学習者にとっても、学習者同士の学習がいいんだ、という風に思えた？

N42：実はね、学習者同士の間の、学びが成立するっていうのかな、例えば、スタディメイト同士で、コンタクトっていうか、活動することによって、学びがそこに成立するっていうようなことをね、実際に試してみたりとか、積極的にそれを推進したりしたことは一回もないの、今までのところ。

Q43：うん、うん。

N44：で、私が個人的な実感として、自分が大学院生やってたときに、そのスタディメイトの間にすごく学びが成立したっていう実感があったので、あ、こりゃいけるんだっていう、思ったので、その時点で止まっちゃってるの。

Q45：ふーん、それは、日本語を勉強する学習者同士に、それを使えるんじゃないかみたいな。

N46：それは、使えるんじゃないかっていう気持ちはあるんだけれども、それを自分の授業の中でとか、自分が担当してるグループ、担当してるクラスで、それを積極的に推進してるかっていうと、そうじゃないのね。それは特にやってないの。やりたいとは思うけど。

Q47：今も？

N48：今も。それは特にやってないの。やりたいとは思うけど。

Q49：うーん。じゃ、今もあんまりペアとかグループは積極的ではない？

N50：一応、やらせてるんだけれども、学習者同士で学び合いなさいとかっていう風には言ってないわけ。

Q51：はは。

N52 ：だから基本的に、教師から教えるよりも、学習者間で学ぶ学びのほうが、学びというものが起こりやすいんだとかってそういうものは実感としては持ってるんだけれども、それをおぜん立てして、例えば活動の中に、特に取り入れてるってことはないの。例えば、グループで、ペアで練習しなさいっていう風に言ってるのは、そういうこう、スタディメイトとの間での学びを促進してるっていう意識というよりはね、会話練習してるっていうのかな。それとか口慣らしをさせてるっていうかさ。そういう風な意識でやらせてることは確かなんだけれども。

Q53 ：じゃ、そこまではまだ、Nさんがご自分が感じたような学びが起きてるかっていうと、まだそこまでではない、そこまでのことはやってはいない。

N54 ：うん、そう。でね、ちょっとそれにはまだ理由があるんだけど、そういうことってね、私は、一つのグループのグループ構成員同士の間で、信頼関係とか、教室文化とか、そういうものが作られた後でないとできないような気がしてるのね。で、それを作るのにすごく時間がかかったっていうか、私自身が慣れるのだけで精一杯だったからね、今まで。

Q55 ：ああ。スタディメイトになれたのも、修士課程のときに、それもやっぱりすごく時間がかかって、最後に。

N56 ：ま、一定期間必要だったよね、やっぱり、必要だったと思う。

Q57 ：うーん、これはいいもんだって実感して、その後まあ、そのときには日本語学校でも教えてらしたし、そのあと欧州でも教えてらしたりしましたよね。何かしらの影響がなかったのかなぁってちょっと思ったんですけど。

N58 ：影響はきっとあったでしょうね。私自身その、気持ちというか、そういうものがあるんだっていう意識はやっぱり自然にこう、なんか、出てたかもしれないから、伝わってたかもしれないから、学習者に。

Q59 ：うーん。この前（2回目のインタビュー）のときは、ペアとかグループの活動を前よりも取り入れるようになったんじゃないかなぁみたいに、Nさん、おっしゃってたんですけど。

N60 ：ほんと？　すっかり忘れてる。

Q61 ：ははははは。そんな気もする？

N62 ：そんな気もする。うーん、でもね、それが学習者間で起こる学びという

視点でやってるかどうかっていうと、そうじゃないかもしれない。
Q63 ：ああ、はいはいはい。単に会話練習とか、口慣らしみたいな感じで。
N64 ：うん。とにかく教室で行われる授業でさ、あの、学習者の発話を増やしたいじゃない。だから学習者の発話の機会とか、そういう風な視点から、ペア練習をさせるとか、ペアの会話練習をさせるとか、はしてるんだけどね。今、飯野さんからそれを聞いて、そうだ、そういうことがあったんだって。思い出した。

　学習者同士が学び合うという学習観は第三の立場につながるものであり、Nは自分自身がそれを体験し、その後、さらに認識を深めて、その学習の実現のためのクラス内の関係性のあり方も理解するようになった。ただし、Nの教育実践では、今もNが従来から取り組んできた第二の立場の実践を行っており、Nもそれに自覚的である。Nは大学院修了後、すぐに欧州の成人教育機関に赴任し、その後も、同国内の他地域の高校、大学へと勤務機関が変わり、その都度、新しい環境で新しい職務に取り組んできた。その間、自分が職務に慣れるのに必死で、学習者同士が学び合うような環境を作ろうとしたこともなく、その体験自体を忘れていたという。しかし、Nは3回目のインタビュー終了後に、インタビュー時の職場で「学習者同士の学び合いの取り入れ方について考えてみる」と語り、近い将来、学習者同士の学び合いとクラス内の関係性に注目した、新たな教育実践を設計する可能性を示唆した。このインタビューで思い出した過去の経験が現在の教育実践につながり、今後、長く勤務する予定の職場で、学習者同士の学び合いを生むような環境設計をすること、つまり、第三の立場につながる教育実践を設計しようとしているのである。

4.4.2.3　現地の日本語学習法

　Nは大学院修了後すぐに、派遣機関を通じて、Nが以前、音楽療法を学ぶために滞在していた欧州の一国にある、成人教育機関に赴任した。そこは現地の日本語教育機関として長い伝統を持っているが、Nの担当は、主に同国内の日本語教師全体を支援するという、それまで経験したことのない職務が中心で、試行錯誤しながらできることを探していっ

た。その傍ら、同機関で開設する日本語講座の最上級クラスも担当することになった。そのクラスでは、長く継続して受講している学習者たちから、日本語の文法を現地語で説明することを中心とした、GTMによる授業を要求された。しかしNはその要求を受け入れず、Nが学び実践してきた第二の立場の教育実践を貫いた。

> Q367：最初、難しかったこととか、うまくいかなかったなっていうこととかありました？
>
> N368：講座の一番上のクラスね、最初持たされたんだけど、どうやらそのクラスは現地語で日本語の文法を説明するっていうのが慣例になってたみたいで、私がそれをしないって言ったら、常連の受講者たちにすごく評判が悪くなった。（略）だからその、現地語で文法の説明をするっていうか、現地語で日本語の文法の説明ができるっていうことが、現地で日本語教師をしていく必須条件みたいな、そういうアンダースタンディングが、意外や意外あったので、驚きました。
>
> （中略）
>
> N370：なんかこう、非常に学習者の要望に寄り添った形での授業がされてたんだと思うのよ。それは一つのやり方として、そういうやり方ももちろんあるんだけれども、私はそういうやり方で授業をしたことがなかったから。
>
> （中略）
>
> N372：あとそれから、どんどんどんどん、時代の波に乗って、学習者も変わってきてるじゃないですか。日本の留学帰りの人とか、そういう人もどんどん増えてくるでしょ。そういう人がクラスの八人なら八人の中に増えてくれば増えてくるほど、クラスの雰囲気って変わってくよね。日本から帰ってきたばっかりの人が、まさか現地語で、日本語の文法の説明をしてくださいって、普通、要求しないよね。それよりもっと日本語しゃべらせろとか、生教材を使ってバンバン授業やれとかって言うじゃない。学習者同士のダイナミクスも関係してくるからね。

Nは、自分が学び実践してきた第二の立場の方法が、外国語教育の時代の流れとして当然であると感じていた。また、その機関が同国内でも重要な地位にある日本語教育機関であることを自負し、日本からNのよ

うな日本語教育を専門とする教師が派遣されているにもかかわらず、最上級クラスが、教師から文法の知識を与える授業をしていることに疑問を感じたのである。

その機関での、3年の任期終了後、Nは同国内の他の都市にある高校で職を得て、第3外国語として実施されている日本語の講師となった。Nはその都市でただ一人の日本語教師であり、高校の日本語コースの設計すべてを一任された。そこでも、長く勤めていた前任者が、教科書にある文法項目を現地語で説明することを中心とした授業を実施してきた背景があり、学習者は日本語によるコミュニケーションに慣れていなかった。

［2回目］
Q63 ：テキストを使って順番に文型とかを勉強してって感じですか。
N64 ：そういう風にしてきたんですよ、私の前任の人は。それはそれで、一つの方針だし、19年それを続けてきたっていうのはすごいと思うんですけど、私はちょっとすいません、私のキャラクターからはそれできない。

（中略）
N66 ：それとやっぱり話すっていうことをそんなに取り上げてはいなかった、取り上げてはこなかった。
Q67 ：前任の方が?
N68 ：うん、前任者が。だからやっぱり話せないね。

また、同じ市内にある大学でも、長く勤めた日本語教師が退職するため、Nに声がかかり、外国語を教える語学センター内の1言語である、日本語のクラスを担当するようになった。そこでも学生は日本語によるコミュニケーションに慣れていなかった。このような状況からNは、前任者たちが、どうしてコミュニケーションを重視してこなかったのか考えるようになり、それは日本語に限らず、現地の教師や学習者が慣れ親しんだ伝統的な外国語学習法であることを理解した。

［3回目］
Q87 ：そこでNさんは、コミュニカティブな方法をよいと、よいというか、ま、自分の信念としてやってきていて、そうじゃないものに出会ったとき

に、やっぱりちょっと違和感を感じる、それはそうですか。
N88 : うん、でもね、その違和感を感じたっていう、その時期は、ちょっとも
う通り越したんです。
Q89 : え、え、何、何？
N90 : あの、どうしてそうせざるを得なかったんだろうかっていう風にそのあ
と考えたの。私の前任者が、どうしてそういう風にするしか方法がなか
ったっていうのかな。どうしてもっと話せるように持っていけなかっ
たんだろうかとか、どうしてもっと日本語の話したり聞いたりする力を
伸ばしていくような活動がどうしてできなかったんだろうかって考え
るようになったわけ。そうするとね、やっぱり、そうならざるを得なか
った状況が現地にはあるんだよ。
Q91 : 例えば、具体的に言うと、どんな。
N92 : うーんと、それが現地の伝統的な外国語学習スタイル、がそういうもの
だから。つまり話すっていう方向に、なかったんだよね。現地の伝統的
な学習スタイルが。だから、それがまだまだ残ってるのね。
Q93 : それはあの、成人教育機関の、あの、上級クラスにおいてもそれが起こ
っていた？それはまた別のことですか。
N94 : あ、同じ土壌だと思う。

　高校や大学で前任者が行い、学習者が慣れ親しんだ、現地語を使った文法解説を中心としたGTMは、先の成人教育機関の最上級クラスの学習者の要求にも共通しており、Nはそれが現地の伝統的な外国語学習法であることを理解した。ただし、ヨーロッパ言語共通参照枠（Common European Framework of Reference for Languages：以下、CEFR）が示され、言語を使って何かができることが目標として広く行き渡るようになってきた。それはNが実践してきた第二の立場の教育実践とも合致するため、それを追い風として自信を持って取り組んでいるという。
　それだけでなく、Nは勤務する高校・大学でただ一人の日本語教師として、現地の若者が日本語を学習する意義を自分なりに考えるようになった。Nがコミュニケーションを重視しているのは、現地の若者が同年代の日本の若者と日本語で交流することによって、地理的に遠く離れ、大きく違うように見える両者にも、共通する部分があることを知り、同

じ人間として、良好な関係を築いてほしいと考えているからである。それはN自身が中米、南米、欧州という、異なる地域で生活し、現地の人々と人間関係を形成しながら培ってきた感覚である。

　　［2回目］
　　Q535：高校生が日本語を勉強する意義っていうとちょっと大げさなんですけど、日本語を学ぶことによって高校生にとって得るものっていうか、そういうのってNさん考えたりします？
　　N536：あのね、文化と文化は違うっていう風なスタートではなくてね、人間ほとんど同じっていうスタートで、そういうスタンスで始めるとね、それが実感できるような気がするの。つまり日本のアニメ世代のティーンネイジャーと現地のアニメ世代のティーンネイジャーが日本語でコミュニケーションしたらね、日本人と現地人ってすごく違うように、一見、そう思われてるんだけど、実は大した違いじゃなくて、ほとんどおんなじっていう実感が得られるんじゃないかって思うの。それってなんか私はすごく大事なことじゃないかと思うのね。違いを踏まえた上で、相手を受容するとか、違いを踏まえた上で自分をわかってもらうようなアクションを起こすとか、そういう風なスタンスももちろん大事だと思うんだけど、同じ人間だし、そんなに違わないんだよねっていうような感覚、っていうもののほうが私の感覚に近いの。
　　Q537：Nさん自身がそういう感覚を持っていると。それを高校生にも。
　　N538：伝えたい。だから、日本語で、しゃべれるようになってもらいたいし、メールが打てるようになってもらいたい。なぜかっていうと、日本の、同じ世代の、高校生とじかにコミュニケーションができるようになるから。そんな風に思っている、今。

このような、違わないという感覚を持ち、両者の間の壁を取り除くことはコミュニケーションの前提であり、その上で、日本語を学ぶことは、世界中の人々に自分を伝え、相手を知るための手段を得ることになると考えている。このように考えるのは、Nが、現地での経験から、担当する高校生や大学生、日々接する学校関係者や現地の人々が、現地人同士でもコミュニケーションが上手とは言えないと感じているためでもある。

[2回目]

Q549：私、最後に聞きたかったのが、いろんな場所で教えてらっしゃいますよね、中米でも南米でも日本でも欧州でも。その教えてる中で、培ってきた信念じゃないけど、日本語を教えるのってこういうことだみたいな、結局こういうことのために日本語教育があるんじゃないかみたいなのって、何か持ってらっしゃるものってありますか。

N550：あ、もしかするとっていうのがあるんだけど、それは、日本語が上手になるっていうことはね、コミュニケーション上手になることだと思うんだ。例えばビジネスシーンで、何かネゴシエーションするときに、日本人のネゴシエーションの仕方と、アメリカ人のネゴシエーションの仕方は違うとか、日本人が考えさせてくださいっていうのは、実は考えさせてくださいじゃなくて、それはもう完全に断りって意味なんだとか、そういう風な知識みたいなものも確かに大切なんだけど、例えば人にものを頼むときにどうやったら自分の願いが実現するか。そのためにストラテジーを使うわけじゃないですか。それから、例えば大切なカメラを壊しちゃったときに、どうやって謝るかとかいうのあるじゃない。そういうのも、日本人はこういう謝り方をするから、あなたもそうするんだよとかいうんじゃなくて、人がどういうことをすれば相手を許す気持ちになるのかっていうのを考えさせたいと思うの。それって私はすごく世界共通のような気がするのね。だから、日本語を使って、日本人のように話せるようになるんじゃなくて、日本語を使って、世界共通の、自分をよりよく伝え、よりよく何ていうのか、相手から得るっていうのかな、ことができるようになってもらいたいと思うの。だから日本人はこう言うからこう言いなさいじゃなくて、このストラテジーは世界中共通のコミュニケーションストラテジーなんだよと言いたいんだ。それって相槌とかいうのにも言えてると思うんだな。なんで相槌をするかっていうと、私はあなたの話に興味を持ってるっていうその印として出すわけじゃない。で、会話をしてるときに自分の話を聞いてもらってるっていう実感があるっていうのは、嬉しいことだっていうのはそれって世界共通のことでしょ。だから、何らかの方法で、自分は聞いてる、あなたの話に興味を持ってるっていうのを伝えるってのは、いいことじゃない。だから、そういう意味から、一つのテクニックとして、相槌という

ものが存在するんだっていう捉え方をすれば、日本人は相槌ばっかり打ってうるさいとか、私は静かに聞くのが、傾聴するのが大事だと思ってるから、私は絶対に相槌はしないんだとか、そういうのはなくなってくるんだと思うんだ。それと日本語ばっかりじゃないからね、相槌打つのはさ。他の言語だって相槌打つ言語いっぱいあるじゃない。コミュニケーション上手になるっていうのかな、伝えるのと得る、自分を伝えるのとよく聞くっていうのかな、自分を伝え上手になることと、聞き上手になるっていうこと、日本語を通して、日本語学習を通して。そうなってほしいと思ってるの。で、はっきり言って、それって、すごく現地人て、へたくそなんだよね、それが。

Q551：へたくそっていうのは何ですか。なんか、あんまり許容できない？

N552：へたくそっていうのは、その、オープンマインドでないっていうのかな。コミュニケーションをするシチュエーションに対して、アーユーレディ？っていう感じの状態になれないの。なんか、こう、バリアはっちゃうっていうのかな。

Q553：大学生とかも、高校生とかも？

N554：みんな。大人も。職員室の先生たちもそう。ま、それは個人差があるんですけどね。コミュニケーションべたな人が多いね。

Q555：そういう人たちに日本語を学ぶことによって、相手とのコミュニケーションをうまく。

N556：取れるような、特に子どものうちから、そういう風なところにアンテナが、アンテナ持った人になってもらいたいなって思うね。

　Nはこれまでの自分自身の体験から、現地の若者が日本語を学習する意義をこのように感じており、そのために、日本語によるコミュニケーション力をつける練習を積極的に取り入れている。
　大学では、さまざまな学科の学生が、特に必要に迫られているわけではなく、興味から日本語を学んでいる。教科書は現地で出版され、現地語の文法解説のあるものを使用している。ゼロ初級から始め、授業は90分が週2回、2年間で、いわゆる初級で終わってしまう。文法の意味や用法などの理解は学生に調べさせ発表させる方法で行い、N自身は、上記のような考えから、表情や態度の指導を含めた会話練習を、授業の中心

に位置づけ、日本語によるコミュニケーション力をつけるための教育実践を設計している。

［2回目］
Q457：授業ではいつもどんな感じのことをするんですか。
N458：（前略）文法に関しては、学生を割り当てて、順番にね、当番になっていただいて、プレゼンテーションとかいって、やってもらってるの。それで、それ私も一緒に聞くわけね。それ現地語なんですよ。でもさ、大体言ってることはわかるわけね。なんか変なこと言ったら、それちょっとメモしておいて、後で訂正するか、加えるか、補うかしてるのね。私が実際にやるのは会話練習とか。よくあるじゃないですか。インタビューしましょうとか言って、インタビューシートかなんか用意しておいて、日本語で話さない限り、インタビューはできないっていうような。はい、立ってくださいって言って、全員、14人でさ、やらせたりしてますけど。それがなんか面白いんだ。
Q459：何が？
N460：あのね、なんていうのか、日本語のクラスではこういうことさせられるっていうのがだんだんなんかわかってきたみたいなのね。最初の頃すっごい嫌がってたんだけど。

（中略）

N462：あの、これ日本人はっていう風に言わないけれども、何か自分が聞いたときに、「あ、そうですか」って言うじゃないですか。そのときに、顔を「あ、そうですか」の顔にしなきゃだめとかさ。それとか、目と眉毛は上げなきゃいけないとかさ。それとか、「へぇー」とかさ、「あ、わかりましたー」、とか、そういう風に言わなきゃ、顔と一緒に言わなきゃいけないとかってよく言ってきたのね、この3、4か月間ね。最初すっごい嫌がって、「日本人はそんなことするんですか」って言うから、「する」。それで、会話っていうのは、やっぱり相手をその気にさせなきゃいけないから、ぶすっとした顔してたら、相手をその気にできないからね。とにかく、にっこりしないとだめだっていう風に言ってきたんですよ。そうすると、「そんないつもいつも笑ってるのはおかしい」っていうわけ。だけど一応これは、カンバセーションのストラテジーとして、

ていうようなことを毎回毎回やってたら、最後の会話のテストでね、みんなやってんだよね。それはなんかやりがい感じちゃった。それはま、一応準備なわけでしょ、ほんとの実際の会話の。だから、今度来るから、9月に日本のL大学の学生が来るから、交流相手になって、それを実体験するんだよって言ってるんですよね。

Nが、この大学間協定のある日本の大学との学生間交流プログラムを積極的に活用するように、学生たちに働きかけているのは、実践的な会話の場としてだけでなく、日本語コースが初級で終了してしまっても、その後、自立した学習者として、日本の大学生を相手に日本語学習が継続できるようにという狙いもあるという。

4.5　O

4.5.1　初期の教育実践の立場

Oは中学の頃から英語に興味があり、父が学校教師であったことから、将来は英語の教師になりたいと考えていた。1980年代後半、高校生のとき、英語圏でホームステイをして、ホストファミリーの娘が通う高校の、日本語の授業に参加して、初めて日本語教師という職業を知った。その後、日本語教師についてのさまざまな情報を得て、高校を卒業する頃には、日本語教師になりたいと思っていた。

大学では英語を専攻しながら、副専攻や通信講座で日本語教育を学んだ。同時に第二外国語で学んだアジアの言語に強く興味を引かれ、大学卒業後はアジアへ語学留学した。そこで、アルバイトとして、夜間の職業学校で、外国語の選択科目である日本語クラスを担当した。未習者を対象とするクラスをOが一人で担当し、副専攻や通信講座などで多少得ていた知識をもとに、現地で市販されている教科書にしたがって授業を進めた。1年間クラスを担当したが、自分の授業が、教授法のビデオなどから得ていた日本語教育のイメージとは程遠く、教える難しさを感じた。

Q17：そのときはどうやって教えてたんですか。

O18 : えっと、日本語の教科書をまず現地で、本屋で何冊か見て、それを買って、その教科書を与えて、何かこう、ほんと文字指導から、初級の授業だったんで。今だったらたぶんやらないかもしれないけど、「あいうえお」から教えて、読み方も教えて、教科書にのっとって、前から順番に。
Q19 : それを1年間やられたんですか。
O20 : まあ、ねえ、1年でも、やったというか、なんか、今考えたら、ままごとみたいな。人数も少なかったし、学生のできもそんなによくないので、ああいうところって、言ったら悪いけれど、だから、あんまり。ただ人前に立って、やって、難しいということがわかっただけ。できないと思った。それで、やばいと思って、これはもっとちゃんと勉強しなきゃいけないんだって。こう、イメージは頭の中にあったわけですよ。通信講座の勉強してるし、ビデオやなんかも見てるし、でも、できない。こうじゃないっていうことを思って。（後略）

そこで、日本語教師養成講座に通うことを決意した。欧州への興味もあったため、欧州にある全日制の日本語教師養成講座に入学した。1年間のプログラムで、理論を学び、レポートなどの課題に取り組むとともに、模擬実習、本実習と、実践的な教育も受けた。そのすべてが印象深く、その後の教育実践につながっていることがいくつもあると感じている。既成の教材の研究・応用の仕方もその一つである。

Q49 : 教えてもらった内容とかで、ああ、こんなことがあったなぁっていうのとか、あります？覚えてることとか、印象に残ったこととか。
O50 : 養成期間に印象深かった何か？まあ、すべてが印象深いといえば印象深いですよね。
（中略）
O52 : そうですね、あそこで印象深かったので、今もそれが生きてるとすれば、あの当時言われました、ある物は使いなさいと。教材にしても、一からマテリアル作るとかじゃなくて、これだけ教材、今の時代出てるんだから、ある物は使いなさいと。だけど、その、使うためにはいろんな教材研究きっちりしておかないと、さっとその本を出してこられない、そういう時代に今は入って来ましたって言われて、あるものをどうやっ

て使うか、考えなさいっていう風にすごく指導されました。だから、それは今も生きてるな、と思います。なんでも自分が一から作るというよりも、もちろん作りますけど、既成のものをどうやってこう料理していくかとか、その教材研究の能力とか、できてるものをうまく生かして、例えば文法分析でもいろんな本を引っ張ってきて、自分なりに考えていくっていうんでしょうか、道筋？そのことを教えてもらった気がします。そこでね、それが今も役に立ってるんじゃないかなという気がします。たぶん。

　教育実習では、無料で募集した学習者に対して、実習担当講師が立てたカリキュラムに従い、初級では指定された文型について、1回の授業の中で3名の実習生が、導入、練習、発展を分担した。また、中級では機能にもとづく指導を体験した。教案作成から授業の実施、実施後の検討会、各自の振り返りなど、すべて実習担当講師の指導の下に、取り組んだ。チームで1回の授業の内容を考え、教具も作成し、1日中実習の準備に追われた。授業実施後、最後は各自、振り返りシートを提出することになっていた。そのとき、多くの授業を観察したこと、自分の授業の録音を毎回聞いて、振り返りシートを記入していたことが、後の教育実践にも役立っていると感じている。

　　Q69：先生に、やる前に見てもらうこととかありました？
　　O70：ありました、もちろん、必ず実習の何日前、少なくとも2日前に出せって言われてたかな？教案を出せって言われてて、教案を提出して、それに赤が入って戻って来てました。（略）手順としては、確か、前に、実習前に教案を提出して、先生に一応のOKをもらって、それで当日があって、その後にフィードバックがあると、その当日に、20回のうち2回か3回ビデオ回されてますね。（略）だけど、テープの録音を毎回絶対やってました。だからカセットテープを用意して、まだそういう時代なのでね、そのカセットテープに全部の授業をすべて録音してました。それかなり残してましたよね。で、そのテープをもとに、フィードバックシートっていうのが4枚か5枚つづりのがあったんです。それ先生が作ってくださってて、音声のチェック、項目がいくつかカテゴライズされて

て、発音とか発声とかそういうパフォーマンス的なチェック、それから内容のチェック、それから教案がよかったかどうかとか、学習者とのインタラクションがどうなってたかっていう、そういうののチェックとか、すごい5枚セットのシートが付いてて、チェックしたり記述したりするようになってて、必ず授業の後テープ聞きながらもう一度それを記入して、先生に提出するっていう風に3段階になってましたね。それを毎回やらされてたので、あのフィードバックシートがよかったんだと、今にして思えば。

養成講座修了後は帰国したものの、日本国内で日本語教師の職に就くためには、日本語教育能力検定試験の合格や教授経験があることが条件とされるのが一般的で、すぐに職に就くことができなかった。出身地に戻り、アルバイトをしながら、検定試験の受験準備をしたり、臨時の講師などを引き受けつつ、国内外にこだわらず、就職先を探した。そして、日本語教師をアジアへ派遣する組織に採用され、Oが大学卒業後に語学留学していた国の、大学の日本語学科に赴任した。

その日本語学科にはO以外に数名の現地人教師がいたが、Oは唯一の日本語母語話者教師として4年制と3年制の大学の、2年生の会話と3、4年生の精読、会話、読解、作文、視聴覚など多くの授業を担当した。授業そのものに慣れていないところに、多くの授業を任され、情報もない中で授業準備に苦労した。

> O117：（前略）結局全部の科目をやって、4技能の科目と総合科目っていうのを現地でいきなりさせられて、ものすごくやっぱり大変な、準備が大変でしたよね、まだ慣れてないし。それに加えてその、機材もないし、資料も何もない、インターネットがあった時代でもないし、それで情報がとにかくなかった、そのことがやっぱりきつかったかなって、自分では思ってます。で、その、ま、今振り返れば、日本語学校に入ってたら、それは、いきなり新米の先生がいきなり任せられる仕事ではないので、やりたくてもできない。そういう意味では、ちゃらんぽらんでも、一生懸命、その4技能別々の、カリキュラムを自分が作らなきゃいけないわけで、今学期、回数これだけあって、教科書が一応指定されてて、で、そ

こに副教材使ってもいいとか言われて、どういう風にして1学期を組み立てるか、自分で考えて、自分でとにかくまがりなりにも1学期終えなければいけないという、それを最初に2年間みっちりさせられたっていうことは、日本語学校でスタートする5年分ぐらいを2年でできたっていう風に思うので。（後略）

　日本語学科では現地人の主任講師が科目設定や時間割の配分、教科書の選定などを行い、「視聴覚」という科目以外はすべて教科書が決められ、その内容がそのままカリキュラムとなって、進度の目安も決まっていた。日本語科目の中心である「精読」は教科書に載っている文型・文法項目をすべて扱う必要があったが、他の技能別の科目は教科書にこだわらず、教科書以外の教材も使って、自由に授業を設計できた。Oは3、4年生の授業を中心に任され、授業はすべて日本語で行った。そのため、養成講座で中心的に学んだ初級文型の教え方などはほとんど役に立たなかったが、それまでに学んださまざまな教材やアクティビティの分析・加工方法の知識を生かし、日本から持参した副教材やビデオなどの生教材を使用し、現地在住の日本人を招いてビジターセッションを実施したりと、現地でできる限りの工夫をした。

Q126：中心になる総合は現地語で文法説明とかされてました？
O127：全部日本語でやりました。ていうのは私が担任させられたのは、2年生の会話っていう授業は私、持ったんですけど、あとの授業は全部3、4年だけだったんです。そうですね、一つ講座の方向性というのがあるとすれば、1、2年生は現地語で授業すると、2年生の会話の授業だけは日本人の先生に入ってもらうと。で、あとの、だから1、2年生の授業に彼ら（現地人の先生）はかなり入ってたんですね。だから3、4年が丸投げで私のほうに来てた。毎年日本人の先生にお任せしてるっていう。だから、養成講座でやった、「て形」がどうのっていうの、一切役に立たなかった。現地人ってすっごくできるじゃないですか。3年ぐらいになるともう、普通に日本語だけで問題なく授業できますよね。
Q128：何していいかわからないっていうとき、どうしてましたか。自分で考えるしかないって感じですか。

O129：うん、カリキュラムっていうほどじゃないけど、一応、時間割と日にちとカレンダー作って、簡単な内容、教科書何課を何回ずつやって、とかって考えて、ここでこんなアクティビティ入れてとかいうの考えて、ビジターセッションとかそのときやりましたね、1回ぐらい、日本人の留学生とか連れて行って。そういうのも考えたりして、最後試験作るところまで、採点して点数出すまで。なんかもう、ただがむしゃらに悩んで考えて。

このように、Oがそれまで学んできた日本語教育の知識を駆使して、ある程度の自信を持って現地のさまざまな要望に応えたのは、受け入れた大学側が、それまで派遣されていた年配の元国語教師ではなく、Oのような外国人に対する日本語教育の知識を持った日本語教師を求めていたことが背景にあった。そのため、O自身も養成講座で学んだような日本語教育が求められていると確信し、担当した授業の中で、現地で可能な限りのコミュニカティブな教育実践を行った。

O137：（前略）そう、思い出しました一つ、さっき私の前任者はおじいちゃんしかいなかったって言ってましたけど、なんで私があの年、現地に派遣になったかっていう背景がですね、聞いたところによると、現地人の先生と話しててなるほどと思ったのは、30代後半と40ちょうどぐらいの人が主任と、日本語科の学科長やってて、わりと若手だったんですよ。50代60代とかじゃなくて、バリバリの人たちで、10年以内に日本で留学して学位取ってきた人たちなので、頭が先進的っていうんですか、それはすごく私にとって実に恵まれてて、というのは、お互い様なんだけど、そろそろ、国語とかじゃなくて、日本語の先生が必要だという判断をしたらしいんです。それで、日本語教育をちゃんとできる先生を派遣してほしいという希望を大学は出したらしいんですよ。それで私はあそこに入ったらしい。という風に聞きました、言ってましたね、主任先生が。だからラッキーでしたね、そういう意味では。

2年後、Oは任期を終了して帰国し、次の就職先を探しながら、外資系のIT企業でビジネス日本語を教えたり、現職者日本語教師研修に参

加したりしていた。そして、再び日本からの派遣で、欧州の成人教育機関の日本語講座に専任講師として赴任した。

　その日本語講座は、一般の成人学習者を対象に、総合的な日本語を、初級から中級まで、段階的に教授するコースであった。現地で長い歴史を持つ機関で、専任講師二人に非常勤講師が十数名おり、全員が日本語母語話者で、直説法で授業が行われていた。一つのクラスを二人の講師が週1回ずつ担当する、ペア・ティーチングであった。講座ではOが赴任する前から、日本で出版された文型シラバスの主教材に従って、速い進度で、語彙や文型の知識を与える、第一の立場でコースが設計されていた。そのため、非常勤講師たちは日本語使用の場面や機能に対する認識が低かったという。

　Oは講座の授業を担当するのみならず、専任講師として、主教材に準拠したアクティビティ集を制作し、コミュニカティブな手法で運用力を育成する、第二の立場の教授スタイルが非常勤講師に行き渡るように努力した。

　　Q174：来てお仕事としてはどんなことをやられてたんですか。
　　O175：（前略）授業はもちろんやりますよね、コマ数はまあまあそこそこ。でもアジアのときと比べると、少し減ったっていうイメージかしら。ただその分事務作業だとか、修了証とか作ってましたね、すべての共通教材のコピー、全クラスの。それからあの、会議の議事録なんかの作成全部、それから『A日本語教材』だったんで、副教材がないととてもじゃないけど授業できなくて、それでマテリアルを、私もずっと作ってきてたし、すべてのマテリアルに使い方指導の方法とか全部くっつけて、最後ファイリング作って辞めてきましたね。もうひとつ、『A日本語教材』に付随する練習帳っていうのを、初級用が2冊、『B日本語教材』（中級）用が1冊、レッスン1からすべての課にA4、2枚ずつの練習帳というか、文型練習帳みたいなものですか。（中略）それを講師会議で非常勤とも話し合いしながら、そのたたき台を全部、前任者のたたき台を見ながら作って、彼女のやり方を踏襲して、校正まで全部。誤字脱字のチェック。出版社に回して、ちゃんとした練習帳って冊子になってたので、それを学習者に売ってたんですよ。それと現地国内の『A日本語教材』使

ってるとことか、その他、練習帳欲しいような、市民大学とかああいうところに。(後略)

　このように、授業以外にも多くの事務的な作業をしたり、補助教材や練習帳などを制作したりした。Oは、欧州で養成講座を修了し、日本でも外資系のIT企業で欧米人に教えた経験があったため、アジアから欧州へ移動したことの戸惑いはあまりなく、また、授業以外の事務作業が大変だったため、授業の時間は楽しかったという。
　この講座には長い歴史があり、シラバスやカリキュラムはすべて決まっていたが、Oが赴任して2年目以降は、新たな同僚の専任講師とともに、改革に踏み出すことができた。専任講師二人が協力し合って、シラバスやカリキュラムに手を加えてコミュニカティブな内容にし、非常勤講師への研修や模範教案の提示などもした。その結果、徐々にではあるが、非常勤講師も、日本語使用の場面や機能を考慮し、運用力育成への意識を高めていったという。

Q184：テキストが決まってて、1年間にどのくらい進むかも全部決まってるんですよね。
O185：はい、全部決まってました。
Q186：その枠の中でやっていくってことですよね。
O187：はい、1年目は特に。(中略) ただ2年目以降、講座はすごく改革に入ろうとしたので、読んでいただいた報告書にたぶん私、書いてたと思うんですよ、二つ、教科書の変革と教師養成っていう、それがすごく急務であるっていうのを私はたぶん書いた記憶があるんです。そのことがCさん(新しい同僚)がいらっしゃってから踏み出せたっていうことですよね。(中略) だからCさんが来てから、講師会の中に講師研修を2回に1回、入れて、私たちが一緒に今の非常勤に何かをやったんですよ。ワークショップもやったし、模擬授業もやったし、そうそう、『A日本語教材』を変えていくっていうんで、中級から手をつけたんですね。例えば、この何月に、何課と何課と何課をやるっていう風になってたら、何課と何課と何課のうちの二つは残して、カリキュラムに、一つは勝手なものを入れるっていう風に少し変えてみようと。いう形で中級のシラ

バス作りましたね、あのとき。なんかたたき台を作った記憶があります、自分で。二人で分担したんですよ。彼女は中級のここをやって、私は中級のここをやるっていうんで、二人で分担して。過渡期の新シラバスっていうのを作りました。で、非常勤の人が「ハッ」てなるので、仮教案みたいなもの、模擬教案みたいなものを作って、進呈したっていう。

そしてOはこの成人教育機関での2年の任期修了後も現地にとどまり、しばらく休養した後、半年過ぎたあたりから、プライベートレッスンを引き受け、それと前後して、現地の補習校で教える話が持ち上がった。

4.5.2　教育実践の立場の変化
4.5.2.1　欧州の補習校での教育実践

当時、欧州のOの居住地近くにあったD補習校には、日本語を勉強したいという現地人の子どもからの問い合わせが殺到していた。そのため、補習校では現地人の子どもに日本語を教えられる日本語教師を探しており、Oは以前から子どもの教育に興味を持っていたこともあって、採用されることになった。Oの母親は、Oが幼い頃から、自宅に子どもを集めて、英語を使った活動をする教室の指導員をしていた。そのためOは、幼少時から大学時代まで、常に異年齢の子どもたちと接してきた。そのような背景があったことから、いつかは子どもの日本語教育に関わりたいと望んでいたという。

OがD補習校で担当したのは、10歳以下の現地人の子どもが日本語を学ぶクラスで、昔、Oの母親が自宅で行っていた活動と同じような感覚で、日本語や日本人に触れる体験をすることを重視した。そして、Oがもうひとつ担当したのは、継承語として日本語を学ぶ中学3年生のクラスで、生徒は、ネイティブに近い日本語力を持つ日本人と現地人のハーフ[2]の子と、日本語に強い興味を持つ日本語上級者の現地人の子の二人で、日本語力の差がかなりあった。それまでOが対象としてきた日本語学習者とは異なる日本語力を持ち、しかも日本語力に大きな差のある二人に対して、週1回90分の授業で、国語の教科書を使っていく必要があ

った。はじめは日本語教育の知識や経験を応用し、個々の生徒の日本語力が伸長するように、個別にタスクを準備し、共同学習と個別学習を併用するなどの工夫をしていた。そして、二人が高校生の年齢になったときには、もう一人、日本人のハーフだが日本語力は中級程度の生徒が加わり、さらに多様な対応が必要になった。さまざまな工夫をしながら考え、最後に、三人全員でできるプロジェクトワークに取り組むことに行きついた。

Q228：中3クラスはハーフの子と現地人の子で、日本に帰って受験しなきゃということはなくても、それでも国語の教科書で？

O229：一応そうですね、国語の教科書を媒体として。ただ、もうわかっていたので、そのままやったところで大して意味もないし、ただ、国語の教科書っていうのはすごくよくできているので、読み物としては、テーマ性もきちっとしてるし、で、かなり抜粋してやりましたよね。で、現地人の子には、両方が一緒にできる活動は一緒に授業を受けさせて、できない場合は、この子には日本語の勉強だけをさせたほうがいいっていう、全然レベル違いだったので。

Q230：ハーフの子が？

O231：すっごいできました。（中略）ものすごい能力が高いんです、バイリンガル度が彼女は非常に高くて、なので、これと、いかに普通に話せると言っても、この二人はレベルが違う、だから、この子に対しては、日本語っていう、自動詞と他動詞の授業も初めてやったし。

Q232：外国人としての。

O233：外国人としての日本語っていう。だけど、例えば古典の歴史背景のときは一緒に聞こうかってやったり、敬語の授業は逆にこっちもいいから、両方、敬語っていうのが単元で出てきたときは一緒にやったりして、ま、一応、一緒にやったり別々のタスクをやったり、というのを二人だからできて。ところが高1、高校生クラスっていうのに彼女たちが進級したときに。

Q234：高校生クラスもあるんですね。

O235：18までいましたね、あの子たち。（中略）それで、彼女たち二人はもちろんいましたけど、もう一人男の子が入ってきたんですよ、同い年の。

で、この子は日本語がすっごい弱いハーフの子でした。各国を渡り歩いた結果。でも、本人のやる気がすごいあって、本人の希望で来たものですから、このクラスのほうが年齢が合ってるからいいんじゃないかってことで、たった三人なんですけど、全部ばらばらの授業になって、Eちゃんていうレベルの高い子、それから完全な現地人でほぼ上級者、それと、中級に届くか届かないっていう日本人のハーフの子。で、そのときにすごく悩んだんですけど、そのときに、普通の通常授業もやりながら、三人に別々のタスクを用意して、私があっち回ったりこっち回ったりする授業。ただ、さっきも言ったように、一緒にできることは一緒にやる、で、それである日思いついたので、3学期に、クラス全体のプロジェクトワークをするっていうこと。（後略）

Q236：『F日本語教材』を使ったんですか。

O237：『F日本語教材』使いました。全くあれとおんなじのを作って、日本の高校にも送ったんですよ。日本の高校から逆アクセスもらってっていうこともやって、それを3学期の3か月ずっとプロジェクトワークという形でやって、ま、一種の成功だったですよね、彼らにとっても、それで補習校ほとんど終わりっていう、17歳っていう歳だったので。

　　高校生クラスは国語の教科書を使うように指定されていなかったため、2学期までは、O自身の工夫で授業を行っていた。その中で、生徒たちを観察し、保護者とも交流し、生徒の背景や生育環境を理解して、生徒たちの関係性も把握した。またO自身も継承語教育についてインターネットや書籍で知識を得て、その上で3学期に、プロジェクトワークを実施するに至った。使用した教材については、以前から知っており、生徒たちの興味に合うと感じたことから、採用することにした。

Q258：『F日本語教材』を使ったことは？『F日本語教材』のことは知ってましたか？

O259：成人教育機関にいたときの、辞める直前かなんかに入ってきたんです。ぼーんてある日届いたんですよ。バーっと見てて、あ、これいいなって思ってたんです。いつか使いたいな、でも、そこではそういうの使えないので。したらたまたま、あ、そうだ、17歳だし、すっごくあの子たち喜びそうだなと思って、高校生。確かにすっごい喜びました。もう大成

功で。それを編み出すまでにすごく悩んだ結果。でもそれだけ必要な時間だったかなって。彼らを見るのに2学期間、どういう子どもたちで、どういう関係性を持って生きてきたかって、で、どういう風にみんなでやってるか、っていうの、ま、2学期間観察することで、ま、考えついたかなって感じですよね。

　その教材を使ったプロジェクトワークは、まず、教材の中の、日本の高校生が自分自身を紹介した写真と文章を見て、その内容を理解した後、生徒たちも自分自身を紹介する写真と文章を作成し、それを実際に日本の高校生に送り、日本からも返事をもらう、というものであった。そして、このプロジェクトワークを通して、Oに見えたことがいくつかあった。

　　O305：（前略）『F日本語教材』やった結果、生まれてきたんですよね。その副産物として見えたことがあって、親としゃべる機会が増えてたっていう、『F日本語教材』のああいうプロジェクトで文章書こうとすると、語彙力とか表現力とか足りないんですよ。でも、高校生に送るっていうと、今まで先生相手にろくな文章書いてなかった子たちが、恥ずかしいって言い出したんですね。なんかちょっと17歳らしい文章を書かないと恥ずかしいと。それで、必死になって辞書調べて、漢字いっぱい使って、そういうことをやるようになったんですよ。あ、こういうことなのねって、子どもを指導することって、ってわかってきて、モチベーションがね、なんかこの、発達年齢によってあるなと。そんでその、羞恥心がうまく活用できるっていうんですか。高校生ぐらいだと。それで、あの子たちがそういう風にして日本語能力を上げてったっていうことと、それとあの、文章を1個ずつ書かせるんですけど、その文を書かせるときに、宿題にしてる、授業だけではできないんで、そしたら家帰ってやってますよね、そのときに、いろいろ聞くんですって。お母さんたちから聞かされたんですけど、先生今、何してるんですかって言われて。それで、何とかと何とかってどう違うのとか、このときこの言い方で合ってる？とか、お母さんに、男の子まで聞いてるって言うんですよ。ほんで、家族の写真も載せる予定にしてて、そしたらね、家族に、こっち向

いてとか言って、家で写真撮ったら、当然、何してんのって言われて、実は今、補習校でこういうことやっててって、家族のコミュニケーションそこから広がったとか、いう副産物の話聞いて、これはいいな、と思ったわけですよ。（後略）

　Oは、補習校の生徒たちは日本語学習に意欲を持つのが難しいと感じていた。しかし、このプロジェクトワークによって、生徒が日本の高校生に、必死に日本語で自分のことを伝えようとする様子を目の当たりにし、モチベーションがあれば、生徒が自分から学んでいくことを知り、その重要性を実感した。また、保護者との対話から、生徒たちが家庭でプロジェクトワークの作業に取り組むことで、家庭での日本語のコミュニケーションが活性化したことを知った。それがきっかけになって、もともと生徒の周囲に存在する日本語環境を活性化するため、家庭で、日本語を使用させる機会を作る取り組みを始めた。生徒たちのモチベーションや日本語環境の活性化の結果、個々の生徒の日本語力の伸長は、それまで以上の成果を上げたという。

　Oは、初めは日本語教育の知識や技術、経験をもとに、個別のタスクを準備したり、共同学習と個別学習を組み合わせて教育実践を工夫していた。その後、生徒を観察し、保護者と対話し、継承語教育についてインターネットや書籍で知識を得ていった結果、生徒のモチベーションや日本語環境を活性化するプロジェクトワークを設計するに至った。Oの補習校での教育実践の目的は、養成講座以来の、コミュニカティブな手法によって、決められた言語項目の運用力を育成することから、個々の生徒それぞれの日本語力を伸長することに変化した。そこでは、教師は生徒を取り巻く人間関係や環境を活性化させ、生徒はそれらを積極的に利用し、その中で自ら学んでいくという、教師と学習者の関係性の変化と、Oの学びの捉え方の変化があった。Oの実践は第二の立場から、徐々に第三の立場の学習観にもとづく教育実践に変わりつつあった。

　この補習校での2年間の経験がきっかけとなり、バイリンガリズムや継承語教育へ、Oの世界が広がり、かねてから必要性を感じていた大学院進学のためのテーマが見つかった。それだけでなく、この2年間、Oは、自分が日本語教師であること、つまり日本語教師としてこれまで学

び実践してきた第二の立場を意識し、補習校の生徒に対しては、それが通用せず、素人であると危機感を持ち続けていた。そのため、継承語教育について専門的に学ぶため、2年間休職し、また現地に戻ることを前提に、日本の大学院に進学した。

> O301：大学院行きますっていうのを決めたのは、そうでした、思い出しました、（中略）私、一応、教壇に立つときに自信を持っていたいっていう気持ちがいつもあるんですよ。あんまり不安な気持ちで立ちたくない。で、それで、日本語教育、一般の日本語教育は、そういう不安っていうのはやっぱり研修を受けて、養成を受けて立ってるので、そこまでそんな不安になったことはない。ただ、補習授業校に行ったときに、自分はド素人だということに気づいたんです。日本語教師ではあったけれども、この子達は種類が違うと思ったんですね。全然違ったんです、やっぱり、国語でもない、日本語でもない、なんだろうって。とにかく今の自分では全然自信を持って先生をやれないっていうのが一番、なんかすっきりしなかった。楽しいんだけど、なんかいつも悩み続けている、だったら専門知識を学んだほうがすっきりして、自信を持って子どもたちの前に立てると思ったのが、確か、きっかけです。それで急に勉強しようって日本に帰ったんですよ。思い出した、なんかね、優等生みたいな答えだけど、実際そうだったんですよ、なんかそういう自分が許せなかったというか、自分もいやだったし、それじゃ、子どもたちにも申し訳ないと思って。

2年間、日本では仕事をせずに、勉強だけに打ち込み、継承語教育、バイリンガリズムなどについて学んだ。修了後は再び現地に戻ることを希望していたところ、ちょうど、現地のG大学で日本語講師の職を得ることができた。その直後に、同市内のH補習校から声がかかり、G大学とH補習校の両方で教えるようになった。H補習校では、はじめは幼稚園クラスを担当し、その後、G大学の仕事が忙しくなったため、一時中断したが、また今学期から復帰し、現在は小学6年生を担当している。大学院で学んだことは、その後、継承語教育を続ける上で、大きな自信となった。何が重要かを判断する視点を持ち、保護者に対しても、継承語

教育の専門家として、自信を持って発言できるようになったという。

　現在担当する小学6年生に対しては、国語教育と日本語教育とが育成しようとする力の違いや、教授方法の違いを考慮した上で、子どもの日本語力に合わせて、それらを臨機応変に組み合わせて、個々の子どもたちの日本語力を伸長するための教育実践を設計するようになった。また、高校生のプロジェクトワークの実施過程で、家庭内のコミュニケーションが活性化したことに着目し、幼稚園児や小学生への教育実践においても、家庭での言語環境を活性化し、親子のコミュニケーションの促進や、学習語彙の、母語と日本語の両方からの強化などを期待して、両親と話して初めて達成されるタスクなども実施するようになった。

Q306：6年生にはどんなことしてるんですか。
O307：あのね、教科書のテーマ、教科書きちっとやらないと、うち、いけないので。
Q308：教科書って国語の？
O309：国語です、国語の教科書やってるんですけど、えっと、教科書に沿ってやってますけど、教科書の、題材を持ち帰りのテーマにしてるんですよね。ただ、幼稚園のときは教科書ないから、毎週、毎週出してましたけど、簡単だし。小学校6年生、ちょっといろいろ忙しいので、やることも多いし、だから1か月に1本、だから1学期に3回やりましたね。で、一番最初はね、ちょっと反抗期に入りかかった男の子のエッセイが出てるんですよ、6年生4月の教科書に。それで、お父さんやお母さんは6年生ぐらいのとき、親とどういう理由でけんか、お父さんやお母さんに腹が立ったことがありますかっていうの、親にインタビューして来いっていう、そのときに、親にどうやって謝ったり、その親子喧嘩したときに、どうやってそれを解決したかお父さんやお母さんに記憶があれば聞いて来いとか言って、なんか面白いのありましたね。親も忘れてるんですよね、その当時の自分が6年生ぐらいだったとき。だから、いいこと思い出しましたって、親にも言われました。その次のテーマで、人とロボットの違いみたいな論説文が出てたので、人間て、生き物は連鎖するとかいうんで、どこかの、何とか学研究所っていうところの女の先生が書いたとてもいい文章だったんですよ。それで、命の連鎖っていうのを考

えるいい文章だったので、お父さんお母さんと僕が似ているところ、顔かたち、外見と性格と嗜好とか趣味とか、三つぐらいのカテゴリーで調べて来いっていうのを出した。

Q310：家でのやりとりを重視して?
O311：そうです、そうです。親と接触しないと書けない。ていうか、うん、終了しないタスクを出す。一人ではできない。
Q312：そこで日本語を使うから?
O313：そう、そう。それと、お父さんが現地人であっても、「お父さんに聞いてもいいの?」っていうから、「いいよ」って。その場合でも、現地語やI語でやってもいいと思うんですね、ただそれが補習校の宿題であるっていうことをお父さんが知るわけですよね。わが子が今、日本語の学校でどんな勉強をしてるか、お父さんがはじき者にならずに入れるわけで、それがきっかけで、家族の会話自体も広がれば。例えば、それをやろうとしたきっかけって、あそこ（実践報告）にも書いてありますけど、日常語彙ではない語彙とか表現に触れさせたい、それに触れるチャンスがあまりないから、ここの子は、だから、えっと、そういうことがきっかけになって、6年生ぐらいの場合は、二酸化炭素がどうのとかって話になってきたら、現地語やI語でもまだ弱い語彙量だったりするので、両方の言語でそういう力、語彙が連関して、接触したらいいなと思ったわけです。

　この6年生のクラスも、子どもたちの背景は一人ひとり異なり、また日本語力にも大きな違いがあり、さらにこの年頃の子どもたちは感情と言動が異なることが多々あり理解が難しい。それでも、保護者からは、子どもたちがこのような活動を「喜んでますよ」と言われ、子どもたちは楽しそうに教室に通ってくる。O自身、この6年生を担当するようになって、日本語教育でもなく、国語教育でもない、一人ひとりの子どもに適した言語の力をつけていくような授業が増えてきたと感じている。

Q318：実際、教科書を読んだりっていうのは難しいですよね。
O319：難しいです。私が読んであげてます、だから。読める子は音読をかなり、何回読んだかっていうのを、色塗るシートを渡して、回数多い子に

はご褒美あげたりしてるんですけど。そこで、ようやく私、なんか、6年生をやることになって、日本語教育でもない、国語教育でもない、でも、両方の要素のいいところを入れて、授業構成を作っていくっていうんですか、だから一見するとどっちの授業だかよくわからない、けど、今この子たち、今日、この瞬間、それをやることによって、一つの力がついたなっていうのが、ちょっと実感できる授業が増えてきたなっていう感じ。

Q320：例えば、日本語教育のいいところとか、国語教育のいいところってどんなことですか。

O321：けっこう最近やった国語の授業で、ロボットのところかな、犬ロボットと、本物の犬はどこが違うかっていう文章のときに、一応、国語教育の指導要領なんかでも、それから指導書も、本物の犬とロボットの犬について文中に混ざって出てくる、交差しながら。それを区別しながら読むことができるっていうのが一つのねらいになってるんですね。それをまとめて要約するとか、で、そういうことをやって、さらに、そのことが筆者の意図とどのようにつながっていくか、そして筆者はどういうところをそこで表現したかったかっていうのを例えばどういう語彙にそれが現れているか、どういう表現でそのことがわかるかって、それはやっぱり国語だろうなって思いますよね。日本語教育でそこまで突っ込むかなって。この表現から筆者のどういう気持ちが汲み取れるかって。それは、やっぱり母語話者にかなり近い活動というか、それはすごく国語的活動なんだけど、それをそのままやることはできないですよね。たぶん、わかんないから。それで、国語の普通の授業だと日本の、犬ロボットと本物の犬の違いを一覧表にまとめましょうっていうのを個人活動でパッとできるようなシートもできてて、ぜいぜいグループ活動でぱっと、でも、それはちょっとそんなスピーディーにはできないんです、あの人たち。それで、例えば、そういうときに、一つのこういうメモ書きを用意させて、それで、そういうときにも、個人活動としては絶対無理なので、グループワークにさせて、その記述を要約して書きなさいというのが指導書なんです。とてもじゃないけどそんなことできない、要約なんてできるわけないので、それで、本物グループとロボットグループに分かれて、分担作業。それで、書いてあることのキーワード

を、大事だと思うことばをチョイスして、特徴をねチョイスして、絵を描きなさい。で、本物の犬はおしっこやウンチをするっていう文章があったら、犬のおしっこやウンチをしてる絵を描くわけですよ、子どもたちは。えさを食べたどうのとか。ロボットのほうはなんだっけな、言われたことしかできないとか、いっぱい出てくるんですよ、すっごいいっぱい書いてあって、それをことばじゃなくて、キーワード探せっていうのは、わりとできる子にやらせてたんですね。だから、とにかくまず絵を描けと、で、絵を描かせる。それから、わかる子がそこにキーワードのことばを書いていく。それをこんなおっきい紙をロボット側と本物側にして、ぺたぺた張って、完成品を親に見せると。ま、そういう活動の中で、ま、絵でまずスキーマの活性化をしてから言語に入っていくとかいう手法はわりとやっぱり日本語教育で得たスキルかなっていう風に思って、まず、ことば云々より、大意とか内容がわかってなければ何もできない。私が最初に読んで音読してやるときには、聞いてたら、だいたいのこと、意外とわかってるんですよ、みんな、日本語弱い子も。前後の文脈で。そういう力はハーフの子は持ってるので、で、彼らは聞いてわかる。で、今、聞いてわかったことを、読んでも全然わかんない。聞いてわかったことを絵に描きなさいっていうと、絵は書きます。それはおおむね合ってます。だから、そういうのを私が音読する中で、基本的に国語の授業って、ほとんどの先生が音読させてると思うんですね。1年生あたりでは発声の問題もあって非常に重要なんだけども、年齢が上がると、特にああいう言語的に負担の多い子どもたちの場合、日本語の文字って大変じゃないですか、負担が。それで、教師の音読。あんな難しい論説文を声を出して読むなんて、人生で何回するだろうって。そういう発想っておそらく日本語教師だからできるのかなって。でも、無条件で国語の先生ってやらせるんですよ。で、何で音読させるんですかって聞いたら、やっぱり漢字の読み方を確認するためとか、それから、あの、文節の切れ目をきっちりわかるかどうかとか、その、読むことは大切なことですって言うんですね。どう大切なんですかって聞いても、国語の授業ですからって、ま、わかってないわけですよ、基本的には。なんだけど、すべてが無意味だとは思わない。リズムも大事だし。だからあの、一緒に読む活動をするのは、かなり内容を終えた、最後の時間、

3回目の授業ぐらいのときに、シャドーイングさせてます。先生と一緒に読むよ、スタートって、シャドーイングで子どもたちと一緒に読んでます。で、つっかえるとげらげら笑うんですけど、私は無視して読んでいくと、追いついてきます、がんばって。で、そのシャドーイングを国語の授業に取り入れるってあんまりないだろうなと思う、公教育ではって。低学年は知らないですけど。というような感じで、あっちの力、こっちの力って、持ってくる。ま、手探りですけどね。

　このようにOは、日々の教育実践では、子どもに必要な言語力を分析的に捉えながら、活動を設計したり、家庭での宿題を出したりしている。ただし、H補習校には、国語教育、日本語教育に限らず、言語の教育を専門的に学んだ教師はほとんどおらず、授業を担当してくれる日本人を探すのにも苦労している状況である。そのため、補習校での教育について、他の教師と対話し、ともに方向性を探っていくことは難しいという。

4.5.2.2　欧州の大学での教育実践

　一方、Oが大学院修了後に勤務するようになった、G大学の日本語コースでは、Oが勤務2年目から主任講師に抜擢された。そこには数名の専任講師と10名ほどの非常勤講師がおり、Oは他の講師に対する指導的役割も担っている。Oは学期中に講師全員の授業を観察し、フィードバックするなどの活動を通して、日本語コース全体が同じ方向性を持った日本語教育を実施できるようにしている。

　　Q370：例えばどんなことをおっしゃってます？先生方に。
　　O371：その非常勤の先生の、ま、常勤もそうですけど、見に行った先生の現在のレベルがどのあたりにあるかを一応、測って、その人が、次、行けることを言いますね。例えば、極端な話、わりとレベルの高い先生には、今の彼女の授業でもかなり完成度は高いので、今のままでもいいんだけど、学生をもうちょっと信じて、先生がサポート役に徹する授業体系に変えていくことできますねって、学生こんなに育ってるんだからって、学生に主体的に問題解決に当たらせてみたらどうですかっていうので、クラス活動の事例とか、グループ活動の方法をちょっと示唆したりと

か。わからないって言われれば、じゃ、常勤が行っている、そういうタイプの授業を見に来てくださいっていう風に呼んだり。(後略)

　その方向性とは「自律学習」に向けた取り組みであるという。Oは大学生の文法や読解の授業でも、指定の教科書を用いるものの、教師からの説明はせずに、内容の理解や課題を学習者にグループで取り組ませ、発表させることを主にしている。そうすると、学生同士が信頼関係の中で、お互いに誤用を調整し、教師の役割はほとんどなくなるという。大学では、外国語はすべてCEFRによる欧州共通の評価基準に従うことになっており、それに合わせたシラバスを作成している。Oはその基準に従いながら、教師がいなくても、学生が、学生同士の関わり合いの中で、将来の仕事や研究のための日本語を、自ら学び続けられることを目指して教育実践を設計している。

Q386：今、G大学が目指すところってどんなところですか。
O387：自律学習です、最後は。3年間しかなくて、ゼロ初級からスタートして、例えばB2（CEFRのレベル）出るか出ないかどうかっていうところで、まだそんなじゃ全然仕事とかできないし、すごく弱いわけですよね。そこでほっぽり出すしかないわけだし、大学生だし、一般成人よりも、もっと学ぶということを学んでほしいと、そう思いながらやってきましたよね。運用する、その日本語使用者はあなた自身なんですっていうこと。私たちがいくら教えたって、最終的に表現者はあなた自身なんですから、自分のことばで自分の気持ちを表現していきましょうねって、少々間違ってもいいから、あんまり細かいところに臆病にならないで、もちろん、直していかなきゃいけないけれど。そうやって今、偉そうに言えるようになったのも、最初はそんなうまくいかないだろうと思って怖かったんだけれども、実際、今期の卒業生がそういう風に育ったんですね、だから、卒業の6セメスターの3年生の授業は、もうね、教師何もしなくてもよかったんですよ。ま、準備はしていきますけど、カリキュラムは作るけど、シラバスも、授業そのものは、学生のグループ活動で完了しちゃう。
Q388：どんなことするんですか。

O389：例えば文法の授業で、新出文型を使って文を作りましょうみたいな、よく教科書ってそういうときに、最初に例文があって、次に練習問題があると。その例文をまずこっちから説明する前に、昔習ったことをちょっとだけ復習してやった後で、グループワークに分けて、それぞれの表現の特徴と接続形をグループでまとめなさいってやると、勝手にやってますね、それを発表させて大筋の間違いがなければ、理解できているっていうんでOKサイン出して、練習問題の作成に入る。グループで、短文作りとか、文章作り、ストーリー作りをやらせると、そこは「に」かな「を」かなとか、助詞のことをみんなで相談してたり、この語彙はこっちのほうがいいんじゃないかと相談してたり、なんかいろいろ。でその、グループメイトの誰かがミスすると、「て形」が間違ってるとか、いう形でお互いにやってますね。相手の間違いを指摘できる学生になったというか、ま、信頼関係ができたんでしょうね、クラスメイトとしての。

(中略)

Q392：テキストはあるんですか。

O393：その『J日本語教材』だけです。文法の授業は。読解の授業はおんなじ教科書と、副教材みたいなのをつけてるんですけど。読解作業も、最初、サポートの枠組みだけは示しますけど、一番よくやってるのは、わからないことばに線引きながら聞きなさいっていうんで、私と同じスピードで最後まで行きますよって言って、理解するために読むぐらいのスピードで、最後まで音読してやるんですよね。で、それについてきて、わからないところ全部に線を引いていくと。で、今と同じスピードで2、3回わかるようになるまで読みなさいと言って黙読させて、ずっとやってると、少しずつ大意は把握できると。で、はいグループ活動しましょうねって、線引いた語彙に関して漢字の読みとか、意味とか、まずアンダーライン自分が引いたところの語彙を、他のグループの仲間に聞いてみなさい、わかる人は教えてあげなさいって言うんで。それを教え合う。みんながわからなかったら、みんなで調べる。で、読解の要約させたり、大意の何か書かせたり、いうのをやってるので、設問の答えをみんなで作らせたり、で、グループで提出か発表か。だから(教師は)全く何もしてない。みんながさっきの「に」じゃないか「は」じゃないか「を」じゃないかって迷ってるときに、どうしようも答えが出ないとき

　　　　は「先生」って手が挙がってくる、で、呼ばれたときだけ行くと、いう感じで。
Q394：他の先生たちにもなるべくそういう方向で、学生たちにやらせるようにと。
O395：問題解決自分たちでする方向に、できるだけ引っ張ってください、過保護にしないでっていう風に。だから、3セメスター4セメスターぐらいでかなり育ってきてますね。なんかうまく機能したんですよね。

　Oは、講師全体に、学生の「自律学習」、つまり学生の周りにある人間関係や環境を最大限に生かして、教師がいなくても、その関係性の中で学び続けられるような環境作りの方向性を示し、日本語コース全体がその方向で進んでいるという。
　このような大学生に対する「自律学習」という方向性が生まれてきた背景には、Oが子どもの日本語教育に関わった経験が大きく影響していた。もともと、子どもに対する日本語教育についての知識を得、教育実践を重ねる中で、社会で生きる「たくましい子」を育てたいという気持ちが生まれ、それを教育実践の目的としてきた。将来を見据えて子どもの日本語力を伸ばすことを意識するようになったのである。そのために、教育実践の設計において、Oは子ども同士の関わり合い、モチベーションや言語環境の活性化という役割を担い、子どもたちはその関係性の中で、自ら日本語を学んでいく。このような第三の立場の学習観が、大学生を対象とした日本語教育にも影響を与えてきたのである。

Q396：子どもでやってることが、大人にもつながるようなことって何かありますか。
O397：ありますね。あります、うん。（中略）で、さっき自律学習がどうのこうのって言ったけど、最終的に私、やっぱり子どもの教育好きなので、子どもの教育のことを考えたときに、何が一番私の中にいつもあるかっていうと、たくましい子を育てたいんですよね、一人で歩ける子。親も大人も先生も、死ぬまでいないわけじゃないですか。そういう保護してくれる、守ってくれる人がいなくなったときに、どうやってこの世界を生きていくのかとか、どうやって社会でみんなとやっていくのかとか、

そういうことを子どもにはすごく伝えたいし、特に協調性が日本なんかより非常にこの国は弱い、欧州地域は。(中略)子どもに対しては一人でちゃんと立てる子ども、人への思いやりとか、みんなの中の自分ていうことをちゃんと意識して、何か問題にぶつかったときに強く生きていける子どもになってほしいと思ってます。で、そのために何ができるかっていうときに、そんな、繊細な指導とか、それからあの、怪我してあらあらって言うんじゃなくて、こけたらどうすればいいか自分で考えろって、自分で答えられなかったら友達に助けを求めろって、先生に聞く前に仲間同士でまず助け合いなさいよって。で、その中で自分ができることの最大限のものを生かしていきましょっていうエンパワーメントですか、普段潜在的なものを顕在化していくっていうことを子どもたちにやっぱり期待するんですよね。それって拡大解釈していくと、結局、大人が対象でもおんなじで、言語教育っていうことだけ見ていっても、60歳のおじいさんが対象になったとしても、言語教育の面ではその人に、同じ先生がずっとついてられるわけではないので、その人が一番心地よい学び方を本人に身につけてほしいなっていう、そのお手伝いができればって思うので、そういう意味では、相手が60歳でも6歳でも20歳でも同じかなって、つくづく感じます。

4.5.2.3 欧州の成人教育機関での教育実践

さらにOは半年前から、以前、専任講師を務めていた成人教育機関に、再び非常勤講師として勤め始めた。一般成人を対象とすることが久しぶりであったことから、当初、戸惑いもあった。ただしその戸惑いは、補習校や大学で目指してきた、学習者のモチベーションや人間関係、環境を生かしながら、教師がいなくても、周囲との関係性の中で、自ら日本語を学び続けられる「自律学習」を目指した教育実践を意識していたからこそ生まれた。成人教育機関でも、補習校や大学と同じように、学習者同士が関わり合うクラス活動を常に心がけ、さまざまな活動を試みたが、軌道に乗るまで時間がかかった。

Q402：どんな授業をしたんですか。考えさせるような活動をしたんですか。
O403：活動? あ、それはね、最初すごいつかみにくくって、私なんか一般成人久

しぶりだったんで、戸惑ったんですよ、私個人的には。どうしたらいいんだろうって迷っちゃって、実は最初の半分ぐらい、迷いの日々でした。

(中略)

O405：もう終わりよね、終わりの終わりなんだけど、あ、こういうことしてやらなきゃいけなかったんだということに気づいた。要するに、本物のインフォメーションギャップ、それを試験のときみたいな大きな話じゃなくて、授業の中でディスクライブみたいなことをね、やらせたわけですよ。書いた本人しかわからない絵をね、描かせたりなんかして、絵を見せないでみんなに口頭で説明して、聞いた人たちがみんなで絵書いたりするんですよ、言われたとおりに。で、全部終わったところで実物を見せて、誰の絵が一番近かったかとかね、それは私も一緒にできるわけですよ、わからない。そのときはすごい、やっぱりね、一生懸命伝えようとしてましたよね、みんながそれぞれ。それからあの、助け合ってやるっていうこと自体も、一般成人は大学生なんかと違って、毎日会ってるわけじゃないし、必ずしも親しい友達になるわけでもないし、そう簡単にクラス構成ってね、一匹狼もいたりするし。ところがなんかその、ほんっとに終わりのほうの授業のときに、漢字の授業をやってたんですよね、漢字の音だけをまずチェックして、形成文字だったから、音がわかった時点で、辞書を音で調べたら速いじゃない、推測立つから、ほらラッキー、とかっていうのをやるときに、参加者がみんなで、教え合ったり聞き合ったりしてたんですよ。それがすごくなんか潤滑に。あれを見てたときに、ああ、仲良くなったなぁこのクラスも、って感動しましたね。助け合ってるよと思って。一番最初の授業から、私はグループワークを取り入れてっていうイメージでいってたんですけど、全然機能してなくて、ペアでいい、グループじゃなくても、人数少ないから、ペアでいいから、隣の人と一緒に考えなさいと言っても一人で考えてたりするんですよ。で、親しい人同士だけがそうやって、二人で。でも、シーンとしちゃうので。うーん、困ったなぁ、どうすればいいのかなぁ、やっぱり大人って難しいのかなぁってすごい悩んで、あの手この手と。でも、教師だけがどうにかできる問題ではなくて、一種のグループダイナミズム働いた、最終的に、かなぁやっぱりと思ったりして。

Oは高校生のプロジェクトワークで、モチベーションの重要性に気づいてから、常にモチベーションの活性化を重視してきた。成人教育機関の学習者に対しても、同様だったが、一般成人のクラスは久しぶりであったせいか、学習者たちが何に興味関心を持っているかを探り、活性化するまでに時間がかかった。さまざまなクラス活動を試みた結果、徐々に学習者同士の助け合いを実現できるようになった。ただし、それは1年半前、大学に勤め始めたときも同じで、対象者が変われば、その苦労はあるものだと感じている。

> O419：(前略) テーマ性によって目の輝きがすごく変わる。どこにこのクラスの核があるかって見つけるのにすごく時間がかかりました。何が楽しいんだろう、この人たちっていう。それが見つからなかった2か月だった気がする。だから教科書のテーマに沿って、ある程度忠実にやっていこうとはするけれど、でも、そのテーマの中でもどこにこの話、テーマを広げればこの人たち飛びついてくるんだろうっていう、その網の投げる方向がですね、どうやったらひっかかるか、そこがね、見つからなかった。結局、それが一番の悩みでしたよね。授業としてはなんとか成立する。でも、なんか私も楽しくなかったよな今日、と思いながら帰ることも多かったですよね。何か、つかめなかったよな、今日もって。ただ、大学なんかの場合は、大学も着任当時はすっごいやっぱり最初の1年はそのへんすごく苦しみましたね。うん、おんなじでした。やっぱり新しい職場っていうか、対象者ってそうなのかなって。現地の大学生ばっかりがわんさかいるところで、いろんなのがいるんですよね、留学生もいるし。なんかこう、この世代のこの子たちは何で輝くんだろう、起爆剤になる核のものですか、燃料が最初見つからなくて、特に最初の半年、何でもやってましたね、とにかくひっかかったところで、これこれこれって書いて。それでだんだん、年数、いる時間が長くなってきて、学生と付き合う時間が長くなる中で、はい、はいって。この人たちはこういうことで普段怒ってて、こういうことで、喜んでて、こういうテーマだといまだに顔を赤くしてとか、いろいろそういうことが見えてくると、わかった、じゃ、そっちのほうでっていって授業でやっていくっていう。だから今はすごく楽になりましたよね。これははずす、これはは

まるっていうのが大体わかるようになったので。

　Oは成人教育機関では一つのクラスをペアの教師と分担して、週1回ずつ担当しているが、Oの担当授業においては、補習校や大学での実践とも通じる、第三の立場の学習観に立って実践を行っているのである。
　Oは以前、同機関で専任講師をしていたときとは、このような戸惑いは感じなかった。そのことについて、Oは、まだ当時、日本語教師として現在ほど成熟してなかったこと、また、同機関のコース設計が第一の立場にあり、まず第二の立場に移行するのに苦労していたことが原因ではないかと振り返った。

Q420：Oさんは前もこの成人教育機関で授業をしていたんですよね。そのときもつかめないなとかそういうことってありました？　覚えてます？
O421：あの頃はね、そこまで悩むほどレベルがなかった私自身。授業を完成することが楽しくって、ていうのともうひとつ。これは自分の勉強不足とか経験不足とかとはまた別のポイントで、基本的に、文型シラバスだったわけですよ。完璧な文型シラバス、だって『A日本語教材』でしょ。で、中級のほうでファンクショナルシラバスっていうのがあったけど、かなり文型シラバスさせられたし、それが規則になってた。でその、初級のほうで例えば、文型シラバスできっちり組まれてるので、で、すごいスピードで進んでたんですよ。だから、楽しいことしてあげたい、してあげたいと思いながらも時間がなかったんですよね、なかなか。で、組んでる先生の相手方が、あの頃新規を採ったばっかりの人が多かったので、非常にその、私の前の授業のやり残しが多かったりして、ま、そういうのの掃除係もあったし。ま、教科書がそういう状態だったので。今が、じゃ、文型シラバスじゃないかっていえば、初級は文型シラバスになってますけど、もちろん。ただ、『K日本語教材』には一応、メインの会話があったり、会話練習とかってもうちょっと、会話練習みたいなのが『A日本語教材』ではゼロだったので、そこを考えようと思ってアクティビティ集を作ってたんですよね。なんだけど、そこまでコース全体に行き渡ってない、非常勤の先生たちそこまで生かしてなかったし、まだ直説法、シラバスがなかったんです、簡単に言うと、そうだ、そこ

だ、そこだ。あの当時最初にあったシラバスっていうのは進度表でした。進度表イコールシラバスだったんです。第1課何回目、第1課何ページ何行までっていうのがシラバスだったんですね。で、語彙がこれ、漢字がこれっていうのが決まってたんですね。それしかなかったので、結局なんか、ファンクショナルなこととか全然。

　Oは、H補習校、G大学、成人教育機関の3か所でクラスを担当し、Oが担当する授業においては、第三の立場の学習観に立って教育実践を行っているが、各機関で、コースのあり方やOの役割が異なっているため、Oの日本語コースへの関わり方も異なっている。OはG大学では、主任講師という役割で、他の講師の専門性や日本語教師という職業に対する意識の面からも、ともに日本語コースの方向性を探るチーム作りが可能な環境にあると考えている。そのため、Oの教育実践の立場をもとに他の教師と対話し、他の教師一人ひとりにも、日本語コースの目標を見据えて、自分の役割を考えていくように働きかけている。

　　O440：（前略）さっき言ってた3か所で授業やったことによる関連性とか相互性とかの話になると、全く今の話なんですよね、で、これは一番難しいと言われてるよくある話で、同じ教育機関のスタッフ全員が同じ意図と気持ちと方向性を共有できるかっていうのが、コースの成功にすごく関わってくると思うんですね。で、それがあの、どっちに、文法だけで行くっていうなら、それはそれでいいし、Can-doのほうに行くならCan-doでもいいし、いずれにしろ組織がこっち行こうって決めて、みんなで作っていかなきゃいけないっていうか。短期目標、中期目標、長期目標っていう3種類の目標がある中で、時間的な軸に加えて、その3点の目標に必ず、目標と指導内容と評価、この3点ていうのが常にリンクし合ってる。授業と目標と評価、この3点ていうのは常に、目標っていうのは常に最初になきゃいけないわけじゃなくて、やってるうちに変わってくるし、後は現実的にできるかできないかっていうような、実際性の問題もあって、立ててる目標をこれは理想論過ぎたとか、いうので、こうやりながら作りながらこう変えていって、最終的にきれいな形になればいいんだと思うんだけれども、その三角の相互関係っていうのが短期、中

期、長期っていうのにクロスされて、初めて生きてくるかなっていう、すべてが連続性っていうか。だから、今日の授業しか考えてない人は非常に多いですね、せいぜい考えられて、学期間、今学期はここまでやりたいとか、そこそこ経験ある先生なら考えますよね。もうひとつ先が、例えば大学の場合だと、3年間でどこへ行くかっていう3年間の目標ですよね。そこまで考えてもらいたいとは思ってます。だから講師会議で必ず、自分の担当しない人にも初級から中級まですべてのシラバスを渡して、今のG大学のカリキュラムのどこにあなたが今、位置してるか。それを学年軸とスキル別の軸で、そのどこにいるか、一人ぼっちで勝手に授業してるんじゃなくて、すべてがリンクしてるってことを意識化していくってことですか。それが、すごいやっぱり時間のかかる作業だなということを感じて、いますごくよく起動し始めたので、メンバーがたぶんいいんだと思うんですよ、すごくありがたいなと思ってるんですけど、まだまだ結果出すには早いんですけどね。

このようにG大学は、主任講師であるOの働きかけによって、教師集団が、理想的な組織として動きつつある一方、補習校や成人教育機関では、教師の中でも、専門性や日本語教師という職業に対する意識に個人差があり、教師同士で対話し、ともに機関としての方向性を探るのが難しい状況であると感じている。

注 [1]　日本語能力試験は2010年に改定され、レベル設定はN5からN1の5段階となったが、このインタビューを実施した2008年当時は4級から1級までの4段階であった。
　　[2]　「ハーフ」には「半分」という意味もあることから、近年では「ダブル」と称することも多い。特に年少者日本語教育をはじめ日本語教育では「ダブル」を使うことが一般化しているが、Oが「ハーフ」という表現を用いているため、そのまま「ハーフ」とする。

第5章 考察：
5名の日本語教師のライフストーリーの横断的考察

　本章では、前章で分析した5名の日本語教師のライフストーリーを横断的に考察する。まず、教師たちの初期の教育実践の立場についてまとめる。教師たちはその後、教育実践の立場を変化させるが、それが教師の移動とどのように関係しているか、それによって、教師が関わる実践コミュニティの変容をどのように起こしたかを考察する。また、その背景にある他者との相互作用や対話が、教師の教育実践のアイデンティティを形成し、それにもとづいて、日本語教育コミュニティとの関係性による、日本語教師としてのアイデンティティの交渉が行われていることを明らかにする。それによって教師たちが、関わる教育実践の発展のみならず、日本語教育の発展をももたらす成長をしていることを指摘する。

5.1 初期の教育実践の立場

　5名の教師たちは、日本語教師となった年代も、日本語教師養成講座等の受講歴も、さまざまであるが、それぞれの背景から、初期の教育実践の方法を確立していた（表3：5名の教師の初期の教育実践の立場）。
　教師たちの中で、日本語教師になるにあたり、長期の日本語教師養成講座を受講したのはIとOである。Iは1980年代半ばに日本で全日制の9か月間のコースを、Oは1990年代半ばに欧州で全日制の1年間のコースを受講した。また両者とも、長期の養成講座を受講する前に、短期のコースや大学の副専攻、通信講座などで日本語教育の基礎的な知識を得ていた。両者が受講した養成講座は、いずれも理論と実習の両方があり、実習では、実習のために募集した外国人学習者に対して、実習担当講師

表3 5名の教師の初期の教育実践の立場

教師名	日本語教師になった年代	日本語教師養成講座等の受講歴	初期の教育実践の現場と役割	初期の教育実践の立場
I	1980年代半ば	短期、長期の全日制の日本語教師養成講座	日本の外国人研修生受け入れ機関で教材制作と日本語クラス、大学の非常勤講師として留学生の日本語クラスを担当。	文型・文法積み上げ式で、パターン・プラクティス中心。 [第一の立場]
S	1980年代後半	通信講座、日本語教育能力検定試験合格	日本の日本語学校で非常勤講師として、進学予備教育としての日本語クラスを担当。	教科書にある文法の意味・用法を教師が学習者に与える。 [第一の立場]
Y	1990年代後半	外国人配偶者のための日本語ボランティア講習会	欧州の語学学校と高校2校で週1回の日本語クラスを一人で担当。	文型・文法を積み上げ、繰り返しの口頭練習を行う。 [第一の立場]
N	1980年代半ば	最初に勤務した日本語学校で先輩教師の指導や授業観察	中米の日本語学校で専任講師として日本語クラスを担当。後に教務主任となり、他の講師をとりまとめる。	日本語のみでコミュニカティブな教授方法を実践。 [第二の立場]
O	1990年代半ば	大学の副専攻、通信講座、全日制の日本語教師養成講座	アジアの大学の日本語学科で唯一の母語話者教師として多くの科目を担当。その後、欧州の成人教育機関で専任講師として日本語クラスを担当し、非常勤講師をとりまとめる。	さまざまなアクティビティ、生教材、ビジターセッションなどを通してコミュニカティブな教授方法を実践。 [第二の立場]

の指導のもと、実習生が協力して授業を担当するものだった。教案を書き、実習担当講師からの指導を受け、授業を担当するだけでなく、他の実習生の授業を観察して、授業後には実習生同士で振り返りを行い、さらに自分の授業はビデオやカセットテープに記録して振り返るという方法であった。このような養成講座で学んだことが、その後のI、Oの教育実践の基礎となっていた。

　Iは養成講座で、当時としては最新のCAも含め、日本語教育の実践方法を網羅的に学んでいたが、教育実践の現場では第一の立場の実践方法が主流であり、機関で指定された教材に従って、第一の立場の教育実践を無我夢中で行っていた。またOは、養成講座では初級を主に第一の立場で、中級を主に第二の立場で実践する方法を学んでいたが、養成講座修了後に赴任したアジアの大学では、ただ一人の母語話者教師として、

中級以上の学生に対して、会話や視聴覚等の授業を一任され、大学側からの期待を感じながら、自信を持って、養成講座で学んだ第二の立場の教育実践をすることができた。また、Oはその後、欧州の成人教育機関へ専任講師として赴任し、機関で伝統的に実施されていた第一の立場の教育実践に接して、日本語コース全体に第二の立場の要素を取り入れていく働きかけを行った。

　その他の3名は、日本語教師になる前に、長期の養成課程を経ていない。Sは日本語教育能力検定試験受験のために通信講座で基礎的な知識を学び、Yは地域の外国人配偶者を支援するための日本語ボランティアの講習会に通ったのみである。また、Nは事前には全く知識を得ないまま、採用された日本語学校で教育実践を開始した。その中で、SとNは、最初に勤務した日本語学校でのティーム・ティーチングを通して、教授方法を同僚教師と検討したり、先輩教師から学んだりして身につけていき、その方法が後にも影響を与えている。Sは当時、機関で指定された教材内の文法を学習者に与える方法を同僚教師と検討していたことから、第一の立場の教育実践を行っていたと考えられる。またNは当時、次々に日本から派遣される専門家が持ち込む研究書を読み、専門家が実践する最新の教授方法に触れていたこと、日本で行われた現職者日本語教師研修の内容をすべて知っていたことなどから、第二の立場の教育実践を行っていたと考えられる。

　これに対してYは、欧州で日本語教師となったとき、勤めた機関はいずれも、日本語教育を実施するのが初めてで、Yはその機関で唯一の日本語教師であり、他の日本語教師との交流もないまま、教育実践を行っていた。そのため、美術教師としての経験を土台に、ボランティア講習会で得たわずかな知識と、自分の語学学習の経験、市販の日本語教材や参考書などを頼りに、口頭練習を繰り返すことによって文型・文法を身につける、第一の立場の実践を行っていた。

　以上のように、長期の養成講座を受講した教師たちは、第一の立場と第二の立場、両方の教育実践の方法を学び、その後の実践現場からの要請によって、いずれかの方法を主として実践していくことになった。また、長期の養成講座を受講していなくても、最初に勤務した機関が、日本語学校としてコース設計の確立した学校で、同僚教師とのティーム・

ティーチングが行われていれば、同僚教師との関係から多くを学び、その機関の教育実践の立場を、後の実践にもつなげていった。一方で、長期の養成講座受講歴や他の日本語教師との交流がないまま教育実践する教師は、それまでの教授・学習経験や教材・参考書を頼りに、自ら模索しながら実践方法を確立していた。したがって、初期の教育実践の立場は、養成講座で学んだ実践方法および最初に勤務した機関での実践方法、また、それまでの個人的な経験や目にする教材や参考書が影響して、形成されるものであるといえる。

5.2 教師の移動

5名の教師たちは、その教授歴の中で、複数の日本語教育機関、あるいは研修機関の間を、空間的に移動してきた。5名の教師の主な移動を表4に示す（表4：5名の教師の主な移動）。表4の中で、正式に日本語教師となる前の教授経験は［　］内に、研修機関は網かけにして記す。また、（　）内は教育機関や研修機関の所在地を示す。

教師たちはこのように日本語教育機関・研修機関を移動するとともに、日本語教育機関内での役割の変化も経験している。教師たちの役割の変化には2種類ある。一つは、教育機関内で責任ある役職に就いたり、あるいは担任教師になるなど、同じクラスを担当する教師たちのリーダーとなり、同僚教師を指導したり、アドバイスを与えたりする役割になることである。この役割の変化は、同一機関内で経験を積んだり、機関を移動したりすることによってもたらされる。Iは日本の機関から欧州の大学に移動することによって、2年目には大学の日本語コースの主任講師という責任ある役職に就き、同一機関での経験を深めてきた。Sは最初に勤務した日本の日本語学校に長く勤め、古参の教師として、また担任教師として同僚教師にアドバイスする役割となっていた。Yは当初、機関でただ一人の日本語教師であったが、欧州の成人教育機関では、徐々に学習者が増えてクラスが増設され、同僚教師も増え、それまでに得た知識や経験から、新人教師に教授方法をアドバイスすることもあるという。Nは、最初に勤めた中米の日本語学校で、何も知らない新人から、日本語教育の知識や経験を深めて教務主任にまでなり、教科書の改

表4　5名の教師の主な移動

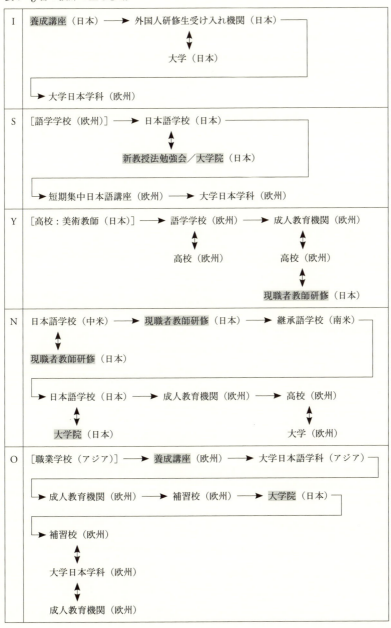

第5章｜考察：5名の日本語教師のライフストーリーの横断的考察

訂や新人教師の採用・指導にも携わるようになった。またその後、南米の継承語学校や欧州の成人教育機関へ移動した際には、公的派遣の教師として、現地の日本語教師に対する指導的な役割を担って赴任した。Oの欧州の成人教育機関への移動も、公的派遣として同様の役割を持っていた。またOは欧州の大学へ移動すると、2年目に主任講師に抜擢され、同僚に対して指導やアドバイスをする役割となった。

　教師たちのもう一つの役割の変化は、担当するクラスのコース設計や、日本語コース全体の設計に関わる役割となることである。これは、一つ目の役割の変化と必ずしも一致しない。Sが勤めた日本の日本語学校や、Nが勤めた中米の日本語学校、南米の継承語学校、欧州の成人教育機関では、既にコース設計が行われており、SやNは同僚教師への指導的な役割を持っていても、それは、その機関で以前から行われている教育実践の立場の中で、技術的な指導やアドバイスをしていたのである。教師たちに、コース設計に関わるような役割の変化があったのは、Iの欧州の大学の日本語コース、Sの欧州の大学での担当クラス、Nの欧州の高校・大学の日本語コースであった。これらI、S、Nの役割の変化は教育機関間の移動に伴うものであったが、YやOは、教育実践の開始当初から、どの機関でも一貫してコース設計に関わる役割を担当してきている。

　このような、教育機関間の移動、教育機関内の役割の変化と、教育実践の立場の変化との関係を考察すると、まず、教師の教育実践の立場の変化が起きたのは、Iの欧州の大学での日本語コースの設計において、また、Yの欧州の高校の日本語コース設計において、そしてOの欧州の補習校の担当クラスのコース設計においてである。また、Yの教育実践の立場の変化は、日本での現職者日本語教師研修で、異なる教育実践の立場に接した経験がきっかけとなった。さらにSとNは、コース設計を担当する役割ではなかったものの、Sは新教授法の勉強会、Nは南米の継承語学校や大学院で、異なる教育実践の立場に接したことがきっかけで、担当するクラスで、教育実践の立場の変化が起きたり、今後の変化の可能性が出てきたりした。

　つまり、教師たちの教育実践の立場の変化や、変化の可能性が出てくるきっかけの一つは、日本語コースの設計あるいは担当クラスのコース

設計に関わる役割となることである。この役割には、教育機関間の移動に伴って就く場合がある。そしてもう一つのきっかけは、異なる教育実践の立場に接するような教育機関、研修機関間の移動をすることである。したがって、教師の教育実践の立場の変化は、教育機関、研修機関間の移動によって、①教師が日本語コース全体、あるいは担当する日本語クラスのコース設計に関わる役割となること、②異なる教育実践の立場に接触すること、をきっかけとして起こると考えられる。

5.3 教育実践の立場の変化

　教師たちは移動し、日本語コース全体や担当する日本語クラスのコース設計に関わったり、異なる教育実践の立場に接したりした後、どのように教育実践の立場を変化させていったのだろうか。
　Iは、日本での教育実践は、文型・文法積み上げ式でパターン・プラクティス中心であったと、第一の立場の教育実践を行っていたことを述べている。その後移動した欧州の大学で、はじめは、大学指定の教材によって、文型・文法積み上げ式のカリキュラムはそのままで、養成講座で学んだコミュニカティブな練習方法を採用していたとしている。つまりIは、教育実践の現場で採用されていた方法と養成講座で学んだ方法とを、ただ組み合わせて実践しており、そこにI自身の学習観の検討は見られない。しかしその後Iは、大学の日本語コースの責任者としての役割から、学習者の日本語学習がどのように起こるか思索し続けた。その中で、学習者との相互作用だけでなく、自らの外国語学習経験も振り返った結果、外国語学習とは、目標言語のみを使用する環境で、目標言語の使用を習慣化し、自分の考えを目標言語にする訓練を経て、目標言語で考えられるようになることであるという、自らの言語学習観を形成した。それを実現するために、文型・文法積み上げ式ではなく、場面を積み重ね、その場面に必要な文型・文法を習得させる方法をとるようになった。この考えをもとに学生を指導し、主教材を制作し、日本語コースの中で日本語のみの環境を作るイベントも実施している。このようにIは、他者との相互作用と自らの経験の振り返りから、第二の立場にある学習観を自ら形成し、それにもとづく教育実践を設計するようになり、

第一の立場を脱したのである。

　またSは、最初に勤めた日本語学校で、同僚教師たちとともに、指定された教材内の文法の分析や、それを教えるための教授法の開発をした。そのときは無意識のうちに、決められた文法を順番に学習者に与える方法、つまり第一の立場にある実践方法を検討していたのであり、S自身の学習観の検討は見られない。その後Sは、新教授法の勉強会に参加するようになり、そこで、教師は教えるのではなく学習者が持っているものを引き出すものだと知った。そのために教師は引くこと、教師は学習者が自ら学びとれる環境を作ることなど、新教授法の学習観、学習者と教師の関係性の捉え方を学んだ。Sは、それまでの自分が、教師だから教えなければいけないと思っていたことに気づくとともに、新教授法の理念が、Sの実践経験と結びつき、それに共感して、学習観が徐々に転換した。そして、Sの教育実践は、新教授法の背景にある認知心理学の学習観にもとづく、第二の立場に移行したのである。さらにその後Sは、欧州の大学では自ら担当クラスのコース設計をする役割になり、4セメスター目の学習者への授業では、Sのそれまでの教育実践とは異なり、言語そのものの習得だけを目的とするのではなく、Sの欧州での経験から、学習者が多様な意見を理解し受け入れられるように、他者との関係性の中で自分の意見を発信していく教育実践を設計するようになった。この実践には、第三の立場の視点も感じられるが、Sから、この背景にある学習観について語られていないことから、無意識のうちに、方法としてこれを採用していると考えられる。

　次にYは実践開始当初から、文型・文法を積み上げて、口頭練習を繰り返すことによってそれらを身につけていく、第一の立場の教育実践をしていたと考えられる。Yにとって日本語教育の実践は、美術教師であった当時の、表現者を育てる方法とつながっている。つまり、表現するのは学習者自身であり、それを助ける教師の役割は、表現するために必要な知識や技術を体系的に与えていくことであると考えていたのである。Yがこのように、学習者が表現したいことを自ら表現するのを重視するのは、欧州の現地人教師のGTMに接することで、それとの対比からも意識化していた。ところが、担当する高校での環境が変わり、文型・文法を積み上げていくことができなくなったことで、やむを得ず、1

回完結型の授業で、モジュール型の教材を用いて、文型・文法を積み上げるのではなく、場面に合わせたコミュニケーションを体験するような教育実践を行うようになった。それは、第二の立場の実践方法といえるが、そこにYの学習観の転換があったのではなく、状況の制約から不本意ながら、その方法を取り入れていただけであった。Yはこのような高校でのコース設計に問題意識を持って、日本で実施された現職者日本語教師研修に参加した。そこで、他国の中等教育段階の日本語教育では、場面シラバスが一般的に採用されていることを知った。当初はそれが全く受け入れられなかったが、その後の教育実践で学習者と相互作用する中で、他国の中等教育段階の日本語教育の背後にある、第二の立場の学習観を徐々に理解し、場面シラバスを肯定的に捉え、教育実践の中に積極的に取り入れるようになった。

そしてNは、最初に勤務した中米の日本語学校では、主に第二の立場にもとづく教育実践を行っていたと考えられるが、そのときのNの学習観についての語りはなく、ただそれを方法として行っていたと考えられる。その次に赴任した南米の継承語学校では、日本語そのものの習得を目指すのではなく、日本語学習を通じて、学習者同士が将来に渡る絆を作ることが求められていることに気づき、学習者同士が一緒に何かに取り組みながら、その中で日本語を学んでいく教育実践を設計するようになった。これは、第三の立場にも通じる実践であるが、N自身の学習観の転換によって行ったのではなく、Nは学習者が所属する日系人コミュニティの日本語学習観を理解し、それに従ったといえる。Nはその後、日本へ帰国してからは日本語学校で、機関から要請される第二の立場の教育実践を行っていたが、並行して通っていた大学院では、学習者同士がお互いの関係性の中で学んでいくという、第三の立場にある学習観と出会った。それを、初めは受け入れられなかったものの、仲間との議論や自らの経験の振り返りを経て受け入れるようになり、自分の学習観が変わったと感じている。これは、Nの教育実践が、日系人への日本語教育に限らず、第三の立場の実践に転換する可能性を示すものである。その後Nは、欧州の諸機関への移動で、現地の教師や学習者が慣れ親しんだGTMに接することによって、その対比から、Nがこれまで実施してきた第二の立場の教育実践を、その背後にある学習観とともに意識化し

ている。そして、現在勤務している欧州の高校・大学では、コース設計のすべてを任され、N自身がこれまで異文化環境で人間関係を構築してきた経験から、教育実践の目的を自ら設定するようになった。それを実現するため、現在は第二の立場の教育実践を行っているが、大学院での経験の振り返りから、第三の立場の学習観を取り入れて教育実践を設計する可能性を自ら示唆している。

　さらにOは、養成講座で学んだ第二の立場の教育実践を、最初に勤務したアジアの大学の担当クラスでできる限り行った。また、欧州の成人教育機関では、専任講師の一人として、機関に根付いていた第一の立場の教育実践に対して、第二の立場の教育実践の要素を取り入れるべく、非常勤講師たちへの指導、研修に尽力した。ただし第二の立場の教育実践は、Oにとって養成講座以来、日本語教育の潮流として当然のものであり、そこにO自身の学習観の検討は見られない。ところが、欧州の補習校で、それまでOが当然視してきた第二の立場の教育実践では、個々の学習者に日本語の学びが起こせないと感じた。そのために、学習者の興味を活性化させ、学習者同士の関係や学習者を取り囲む環境を最大限に利用しながら日本語の学びを起こす、第三の立場にある教育実践を設計するようになった。さらに補習校での第三の立場の教育実践は、Oが同時に担当する大学や成人教育機関での教育実践にも影響を与えた。Oは、子どもに対しては社会で生きる「たくましい子」の育成を目指し、それは大学生や成人であれば「自律学習」にあたるとしている。ただし、Oの「自律学習」の意味は、学習者が自分のニーズに合わせて、必要な日本語力をつけるためにコース設計に関わるという、第二の立場の自律学習とは異なり、学習者同士の関係性と学習者を取り囲む環境との相互作用から主体的に学ぶことを意味し、第三の立場にあるといえる。こうして、大学や成人教育機関でも、学習者の主体性とお互いの関係性から学ぶ、第三の立場の教育実践を目指すようになった。

　以上の教師たちの例から、教師たちが教育実践の立場を変化させるとき、起こっていたことをもう一度整理する。教師たちは、初期の教育実践では、その教育実践の立場の背後にある学習観を意識化することがなかった。つまり、単に方法として、ある立場にある教育実践を行っていたにすぎない。それが、前節で述べたような、教育機関間、研修機関間

の移動、および教育機関内の役割の変化をきっかけに、異なる立場の教育実践に接したり、他者との相互作用から教育実践に対する思索を深めたりすることで、単に方法としてではなく、その背後にある学習観も含めて、自分が行っていた教育実践の立場を意識化し、同時に、異なる教育実践の立場も理解するようになった。そして検討の結果、異なる教育実践の立場を選択し、実践するようになったのである。

また反対に、異なる教育実践の立場との接触が、それまでの教師の教育実践の立場への確信を強める場合もあった。YやNが、欧州のGTMの教育実践に接したこと、Oが欧州の成人教育機関で伝統的に実施されていた第一の立場の教育実践に接したことは、教師自身の教育実践の立場の確信につながっている。つまり、第一の立場にいる教師がGTMに、第二の立場にいる教師が第一の立場に接しても、両者の違いを認識するものの、教育実践の立場の背後にある学習観を検討することはなく、自らの立場を強化していたのである。これは、第一の立場にいる教師にとってGTM、第二の立場にいる教師にとってGTMや第一の立場の教育実践は、自分の外国語学習経験や養成課程で得た知識、最初に勤務した機関での経験などから、それらの方法をある程度理解した上で、自分の立場の教育実践を選択しているからであろう[1]。そのため、教師たちは改めて自らの教育実践の立場を検討することもなかった。

その一方で、第一の立場にいた教師が第二の立場に接し、第二の立場にいた教師が第三の立場に接すると、その教育実践の方法はもちろん、背後にある学習観や教育実践の目的、参加者の関係性の捉え方は、初めて触れるものであり、教師に受け入れる下地がなく、一旦は拒否したり、自分の教育実践の現場には取り入れられないと考える場合がある。しかし、その後、学習者や実践関係者との相互作用から、自分の教育実践の立場を意識化し、徐々に両方の教育実践の立場を理解して、その背後の学習観の違いから、教育実践の目的、参加者の関係性をも検討し、教育実践の立場を変化させた。

このように、教師たちの教育実践の立場は、GTM→第一の立場→第二の立場→第三の立場という方向で変化しており、この方向で異なる教育実践の立場に接した場合は、自他の教育実践の背後にある学習観が意識化され、学習者や実践関係者との相互作用を通して、両者が検討され

た。しかし、これとは逆方向で、従来から認識している異なる立場との接触では、自他の教育実践の立場を意識化するものの、両者を検討することなく、自分の教育実践の立場に確信を持った。つまり教育実践の立場の変化は、新たに触れた、未知の異なる教育実践の立場と、自分の教育実践の立場とを、他者との相互作用を通して検討した結果として、起こるものであるといえる。

　さらに、教育実践の立場の変化は、短期間に、教師が関わるすべての実践で、完全に行われるものではない。例えばSは大学で担当クラスのコース設計に関わるようになったことで、自ら教育実践の目的を意識化し、その実現のために、第三の立場の視点もある教育実践を行っているが、S自身は第三の立場の学習観を意識化してはいない。またNは、第三の立場の学習観を理解しながら、教育実践にはまだその学習観が反映されていない。このように、方法だけを取り入れたり、学習観だけを知ったりしながら、徐々に学習観と実践方法が結びついて、教育実践の立場が移行していくと考えられる。

　またYは、現在も、一部の教育実践では第二の立場で実践を行いながら、同時に第一の立場の実践も行っている。これは、単に方法のみを取り入れているのではなく、第一の立場と第二の立場の背後にある学習観を理解した上で、学習者の特性によって、意識的に両方の教育実践を行っているのである。さらにSは、日本の日本語学校で、機関が要請する第一の立場に従いながら、自らの教育実践では、できる範囲で、第二の立場の要素を取り入れた教育実践を行っていた。同様にOも、非常勤講師として勤める欧州の成人教育機関では、機関が要請する第二の立場に従いながらも、自分の実践はできる範囲で第三の立場の活動を行っている。

　教師の教育実践の立場の変化は、学習観の理解と、それにもとづく教育実践がつながることによって起こるものであり、実践方法のみを採用する、あるいは学習観のみを理解するだけであれば、変化したというより、移行過程にあると考えられる。ただし、教師たちの中には、一人の教師が複数の教育実践の立場を採用する場合や、機関からの要請に応えながら、できる範囲で自分の教育実践の立場を実現する場合もあった。それらは、異なる複数の教育実践の立場の学習観と実践方法を理解し、

それらを学習者や実践関係者との相互作用から検討した結果として、意識的に行っているといえる。

5.4 実践コミュニティの変容

　日本語教師は学習者とともに日本語クラスを形成し、役割によっては、日本語コース全体の設計者となる。本研究では、教師が形成するクラスおよび日本語コースを実践コミュニティと捉え、教師の教育機関間の移動は、実践コミュニティ間の移動であると考える。その上で、教師の実践の立場の変化は、教師が関わる実践コミュニティに、どのように影響するかを考察する。その観点として、2.3.2で述べたとおり、実践コミュニティにおいて、教育実践の目的が変わり、それに伴って参加者の関係性が変化することを、実践コミュニティの変容とする。特に、実践コミュニティの参加者が協働的に教育実践の目的に関わり、その目的が見直されていくことは、参加者の学びであると同時に実践コミュニティの発展であるといえる。この観点から5名の教師たちが形成する実践コミュニティの変容を見ていく。

　I、S、Yは、初期の教育実践では第一の立場で、日本語の構造を習慣形成によって身につけることを目的とした、クラスという実践コミュニティを形成し、その参加者である教師と学習者は、教え、教えられる関係性にあった。まずIは、日本で勤めた教育機関では、日本語コースの目的に関わるような参加者ではなかったが、欧州の大学では、自ら日本語コース全体の設計を担うようになり、第二の立場にある教育実践を設計するようになった。つまり、学習者がコミュニケーションを体験することによって日本語を学ぶことを目的とし、教師は学習者がコミュニケーションする場面を作るという関係性に変化したのである。そして、日本語コース全体の目的も設定し、コース設計および主教材の内容について、学習者や他の講師と対話的な関係を築くことで、さらに発展の可能性のある日本語コースを形成している。

　またSは、新教授法の勉強会で第二の立場の理念と実践方法に接したことから、クラスでの教育実践において、学習者との関係性を変え、教師は文法を教えるのではなく、学習者が自ら学べるようにする支援者と

なって、学習者に学びとらせること、そして学習者が学びとった文法が使えるように、見守る役割に徹するようになった。つまり、日本語クラスという実践コミュニティの参加者の関係性が、教師が教え、学習者が教えられるのではなく、教師は学習者が学べるようにする支援者となることに変わった。またその後、教師は学習者同士が、関係性の中から学べるようにする、環境設計者に変化しつつある。ただしSは、日本の日本語学校においても、欧州の短期集中日本語講座（G研究所）においても、日本語コース全体の目的に関わることのない、一参加者であった。ところが欧州の大学においては、4セメスター目のクラスでの教育実践の目的を、Sのそれまでの経験にもとづいて自ら設定するようになった。このようなSの教育実践の目的は、Sと主任講師との対話によって、大学の日本語コース全体の方向性としても認められている。つまりSは、担当するクラスだけでなく、日本語コース全体の、目的にも関わる対話的な関係にある参加を果たし、日本語コース全体を発展させる可能性も持っている。

　そしてYは、日本で実施された現職者教師研修に参加し、他国の中等教育段階の日本語教育のあり方を知ったこと、そしてその後の学習者との相互作用から、それまで実施していた第一の立場の教育実践を絶対視しなくなった。そして、高校や成人教育機関の一部のクラスでの教育実践の目的が、コミュニケーションを体験し、その喜びを感じることに変わった。また、そこでのYの学習者に対する関係性は、それ以前の、すべてを知っている絶対的な日本語母語話者教師としてではなく、欧州に長く滞在し、現地で日本語を学ぶ学習者への理解を深め、Y自身も外国語学習者として、学習者と同じ目線を持つ者に変わった。これは、Yが日本語クラスという実践コミュニティにおいて、目的を新たに設定し、学習者との関係性を変え、実践コミュニティを変容させていることを意味しているといえる。

　さらにNとOは、初期の教育実践では、第二の立場として、学習者に日本語のコミュニケーション力をつけることを目的に、教師は学習者が日本語でコミュニケーションする環境を作り、学習者を支援する役割であったといえる。そしてNは、南米の継承語学校においても、初めは第二の立場の教育実践を目指したが、その後、第三の立場の教育実践を行

うようになった。その日本語クラスという実践コミュニティでは、学習者同士が将来につながる絆を形成することを目的に、教師はその環境を設定するという関係性となった。また、この実践コミュニティの参加者は、Nと学習者だけではなかった。継承語学校を運営する日系人コミュニティ全体が、Nの教育実践の目的に関わり、Nと対話的な関係性を持つ参加者であったと考えられる。また大学院での、学習者同士が学び合うという、第三の立場への学習観の転換は、Nの教育実践における学習者同士の活動を促進することになったが、日本語クラスという実践コミュニティにおけるNと学習者の関係性や学習者同士の関係性の変容には至っておらず、それはN自身も認識している。さらに現在勤務する欧州の高校・大学では、機関でただ一人の日本語教師として、N自身がこれまでの経験から、日本語コースの目的を設定するようになった。そこでの参加者の関係性については、今後、変化する可能性があることをN自身が述べている。

　最後にOは、初期の教育実践の中で、アジアの大学では分担された授業を担当する一教師であったが、欧州の成人教育機関では専任講師として、非常勤講師を指導する役割となった。コース全体で行われていた第一の立場の教育実践を第二の立場の実践に変更するために働きかけた。ただしOにとっては、担当するクラスも日本語コース全体も養成講座以来の、第二の立場の目的と関係性で実践コミュニティを形成していたことに変わりはなかった。また欧州の成人教育機関の非常勤講師は、Oの指導に従うのみで、日本語コース全体の目的に関わる対話的関係の参加者であったとは言えない。その後、Oは欧州の補習校の教育実践でも、初めは第二の立場で、生徒の日本語力を伸長することを目的とし、日本語教育の知識や技術、経験をもとに、共同学習と個別学習の組み合わせで工夫していた。そして、徐々に生徒を知り、保護者と対話し、継承語教育について知識を得ていった結果、生徒のモチベーションや日本語環境を活性化して、日本語の学びを起こすことを目的とするプロジェクトワークを実施するに至った。そこでは、教師は生徒の力や環境を活性化させ、生徒はそれらを主体的に利用するという関係性となる。そして、この実践コミュニティは生徒、教師だけでなく、生徒の家族も、実践コミュニティの目的に関わる対話的関係に巻き込んだものとなった。ま

た、Oが同時に勤務する大学や成人教育機関での教育実践においても、個々の学習者の日本語の学びを起こすことを目的に、Oは学習者のモチベーションと環境を活性化し、学習者同士がその関係性の中で学べるように環境を設定するという役割となって、実践コミュニティを形成するようになった。さらに、大学ではOが主任講師であり、日本語コース全体に対して、学習者に日本語の学びを起こすことを目的に、教師が環境設計するという、Oが考える方向性を打ち出し、同僚教師との対話的関係からそれを実現しようとしている。

　教師たちは、異なる教育実践の立場と自らの教育実践の立場を、その背景にある学習観とともに理解している。学習観の違いは同時に両者の、教育実践の目的と、実践の参加者の関係性の捉え方の違いにつながる。教師はそれを理解し、実践コミュニティの参加者との相互作用からそれらを検討して、教育実践の目的や参加者の関係性を見直し、変化させる。したがって、教育実践の立場を変化させるということは、同時に、教師が形成する実践コミュニティの発展的な変容となる。そしてIやOは、欧州の大学で、他の教師も参加する日本語コース全体に責任を持つ教師として、日本語コースの参加者と、日本語コースの目的に関わる対話的関係を築き、日本語コース全体を発展的な実践コミュニティとして形成している。またSは、欧州の大学では一教師であるが、大学の日本語コースの目的に関わる参加を果たし、コースの発展の一翼を担っている。さらにNやOは学習者が所属するコミュニティの成員、あるいは学習者の家族などと、教育実践の目的に関わる対話的関係を結び、日本語クラスという実践コミュニティの、参加者の範囲を広げている。そしてYやNやOは、同時に教育実践を行う複数の日本語クラスに、教育実践の立場の変化が影響したり、影響する可能性があることを示唆しており、複数の実践コミュニティに発展的な変容が起こりつつある。

　このように、教師の教育実践の立場の変化は、教師の教育機関間の移動、教育機関内の役割の変化と相まって、教師が形成する実践コミュニティの参加者の範囲を広げ、また、教師が同時に関わる他の実践コミュニティへも、学習観や教育実践の目的、参加者の関係性の検討を広げ、複数の実践コミュニティを発展的な方向に導いていくのである。

5.5　他者との相互作用・対話

　ここまで、教育機関・研修機関間の移動、教育機関内の役割の変化が、異なる教育実践の立場との接触につながり、自他の教育実践の立場を理解し検討することによって教育実践の立場が変化し、教師が関わる複数の実践コミュニティに発展的な変容が起こることを指摘した。その上で本節では、教師の、自他の教育実践の立場の理解、複数の教育実践の立場の検討、そして教育実践の立場の変化が、教育実践の立場の背後にある学習観や教育実践の目的、実践参加者の関係性に関する、他者との相互作用・対話によって起こっていることを述べる。

　5名の教師たちの語りからは、初期の教育実践では、教育実践の背後にある学習観、教育実践の目的や参加者の関係性について、他者と対話的関係にあったことは読み取れない。ところが、未知の異なる教育実践の立場と接触したり、コース設計に関する思索の過程では、自他の教育実践の立場にある学習観、教育実践の目的、参加者の関係性に関する相互作用や対話を行っていることがわかる。

　まずIは、日本の機関での初期の教育実践についての語りの中で、その背後にある学習観、教育実践の目的や参加者の関係性などに関する他者との対話があったとは語っていない。ところがその後、欧州の大学で、日本語コースの目的を設定し、教材を制作し、コース設計を行う過程で、上司や同僚教師、学習者との対話や意見交換をしており、そのための環境を作っていることが語られている。またIは、同僚教師や新人教師に対して、指導のようなことは行わないが、同僚からの相談には随時応じているという。さらに同僚教師たちとは日常的に、書面で授業報告をするだけでなく、口頭で授業の内容も連絡し合い、学期に数度の全体ミーティングを開くなど、対話する機会が豊富にあることがわかる。また学習者からの意見の受け付けや、学期終了時のアンケート等も欠かさない。上司、同僚、学習者を、日本語コースの目的に関わる参加者とし、対話的関係を形成してきたことがわかる。それだけでなく、Iは学外の親しい大学日本語教師とも、毎年実践報告会を開いている。また、同国内の大学日本語教師会で中心的な役割を務め、毎年行われるシンポジ

ウムには日本の大学教授を招聘し交流するなど、学内だけでなく、国内外の日本語教師との対話の機会も積極的に作っている。自らが現地語や外国語を習得した経験、外国語が堪能な友人の学習方法を観察した経験を振り返り、第二言語習得研究の知見も得て、それらを統合した、外国語学習に関する自分の考えをもとに、他の教師と議論することを日常的に行っている。これらはすべて「日本語教育とは何か」というIの問題意識が根底にあり、日本語教育のよりよいあり方を追求しようとする姿勢が、その原動力になっている。このようなIを取り巻く、I自身が形成した、大学内外の学習者や教師との対話的関係の広がりが、複数の教育実践の立場の理解と検討、教育実践の立場の変化をもたらし、実践コミュニティの変容とその広がりをもたらしているのである。

　次にSは、日本語学校での教育実践の開始当初から、同僚教師と教育実践の方法について検討してきたが、当初はあくまでも教材内の文法を学習者に与える方法の工夫であり、教育実践の背後にある学習観や、教育実践の目的、参加者の関係性に関わるものではなかった。その後「教室に学んでいない学習者がいる」という問題意識を持って新教授法の勉強会に通い始め、新教授法の理念と実践方法を知った。同時にSが担当する学習者との相互作用や、それまでの実践経験の振り返りから、Sの教育実践の立場と、新教授法の教育実践の立場の、学習観と参加者の関係性の捉え方の違いを理解し、それらを検討した上で、教育実践の立場の変化が起きた。また、欧州の大学では、自ら担当クラスのコース設計をする役割となり、以前欧州で生活した経験の振り返りと、現在の学習者との相互作用から、教育実践の目的を自分なりに設定し、実践するようになった。そして、自分の教育実践の目的と、日本語コースの目的との関係について、主任講師とも対話している。さらにSの「教室に学んでいない学習者がいる」という問題意識は、教室のすべての学習者に学びを起こす教育実践に向けて、現在も、授業での学習者との相互作用はもちろん、新たな知識の獲得や同僚との対話の原動力となって、Sの教育実践を取り巻く対話的環境を形成している。

　またYは、欧州で日本語教師となった当初は、現地に知り合いの日本語教師もおらず、機関でただ一人の日本語教師として、教材や参考書などを頼りに教育実践を行っていた。徐々に日本語教師の知り合いもで

き、同僚教師がいる職場でも働き始めたが、現地の習慣にもとづき、一つのクラスを一人で担当し、同じ機関に勤務している教師同士でも、教育実践に関して話し合うことはほとんどなかった。一人で模索する期間が長かったため、同国内の日本語教師のネットワークの形成にあたっては積極的に、当初から中心的な役割を果たし、勉強会などの行事には必ず参加している。また、現地で行われる日本語教育のシンポジウムや日本語教師研修にも積極的に参加してきた。特に日本で実施された現職者日本語教師研修に参加したことは、共通の悩みを持つ日本語教師の仲間を増やし、教育実践について話し合える機会となったこと、その後も日常的なさまざまな問題を、メールを通じて話し合える仲間ができたことに大きな意義を感じている。その現職者日本語教師研修で、Yにとっては未知の異なる教育実践の立場にある、他国の中等教育段階の日本語教育の学習観と実践方法に触れた。その後、Yは教育実践の場で、学習者との相互作用を通して、自他の教育実践の立場を理解し、異なる教育実践の立場も肯定的に捉えられるようになった。後にそれが、成人教育機関の一部の学習者にも有効であると判断し、その立場にもとづく新たな日本語クラスを設置しようとしている。また、現地人教師のGTMの実践に対しては、批判的な態度を持ちつつも、現地人教師や学習者との相互作用を振り返ることで、理解できるようになってきた。このような経験を経てきたYは、それでも、担当するクラスのコース設計、教材制作については、現在も模索中であるとする。その根底には、高校の美術教師であったYの、日本語教育は専門外であるという意識がある。それが、教育実践における学習者との相互作用のみならず、現地の日本語教育のネットワークや現職者教師研修などを通じた、他の日本語教師との対話的環境作りの原動力になっている。

　そしてNは、まず最初に勤務した中米の日本語学校で同僚教師に囲まれ、勤務期間の後半には教務主任となり、日本から派遣される教師とも対等に議論するようになっていた。しかしそこでは、Nが勤務する前からコース設計が確立しており、Nが教育実践の背後にある学習観や教育実践の目的、参加者の関係性について、他者と対話したことは語られていない。次に赴任した南米の継承語学校では、学習者のみならず、日系人コミュニティの人々と相互作用することによって、現地の教育実践の

立場およびNの教育実践の立場が意識化され、両者を検討した結果、現地の状況から教育実践の目的が見直され、教育実践の立場が変化したことがうかがえる。また、その後進学した大学院で、学習者同士の学び合いという、第三の立場にある新たな学習観に触れた際には、Nがそれまで持っていた学習観に意識的になり、それをもとに他者と学習観について検討した。その後、ゼミの仲間との相互作用から、新たな学習観を受け入れるようになった過程が語られた。さらに欧州の諸機関では、学習者との相互作用から前任者のGTMとの立場の違いを感じながら、N自身の過去の海外での個人的経験および教育実践の振り返りから、自分自身の第二の立場の教育実践を貫くとともに、第三の立場の学習観にもとづく教育実践を設計しつつあることが示唆された。Nは現在勤務する欧州の諸機関では、機関でただ一人の日本語教師として教育実践を行っているが、現在も大学院のゼミの仲間とは、異なる環境にいながら、お互いにメールでやりとりする関係であり、帰国すると指導教授も交えて、関わる教育実践について話し合うという。Nは教授歴の大部分を日本から遠く離れた地で過ごし、現地の人々との相互作用と、日本の日本語教育関係者との対話を繰り返してきたことがわかる。

　さらにOは、最初に赴任したアジアの大学、次に赴任した欧州の成人教育機関では、養成講座以来の第二の立場の教育実践を当然視していたと考えられ、その背後にある学習観や教育実践の目的について、他者と検討したことは語られなかった。その後、欧州の補習校で、学習者と相互作用し、クラス運営のために保護者と対話し、さらにその過程で、継承語教育の知見を得たことが、それまでのOの教育実践の背後の学習観や教育実践の目的、参加者の関係性を意識化することにつながった。そして自他の教育実践の立場の検討から、教育実践の立場が変化していった。補習校で、教育実践の立場を検討したことは、並行して勤務する大学の教育実践の検討にもつながり、大学の学習者との相互作用から、大学でも第三の立場の教育実践の設計に至っている。また、大学の同僚教師たちと、教育実践について対話する環境を築き、日本語コース全体が同じ方向性を持つように、Oの教育実践の立場を明示し、働きかけている。さらに、並行してクラスを担当する成人教育機関でも、成人教育機関が要請する第二の立場に従いながらも、学習者との相互作用から、で

きる範囲で第三の立場にある教育実践を設計しようとする姿勢がうかがわれる。

　5名の教師たちは、勉強会、研修、大学院、インターネットや参考書などさまざまな方法で新たな知見を得るとともに、学習者と相互作用することはもちろん、同僚教師や学習者の家族などの関係者、所属機関内外の日本語教育関係者と対話する環境にいたり、意図的にそのような環境を作っている。それによって、自他の教育実践の立場の、学習観、教育実践の目的、参加者の関係性への理解を深め、それらを検討し、教育実践の立場を変化し、維持してきた。つまり教師たちは、未知の異なる立場の教育実践に接して、自分の立場を意識化し、異なる立場との関係から自分の教育実践を位置づけること、すなわち、自分の教育実践のアイデンティティを意識化し、それを他者と交渉し、その結果、自分の教育実践の立場を形成してきたのである。そして教師の、教育機関・研修機関間の移動や、教育機関内での役割の変化に伴って、教育実践のアイデンティティを交渉する範囲が広がり、教師自身の教育実践の立場は、担当する日本語クラスから日本語コース全体へ、そして教師が同時に関わる他の実践コミュニティへも広がった。そこでさらに教育実践のアイデンティティ交渉を重ねることによって、教師自身の教育実践の立場の見直しや強化をもたらす。このように、同僚教師や学習者、その他の日本語教育関係者と、教育実践のアイデンティティを交渉していくことが、複数の教育実践の立場の理解、教育実践の立場の検討、そして教師自身の教育実践の立場の形成とその広がりをもたらしている。

　教師の教育実践のアイデンティティ交渉は、教師が、他の教育実践の立場との関係から、自らの教育実践のアイデンティティを意識化したことから始まる。また、教育実践のアイデンティティの意識化は、教師が、日本語教育コミュニティを意識化することにつながり、さらに日本語教育コミュニティとの関係性における教師としてのアイデンティティ交渉につながっていく。

5.6　日本語教育コミュニティとの関係性による教師のアイデンティティ交渉

　教師たちは、教育実践のアイデンティティの意識化によって、日本語

教育コミュニティの広がりを意識化するようになる。そして、教育実践のアイデンティティをもとに、日本語教育コミュニティとの関係性から、日本語教師としてのアイデンティティを交渉していく。こうした日本語教師としてのアイデンティティ交渉が、どのように行われているかを、教師たちの語りから考察する。

　まずIは、伝統と権威のある日本語教師養成講座（A講座）を修了した。直後に就職した職場の同僚はみなその後大学教員になった。Iも同時に日本語教育で伝統のある有名大学で非常勤講師をするなど、日本語教師としてはエリートコースを歩んでいた。IがA講座の修了生が「世界中で相当活躍してんじゃない？」と述べていること、A講座で指導を受けた講師や、教科書制作および大学での同僚が、日本語教育では著名な研究者ばかりで、その名前を具体的に挙げて語っていることから、I自身もそれを自負していると思われる。そして欧州のG大学に赴任してからは、日本語教育の専門性を持つ教師として当初から期待され、主任講師としてそれに応えてきた。Iは、CAが日本語教育コミュニティで少し前までは進んだ教育実践の方法であったが、現在は当然視されるようになったことを認めつつ、その実践者として自らを語り、第一の立場に対する第二の立場として、文型積み上げ式ではない教育実践をしていることを強調している。Iは自分が日本語教育コミュニティの代表的な実践方法の実践者であるからこそ、日本語教師として自信を持っており、日本語教育コミュニティの十全的な参加者としてのアイデンティティを形成しているといえる。ところが、IはG大学の日本語コースに新人講師が入っても、指導らしいことを何もしないという。それはIが、日本語教育に関して普遍的な、これが絶対という考えを持つに至らず、常に自分も模索しており、その模索の過程や行きつく先は、教師によって違うのは当然であると考えているからである。それぞれの教師が、その特徴や考えに合わせて、G大学の学生に適した教育実践を設計してほしいと考えているのである。この考えはI自身が、日本の機関から欧州の大学へ移動し、大きく環境が異なり、何もわからない中で、責任ある役割を得て、試行錯誤の中で教育実践の立場を変化させ、現在の日本語コースを作り上げてきた姿と重なる。だからといって、同僚教師と交渉を持たないわけでは決してなく、同僚教師たちと積極的な対話的関係を築いてきた。Iは、異な

る教育実践の立場との関係から、自らの教育実践のアイデンティティを意識化し、それをもとに日本語教育コミュニティの広がりや、そこに参加する教師の多様性を意識化しているからこそ、G大学のためによしとする教育実践のあり方、それにたどり着く過程が人それぞれであることを実感しているのである。また、日本語教育に関してこれが絶対という考えを持つに至らないのは、「日本語教育とは何か」という、自分が関わる教育実践を越えた、日本語教育全体への問題意識からである。これは、Iが教育実践する大学を越えて、国内外の日本語教師との対話を積極的に行い、日本語教育コミュニティ全体の動向も視野に入れた上で、提示している課題である。このような、日本語教育の本質に関わる課題を提起するのも、日本語教育コミュニティの広がりを意識しているからであり、この問題意識をもとに、教育実践を行う機関を越えて、同国内の日本語教師や日本の大学教授と対話的関係を結んでいる。そしてこれが、日本語教育コミュニティの十全的な参加者としてのIのアイデンティティ交渉であるといえる。

次にSは、最初に勤めた日本語学校で、教え始めて5年ほど経った頃、指定された教科書を使用した教育実践には熟練し、教科書が「あればできる」、「適当やってても学生さんの反応がいい」状態になった。そのときSは、日本語教師として一人前になった感覚を得て、自信を持っていたことがわかる。ただしSはその状況を「つまらない」と感じるとともに、それでも、教室の中に学んでいない学習者がいると感じていたことから、新教授法の勉強会に参加し始めた。新教授法の理念はSにとって大いに共感できるものであり、新たな学習の捉え方とその実践方法を学んでいった。そして、第一の立場から第二の立場に、教育実践の立場を変化させ、その後もさまざまな現場で教育実践を行い、それをもとに同僚と対話し、後輩教師たちへのアドバイスを行ってきた。Sは、これまで接してきた数多くの日本語教師たちと比較しても、自分には豊富な知識と経験があることを実感し、自信を持って他の教師と接している。Sは、複数の教育実践の立場を理解し、自らの教育実践のアイデンティティを意識化しているからこそ、日本語教育コミュニティの広がりも意識化し、日本語教育コミュニティの十全的な参加者として、アイデンティティを交渉している。また、現在も、教室の中に学んでいない学習者が

いることを問題意識として持ち続け、教室の中にいるすべての学習者が学べる教育実践を追及するという、個々の教育実践を超えた日本語教育の普遍的な問題意識をもとに、他の教師と積極的な対話関係を結んでいる。これが、日本語教育コミュニティに十全的な参加を果たす教師としての、Sのアイデンティティ交渉である。

またYは、大学で美術教育を専攻し、長く美術教師であったこと、日本語教師としての専門的な養成を受けていないことなどから、日本語教師となって10年経つものの、いまだに「専門外」であるとする。それは、Yがインタビューの中で、日本語教育は筆者の専門であり、Yは専門外であるという意味を込めた、「それは飯野さんが専門だから」や「私のほうが飯野さんに聞きたかったんだから」などの語りにも現れている。一方、Yの教師としてのアイデンティティは学校教師、特に美術教師として交渉されており、美術教師であった当時の教育観や教育実践の方法を日本語教育に応用していることが語られている。例えばYが一貫して主教材を自作し続けているのは、学校教師として、既成の教材を絶対視せず、学習者に合う教材がなければ自作することを当然視してきたためであるという。また、美術教育の、表現するのは学習者自身であり、それを手助けするのが教師であるという捉え方が、日本語教育と共通する部分であるとしている。Yは大学で美術教育を専攻し、長く美術教育に関わってきたことから、専門として自信を持っており、それを背景に、教師としてのアイデンティティを交渉しているのである。Yのこうした背景から導き出された教育実践は、日本語母語話者としての立場から、学習者が表現するために必要な文型・文法や語彙を与え、口頭練習で身につけさせるという、第一の立場の教育実践であった。その後、現職者日本語教師研修で得た知識をもとに、第二の立場へ変化する際には、学校教師であった経験にもとづいて、発達段階を考慮しながら高校生を観察し、高校生がどのように日本語を学んでいるかに注目した。同時に、自分自身が外国語をどのように学んでいるかも振り返った。つまりYは当初、日本語母語話者として、与えるものをすべて持ち、絶対的な上位にあったのだが、教育実践の立場の変化とともに、学習者と同じように外国語学習に喜び、苦労する一人の学習者として、担当する学習者に関わるようになった。ただし、日本語教育の専門性を持つ教師として学習

者を支援しようとするのではなく、一人の外国語学習者としての共感から、外国語学習の経験やそのときの感覚を教育実践にも取り入れ、学習者との関わり方を変えている。したがってYは、美術教育の背景を持つ教師、日本語学習者に共感する一外国語学習者として、自分の教育実践を設計し、教育実践のアイデンティティを交渉している。そして、このような教育実践を設計するYは、日本語教育コミュニティに対して、あくまでも自分はその正統な参加者ではないという姿勢を持っている。ここで注目したいのは、Yは日本語教育コミュニティの正統な十全的参加者を目指し、熟練のアイデンティティの形成途上にあるのではなく、日本語教育コミュニティに対して、非同一化のアイデンティティ（Hodges 1998, 飯野 2012）を交渉しながら、自分の教育実践を設計していることである。だからこそYは、当初から日本語教育コミュニティを意識化し、それを理解すべく、多くの日本語教材を研究し、参考書を読み、他の教師とつながり、研修会やシンポジウムに参加してきた。その過程で、日本語教育コミュニティの人や物と対話し、新たな知識を得て、異なる立場の教育実践への理解も深め、自分の教育実践の立場を形成してきた。それが、Yの日本語教育コミュニティとの関係性によるアイデンティティ交渉なのである。

　さらにNは、中米の日本語学校で、知識も経験もないまま教育実践を開始した。そこで、日本からの人的物的援助を最大限に利用して学んだ。つまり当初から、日本を中心とした日本語教育コミュニティの広がりを感じる環境にあった。そして、日本での現職者教師研修に参加した際には、講義を担当する講師も、講義内容も知っていることばかりであった。その後、教務主任になってからは、日本から派遣される教師とも専門職者同士として対等に議論できるようになった。これらから、Nは当時の日本の日本語教育で一般的とされる以上の、最新の知識や技術を身につけ、Nもそれに自信を持っていたことがうかがわれる。しかしNは、日本語教師として一人前であると感じながらも、日本語教育コミュニティに対する周辺的な参加者としての意識があったと考えられる。それは、中米から帰国しても、日本での教育実践の経験がなく、日本語教育能力検定試験の受験経験もなかったため、日本では日本語教師ができないと思い、別の職業に就いたことからもわかる。それでも、日本語教

師に復帰することを望み、いくつもの現職者教師研修を受講した。そして、次に赴任した南米の継承語学校では、Nとは異なる現地の教育実践の立場を理解し、Nもそれを実践するようになった。それは、知識として持っていた日本語教育の目的の多様性を実感できる経験となった。その後、帰国し、日本では日本語学校の非常勤講師となり、再び、機関から要請される第二の立場の教育実践を行っていた。しかし同時に通った大学院で、学習者同士が学び合うという、第三の立場に通じる「流行り」の学習観に接した。当初は受け入れられなかったが、自らその学習を体験することによって、よさを実感し、「流行り」だからではなく、自分の教育実践の中でも実現していくことを考えるようになった。さらに欧州の高校・大学に赴任してからは、自分がこれまで世界各地の異文化環境で生活し、現地の人々と人間関係を形成してきた経験と、これまでの日本語教育の実践経験を統合して、教育実践の目的を設定し、その実現のための教育実践を設計することで、自らの教育実践のアイデンティティを交渉している。それをもとに、日本国外での多様な生活と、多様な日本語教育経験を積んだ教師としてのアイデンティティを交渉していることがうかがえる。Nは、その教授歴の大部分を日本国外で過ごしているが、日本を中心とした日本語教育コミュニティを、当初から常に意識し、日本国外にいても日本の日本語教育の動向を入手し、帰国すると、数々の研修に参加し、大学院にも進学し、最新の知見を学んできた。Nにとって日本語教育コミュニティの中心は日本にあり、日本から遠く離れた地で教育実践を行うNは、日本語教育コミュニティの動向を取り入れながら、日本国外の現場に合わせた教育実践をしていく存在なのである。つまり、Nは日本語教育コミュニティの一員であるものの、日本から遠く離れた地で実践経験を積んだ、周辺的な参加者である感覚を持っている。だからこそ、さらに日本語教育コミュニティを理解しようと交渉を積極的に行い、その動向を学び、新たな知見を身につけていこうとするのである。そうして学んだ知見を教育実践の中で実感したり、教育実践で得た感覚を日本で得た知識で裏づけたりすることを繰り返してきた。ただしNも、日本を中心とした日本語教育コミュニティの十全的な参加者となることを目指し、熟練のアイデンティティの形成途上にあるのではない。Nは日本国外を主な教育実践の場とする日本語教師として、こ

れまでの経験に裏打ちされた、自らの教育実践の立場を形成しており、その教育実践のアイデンティティをもとに、自らを日本語教育コミュニティの周辺に位置づける交渉をしているのである。

　最後に、Oは、長期の日本語教師養成講座を修了し、最初に勤めたアジアの大学では、一人前の日本語母語話者教師として、大学からも認められ、O自身も、自分が担当する教育実践の中で、それに応えるために努力した。また、欧州の成人教育機関では、一人前の日本語教師であるだけでなく、同僚の非常勤講師たちをまとめる専任講師となり、第一の立場にあったコース全体を、Oが学び実践してきた第二の立場の方向へ転換させるために働きかけた。ここまででOは日本語教育コミュニティに十全的な参加をしている一人前の日本語教師としてアイデンティティを交渉し、自信を持っていたと考えられる。一方で、Oは欧州の補習校で実践するようになってからは、外国語として日本語を学ぶ学習者とは大きく異なる、継承語として日本語を学ぶ学習者を前に、日本語教育の知識と経験だけでは対応できない状況に直面し、「あくまでも日本語教師」の自分では力不足であるという危機感を持った。それは日本語教育コミュニティの限界の意識化であり、そこに参加している自分への気づきであった。そして、日本語教育コミュニティの枠を越え、国語教育、継承語教育という分野に知見を広めた。新たな知見をもとに、教育実践の中に日本語教育にはない視点を取り入れ、補習校の学習者一人ひとりに日本語の学びがある教育実践を目指し始めたことが、教育実践の立場の変化につながった。その後、Oは補習校の子どもたちに合わせ、日本語教育でも国語教育でもなく、それらを統合した教育実践を行うようになった。Oはこのように教育実践のアイデンティティを意識化し、単に日本語教育コミュニティに参加する日本語教師としてではなく、国語教育や継承語教育などとの関係から重層的な、いわば日本語を扱う言語教師として、アイデンティティを交渉するようになった。そして、同時に勤務する欧州の大学や成人教育機関での教育実践にも、こうした新たな視点を取り入れ、補習校と同様に、学習者一人ひとりが日本語を主体的に学んでいける学習環境の設計者となった。特に、主任講師を務める大学では、同僚教師と対話的関係を築いて、自らの教育実践のアイデンティティをもとに、日本語教師としてのアイデンティティを他者と交渉し

ながら、日本語コース全体の方向づけを行っている。Oは日本語教育コミュニティの枠を越えた視点を取り入れた教育実践を設計することで、自らの教育実践のアイデンティティを意識化し、それをもとに、日本語教育コミュニティとの関係だけでは説明できない、他の分野との重層的なアイデンティティを意識化し、交渉を行っている。

　このように教師たちは、自らの教育実践のアイデンティティの意識化をもとに、自らが参加する日本語教育コミュニティを意識化し、日本語教育コミュニティとの関係性から、日本語教師としてのアイデンティティ交渉を行っている。そうしたアイデンティティ交渉の結果は、必ずしも、日本語教師という職業への一体化の獲得、あるいは日本語教育コミュニティでの一人前への同一化として、単一で直線的な方向性を持った変容過程ではない。IやSは、日本語教育コミュニティでの十全的な参加者としてのアイデンティティを交渉しているが、だからこそ個々の教育実践を越えた、日本語教育に対する普遍的な問題意識を持ち、その解決のために、他者との対話を積極的に行っている。日本語教育コミュニティの中の教育実践の立場の多様性や参加者の多様性を意識化しているからこそ、それらを俯瞰した、日本語教育コミュニティに対する普遍的な問題提起をしている。一方、Yは日本語教育コミュニティへの非同一化のアイデンティティを形成しており、Nは周辺的な参加者としてアイデンティティを形成しているが、いずれも日本語教育コミュニティの十全的な参加者となるために、熟練のアイデンティティの形成途上にいるのではない。またOは、一旦は日本語教育コミュニティの十全的な参加者としてのアイデンティティを交渉しながら、それを超えて、他の分野との関係から、重層的なアイデンティティを交渉するようになった。教師たちは日本語教育コミュニティとの関係から、それぞれの日本語教師としてのアイデンティティを他者と積極的に交渉しているのである。

　教師たちが、日本語教育コミュニティの広がりや限界に意識的になり、日本語教育コミュニティにおける自らの位置づけに意識的になることは、日本語教師としてのアイデンティティ交渉の始まりである。その交渉は、教師の教育実践のアイデンティティにもとづき、他者との対話的関係の中で実践されるものである。それは決して、日本語教育コミュニティの十全的参加者としての、熟練の感覚の増大、熟練者への同一化

といった、単一で直線的な変容ではなく、教師によって多様な位置づけを生み出すものである。また、十全的な参加者としてのアイデンティティを交渉しているからといって、そこにとどまるものでもない。その位置づけは、決して固定的なものでもなく、常に変容過程にあり、他者との対話によって実践されるものであるため、インタビューの場で、筆者との対話によっても実践されたと考える。教育実践のアイデンティティ、それにもとづく日本語教師としてのアイデンティティを意識化した教師の対話は、常に、それらの交渉過程である。したがって、教師の成長として重要なのは、日本語教育コミュニティを意識化し、それとの関係性から、日本語教師としてのアイデンティティを意識化し、他者と交渉していくことである。その結果が、たとえ日本語教育コミュニティへの非同一化や周辺的な参加であり続けるとしても、それも、成長する教師の一つの姿であるといえる。

　さらに、このような教師たちの多様なアイデンティティの意識化は、他者との対話を促進させ、アイデンティティの交渉を活発化し、新たな知見を得る原動力となっている。そして、自らのアイデンティティを意識化した教師たちの対話は、日本語教育コミュニティが当然視する事柄に疑問を投げかけ、見直していく可能性を持っている。IやSは、日本語教育の普遍的な課題を他者と検討していくことが、日本語教育コミュニティの十全的な参加者としての、両者のアイデンティティ交渉そのものであり、十全的な参加者である両者がその課題に取り組むことは、日本語教育コミュニティを内側から変革させる可能性を持つ。またN、Y、Oは、日本語教育コミュニティの十全的な参加者とは異なるアイデンティティを交渉している。このような、日本語教育コミュニティを意識化し、多様なアイデンティティ交渉をしている教師の、他者との対話は、教師たちが持つ多様な視点から日本語教育コミュニティに影響を与え、日本語教育コミュニティが当然視している事柄を見直し、発展をもたらす可能性がある。

　日本語教育における多様な教育実践の立場を理解し、教育実践のアイデンティティを意識化すること、それにもとづいて日本語教育コミュニティを意識化し、それとの関係性から、日本語教師としてのアイデンティティを意識化することは、教師たちの対話の原動力となる。そして、

教師たちの対話、すなわち教育実践のアイデンティティにもとづく日本語教師としてのアイデンティティの交渉は、日本語教育コミュニティで当然視されている事柄を、見直していく可能性を持っている。同時に、教師の教育実践のアイデンティティと日本語教師としてのアイデンティティも、交渉によって常に見直される。したがって、教師の教育実践のアイデンティティにもとづく日本語教師としてのアイデンティティの交渉は、教師の教育実践のみならず、日本語教育の発展とも結びつく、教師個人にとどまらない成長をもたらすものである。

注 [1] 細川（2007）は、「学習者中心」は「教師主導」の批判として生まれ、「学習者主体」は「教師主導」と「学習者中心」の批判として生み出されてきたことを指摘している。つまり本研究でいう第二の立場は第一の立場を、第三の立場は第一の立場と第二の立場を批判して生まれてきたということである。同様に、第一の立場がGTMを批判して生まれてきた歴史的背景を考えると、第一の立場にいる教師はGTMを、第二の立場にいる教師はGTMや第一の立場を、ある程度理解しているからこそ批判的に捉え、それぞれの立場にいると考えられる。

第6章 結論

　本章では、5名の日本語教師のライフストーリーを考察した結果から、5名の日本語教師の成長をモデルとして示す（図1：5名の日本語教師の成長モデル）。それをもとに日本語教師の成長を再概念化し、それが日本語教育にもたらす意義について述べる。

6.1　5名の日本語教師の成長モデル

　5名の教師たちは初期の教育実践においては、養成講座や最初に勤務した教育機関の実践方法、あるいは過去の他分野の教授経験、外国語学習経験、教材や参考書などにもとづいた教育実践の立場の中にいた。当時は、その実践方法のみを用いており、その背後にある学習観や、教育実践の目的、参加者の関係性についての検討は見られなかった。教師たちは日本語クラスを担当し、教育実践を行っているものの、教師自身の教育実践の立場に意識的になっているとはいえなかった。

　その後、教師たちは教育機関を移動することによって、日本語クラスや日本語コース全体のコース設計を担うような役割になることがあった。すると教師たちは、さまざまな手段で教育実践に関する知識や情報を得て、異なる教育実践の立場に接し、自他の教育実践の立場の意識化が起こり、思索を深めた。あるいは、勉強会、大学院、教師研修など研修機関との行き来で異なる立場の教育実践に接し、それをきっかけに、自他の教育実践の立場を意識化した。その意識化は、教育実践の背後にある学習観、教育実践の目的や参加者の関係性について、他者と相互作用・対話することにつながった。それは、自分の教育実践を、異なる立場の教育実践との関係性から検討する、教師の教育実践のアイデンティ

ティの交渉であり、それを通して、自他の教育実践の立場、両方への理解を深めた。その結果、教師の教育実践の立場の変化・強化が起こった。

　教育実践の立場については、1.2.1で、GTM、第一の立場、第二の立場、第三の立場とに分け、それにしたがって5名の教師の教育実践の立場を解釈した。ただし、教師たちの教育実践は、どれか一つの立場のみに一致するとは限らなかった。一人の教師が、二つの異なる立場を折衷して一つの教育実践を設計していたり、二つの異なる立場の教育実践を別々に実施している場合もあった。それは、日本語教育で一般に、初級では構造シラバスによる文型・文法積み上げ式のコース設計が行われ、1回の授業の中で、語彙や文型の形や意味・用法をパターン練習してから、その語彙や文型を使ったタスクを行い、コミュニケーション力をつけるという方法がとられることにも通じるように見える。そして、中級以上になると、プロジェクトワーク、ビジターセッションなどにより、語彙や文型の正確さより、機能を重視した活動が行われるのも一般的である。このように日本語教育では、一人の教師が、一つの授業の中で複数の教育実践の立場を折衷したり、学習者のレベルによって、教育実践の立場間を行き来したりすることは一般的に行われている。ただし、そうした教育実践の多くは、教育実践の立場を意識化しないまま、日本語教育では初級はこうするもの、中級はこうするものというように、単に方法として実施されている。その方法が実践できることが、日本語教育の専門性だと理解されているとも言える。

　5名の教師たちも、初期の教育実践では、教育実践の立場には無意識に、その方法だけを行っていた。しかし、異なる教育実践の立場との関係から、自分の教育実践の立場を意識化してからは、自他の教育実践の立場の検討から、教師自身の学習観の形成過程、それを実現する教育実践の目的や参加者の関係性が語られた。つまり、教育実践のアイデンティティ交渉があって、教育実践の立場の変化・強化が起こり、それを実現する方法を模索した結果として、教師自身の立場にもとづく教育実践の設計を行うようになったのである。したがって、教育実践の立場を意識化した後の、教師たちの実践は、単に知識として得た方法を実施しているのではなく、たとえ一人の教師が、異なる立場にある二つの教育実践を並行して行っていたとしても、それは、それぞれの教育実践の立場

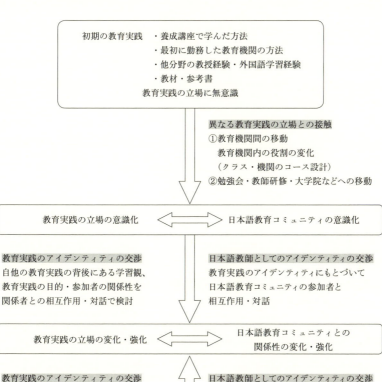

図1　5名の日本語教師の成長モデル

を意識化し、検討した結果であった。

　教師たちは、異なる教育実践の立場に接することで、自分の教育実践の立場を意識化し、それをもとに他者と相互作用・対話する。それが教育実践のアイデンティティの交渉であり、それは、自他の教育実践の背後にある学習観、教育実践の目的、参加者の関係性から、自他の教育実践の立場の理解を深め、さらに学習者や実践関係者との相互作用から、教育実践の立場を検討し、それにもとづく教育実践を設計していくということである。その結果、教育実践の立場が変化するにしろ、強化されるにしろ、教育実践の背後の学習観、教育実践の目的と参加者の関係性の意識化と理解は、教師の実践設計を変化させる。つまり、ただ無意識に、方法として教育実践を行うのではなく、教育実践における学習観、目的、関係性を検討した上で教育実践を設計するようになり、実践設計の仕方が変わるのである。その変化は、教師の役割によって、機関の日本語コース全体へ広がり、さらに教師の機関間の移動によって、並行して関わる他の教育実践でも、学習観、目的、関係性を、他者との相互作用で検討するようになった。すなわち、他の実践現場でも、教育実践のアイデンティティの交渉を行うことによって、その影響を広げていったのである。このように、自らの教育実践の立場を形成し、関わる教育実践すべてで、教育実践のアイデンティティを交渉していくことにより、それぞれのクラスでの教育実践の設計、機関でのコース設計を常に見直すことになる。これは再び、教育実践の立場を変化・強化させる循環となり、そこに、教育実践が発展していく可能性があると考えられる。

　このように教師が、異なる教育実践の立場に接触することは、日本語教育における教育実践の立場の多様性に気づかせ、それまでの自分の教育実践の立場を意識化するのみならず、それが絶対ではないことを知り、他の教育実践の立場との関係から自分の教育実践を位置づける、アイデンティティの交渉が始まるきっかけとなった。一方で、異なる教育実践の立場に接することは、教育実践の立場の多様性や、学習者の多様性、日本語教師の多様性も知ることになり、教師自身が直接関わる教育実践を超えて、日本語教育というコミュニティの広がりおよび限界の意識化にもつながる。それによって、日本語教育コミュニティとの関係性から自分を位置づけること、つまり日本語教師としてのアイデンティテ

ィの交渉が始まる。教師たちは、自らの教育実践のアイデンティティをもとに、日本語教育コミュニティとの関係性を交渉し、日本語教育コミュニティとの多様な関係性を形成し、維持し、また変容させていた。そして、このような日本語教育コミュニティとの関係性への認識が、教師の新たな知見への欲求となり、日本語教育コミュニティの参加者との積極的な対話を生み出していた。その対話は、日本語教師としてのアイデンティティの交渉であり、それは、日本語教育の本質的な課題の検討であったり、日本語教育コミュニティの外側から、あるいは周辺からの対話であったり、日本語教育と異なる分野の知見を取り入れた対話であったりする。これらは、日本語教育コミュニティでこれまで当然視されてきたこと、疑問視されてこなかったことに問題を投げかけ、見直していく働きかけとなり、日本語教育の発展の原動力になると考える。また、このような日本語教師としてのアイデンティティの交渉が続けられることが、教師と日本語教育コミュニティとの関係性を常に見直し、関係性を変化・強化させ、さらに日本語教育コミュニティに新たな視点を与える循環となる。

　そして、このような教師の教育実践のアイデンティティと日本語教師としてのアイデンティティはお互いに影響を与え合っている。教師たちは、教育実践のアイデンティティの交渉、つまり日本語教育コミュニティの参加者との対話によって、日本語教師としてのアイデンティティを交渉し、またその結果が、教師の教育実践の設計に影響を与える。教育実践のアイデンティティを交渉していくことが、教育実践の見直しとなり、それにもとづく日本語教師としてのアイデンティティの交渉によって、日本語教師としてのアイデンティティの変容にもつながり、それがさらに教育実践の設計を変容させていく。互いに影響を与え合う、これらのアイデンティティを、他者と交渉し続けていくことが、個々の教師の教育実践を発展させ、日本語教育の発展にもつながる、教師の成長となるのである。

6.2　日本語教師の成長の再概念化

　本研究では、教育実践の立場に変化があった教師を分析・考察の対象

として、その成長のあり方の把握を試みた。一方で教師たちは異なる教育実践の立場に接したことによって、自分の教育実践の立場を強化する場合もあった。つまり教師たちは、自他の教育実践の立場を、それらの背後にある学習観とともに理解し、教育実践の目的、参加者との関係性を、他者との相互作用で検討し、その結果、教育実践の立場が変化する場合がある、ということである。したがって重要なのは、教育実践の立場が変化することそのものよりも、教育実践のアイデンティティを交渉することであり、その結果として、自分自身の教育実践を設計していくことである。

　この教育実践の立場の変化について、5名の教師たちの例から示唆されるのは、GTM→第一の立場→第二の立場→第三の立場という方向性があり、逆行はしないことであった。例えば、第一の立場にいる教師は、GTMを認識した上で、それに対して第一の立場にいる。また、第二の立場にいる教師は、GTMや第一の立場を認識した上で、第二の立場にいる。そのため、第一の立場の教師がGTMに接しても、また第二の立場の教師がGTMや第一の立場に接しても、その方向に変化することはなかった。これは、第一の立場にある教師は、GTMか第一の立場を、第二の立場にある教師はGTMか第一の立場か第二の立場を、現場の状況に合わせて選択的に実施できることを意味する。言い換えると、教師の教育実践の立場が、第一、第二、第三と変化するにつれて、多様な教育実践の立場間の対話を他者との相互作用によって行い、幅広い選択肢の中から、現場の状況に合わせた、自分の教育実践を設計することができるのである。

　ところが反対に、第一の立場の教育実践をする教師が第二の立場の教育実践に接触したり、第二の立場の教育実践をする教師が第三の立場の教育実践に接触することがあっても、初めはその意義が理解できずに無視したり反発したり、あるいは理解しても実施する環境にないと判断することが、5名の教師たちの語りにも現れていた。第一の立場にいる教師が、第二、第三の立場を、第二の立場にいる教師が、第三の立場を理解し、教育実践の立場を変化させることは簡単ではない。しかし、5名の教師たちの例を見ても、そのときこそ、自分の教育実践の背後にある学習観、実践の目的、参加者の関係性を意識化し、教育実践の立場を意

識化して、教育実践のアイデンティティの交渉が始まるときであった。

　教師はまず、異なる教育実践の立場に接し、自分の教育実践の立場を意識化し、同時に異なる教育実践の立場を理解することから成長を始める。それは、第一の立場にある教師が第二、第三の立場に、第二の立場にある教師が第三の立場について知り、理解することである。そして、たとえ教師自身が実践の立場を変化させないとしても、日本語教育における多様な教育実践の立場を理解し、その検討から自分の教育実践を設計し、それをもとに自分の教育実践のアイデンティティを他者と交渉していくことが重要である。つまり、教育実践のアイデンティティの交渉は、自分自身の教育実践の設計にもとづく、他者との相互作用・対話であり、それは他者の教育実践にも自分の教育実践にも影響を与えていくものである。このように教育実践のアイデンティティを交渉する教師は、今、第一の立場にいるとしても、第二の立場へ、第二の立場にいるとしても第三の立場へ変化する可能性を十分に持っている。

　そして、この多様な教育実践の立場の認識と理解は、日本語教師に、日本語教育コミュニティの広がりと限界を意識させるとともに、教育実践のアイデンティティにもとづいた日本語教師としてのアイデンティティを意識化させ、その交渉が始まる。その結果、教師たちの日本語教師としてのアイデンティティは、日本語教育コミュニティに対して多様に形成され、その多様性から、新たな知見の獲得のために積極的な行動を起こす。また、多様なアイデンティティにもとづいて、日本語教育コミュニティの参加者と相互作用・対話することが、日本語教育コミュニティに影響を与え、日本語教育コミュニティの常識を見直すきっかけになる可能性をもたらす。それと同時に日本語教師のアイデンティティも、他者との交渉によって常に見直され、変容していく可能性がある。

　5名の教師たちの日本語教師としてのアイデンティティも、必ずしも日本語教育コミュニティの十全的な参加者として熟練の認識を増大させるという、直線的で単一の方向性を持つものではなかった。つまり重要なのは、教師が教育実践のアイデンティティを意識化し、他者と交渉し、それをもとに日本語教育コミュニティと自らとの関係も意識化し、日本語教師としてのアイデンティティを交渉していくことである。その結果、教師が、日本語教育コミュニティへの非同一化や周辺的なアイデン

ティティを交渉し続けるとしても、それも、成長する教師の一つの姿であると考える。

　このように、教師の教育実践のアイデンティティにもとづき、日本語教師としてのアイデンティティの交渉が行われることによって、教師自身の教育実践の立場にもとづく実践設計とその改善、および日本語教育コミュニティの常識の見直しという、個々の教師の実践の発展と、日本語教育の発展が同時にもたらされる。このような、教師の教育実践のアイデンティティにもとづく日本語教師としてのアイデンティティの交渉過程が、本研究で示す日本語教師の成長なのである[1]。

　こうした成長の捉え方は、これまでの「教師トレーニング」や「教師の成長」概念の中にあった、知識を獲得し技能を高めること、あるいは実践を振り返って内省することを否定するものではない。本研究で分析・考察の対象とした5名の教師も、教育実践のアイデンティティの交渉過程で、自分に必要な知識や技能がおのずと見え、自ら新たな知見を得て、技能を高めていた。また、教育実践を振り返り内省して改善していくことも、当然のことながら行っていた。ただし、これまでの「個体能力主義」にあった教師の成長の捉え方では、技能を高めることや内省することは、個々の教育実践の立場の枠組みの中で行われていた。そのため、教育実践の立場を超えて移動する教師が、異なる教育実践の立場に接し、教育実践の立場の対立が起きた場合、それは現場から見ると、教師個人に問題があり、教師から見ると、現場に問題があると考えられた。つまり、異なる教育実践の立場が対立することは問題として捉えられていたのである。

　しかし教師の成長を、教師を取り巻く環境や他者とともに、すなわち教師が関わるクラス、日本語コース、日本語教育界といった実践コミュニティとともに捉え、教師の教育実践のアイデンティティにもとづく日本語教師としてのアイデンティティの交渉過程とすると、教育実践の立場の対立は、問題なのではなく、対立が起きたときこそ、教師と実践コミュニティの両者の成長・発展のきっかけになると考えるべきである。それは両者にとって、自らの教育実践の立場を意識化し、異なる教育実践の立場を理解するきっかけとなり、ともに現場に合った教育実践の立場、そのための方法を模索していくことになる。そして教師は、その現

場での実践設計を模索する中で、関係者と相互作用・対話し、両者の教育実践の立場への理解を深め、どのような学習観で、教育実践の目的、参加者の関係性をどのようにして教育実践を設計するかを検討する。これは、教師の教育実践のアイデンティティを見直す過程であり、同時に、教師自身を日本語教育コミュニティの中に位置づけ直す過程でもある。この一連の過程は、決して教師個人の内面のみの変容ではなく、教師と他者との相互作用・対話の中で、教師の教育実践と他の教育実践との関係、教師と日本語教育コミュニティとの関係から、間主観的にアイデンティティが交渉される過程である。そして、教師が変わるだけでなく、教師の教育実践が変わり、教育機関にも影響を与えていく。さらにその変化は、日本語教育コミュニティの他の参加者との相互作用・対話によって、日本語教育コミュニティにも影響を与える。教師、教師の教育実践、教育機関、日本語教育コミュニティにとっての成長・発展の過程として捉えられるのである。

6.3 日本語教師の成長の再概念化の意義

本研究でライフストーリーを考察した5名の教師は、研究協力者33名のうちの一部である。その他の多くの教師は、教育機関・研修機関の間を移動し、教育機関内での役割を変えることがあっても、教育実践の立場の変化は語らなかった。ただし、これまでの「教師の成長」概念をもってすれば、これらの教師全員が、「成長する教師」であるといえる。それは、すべての教師の語りから、日々の自らの教育実践を振り返り、内省するとともに、さまざまな方法で新たな知識を得て、それまでの実践経験に結びつけて、さらによい教育実践をしていこうとする姿勢がうかがえたからである。しかし、そのような「教師の成長」は、教師が無意識に位置する教育実践の立場の中での変化にとどまるものである。

こうした多くの「成長する教師」たちは、自分の教育実践の立場の意識化のきっかけとなる、異なる立場の教育実践に接する機会がまったくなかったのだろうか。その点について、何名かの協力者は、現地人教師や、外国語としての日本語教育について学んでいない日本人教師が、GTMを行っていることに対して、自分の教育実践とは異なることを指

摘していた。つまり、GTMは外国語としての日本語教育の知識がない教師がすることであり、口頭練習をしたり、会話練習をしたりすることが、専門性を持った日本語教師がすることであるという認識が一般的であった。ただし、その教育実践の背後にある学習観、実践の目的、参加者の関係性が意識化されたり、検討されたりする過程は語られなかった。そして、教師たちが内省して改善するのは、あくまでも教師の、教室での教授技術としての、練習の手順や方法であった。このような教師たちの多くが、日本語教師養成講座の受講歴があったり、日本語教育能力検定試験に合格したり、日本語教師として日本国内外での豊富な実践経験がある教師たちなのである。

　これを本研究で考察した5名の教師たちと比較すると、上述のように5名の教師たちも、第一の立場にいる教師がGTMに、第二の立場にいる教師が第一の立場に接したとき、両者の実践方法の違いを認識化するものの、教育実践の立場の背後にある学習観、教育実践の目的、参加者の関係性などを検討することはなく、自らの教育実践の立場を強化していた。その一方で、第一の立場にいる教師は第二の立場、第二の立場にいる教師は第三の立場に接することで、自らの教育実践の立場を意識化し、検討し、教育実践の立場を変化させていた。つまり、未知の異なる実践の立場に接することが、本研究で言う成長の大きなきっかけであった。

　では、多くの「成長する教師」は、その教授歴で、未知の異なる教育実践の立場に接する機会がなかったから、自らの教育実践の立場を意識化し、検討することもなかったのだろうか。本研究の協力者はすべて、日本国内外を移動している教師であった。たとえインタビュー時の教育実践の場が、日本国外の一つの地域で、唯一の日本語教師であったとしても、インターネットによりさまざまな情報が得られる環境にあった。日本国外では特に、現地の日本語教師のネットワーク化が進んでおり、現地で実施される勉強会、研修会、シンポジウムには、日本や近隣諸国から講師が招かれることも多い。教師たちすべてが、そのようなネットワークの中におり、勉強会や研修会に参加した経験を持っていた。筆者が研究協力を依頼できたのも、教師たちがそのようなネットワークの中にいたからである。したがって、未知の異なる教育実践の立場に接する

機会が全くなかったとは考えにくい。つまり、本研究で考察した5名の教師は、決して特別な環境で、特別な経験をしたわけではなく、その他の協力者たちも、5名の教師たちと変わりない環境にいるのである。それでは、5名の教師たちと、その他の多くの教師たちとの違いは何なのだろうか。

　一つには、多くの教師たちは、未知の異なる立場の教育実践に接しても、それを単なる方法として受け入れ、その背後にある学習観や教育実践の目的、参加者の関係性の違いまでを理解しないままでいることが考えられる。それは、これまで日本語教師の専門性は、外国語として日本語を教える方法を習得していることにあるとされてきたことに原因がある。5名の教師たちのうちの何名かも、初期の教育実践では、養成講座や最初に勤務した教育機関で学んだ方法を実施できることが、専門性を持った日本語教師であると認識し、その実践経験を積むことで、日本語教師として一人前であるという感覚を持っていた。多くの教師は、このような状態にあると考えられる。

　また、5名の教師たちの例にも見られたように、未知の異なる立場の教育実践と接したとしても、はじめは自らが関わってきた実践方法を絶対視し、背後にある学習観などを理解しないまま拒絶したり、自分が担当する現場では、その方法は合わない、あるいは実施できないと判断したりすることが考えられる。これも、未知の異なる立場の教育実践を単なる方法として理解しているために起こることである。その結果、教師たちは、無意識に一つの教育実践の立場の中にい続け、未知の異なる立場の教育実践との接触も、自らの教育実践の立場も語ることができないままでいると考えられる。つまり教師たちは、未知の異なる教育実践の立場に接しても、必ずしも自分の立場を意識化するとは言えず、ましてや未知の異なる立場への理解を深め、自分の立場を見直していくことは非常に困難であることがわかる。

　この背景には、上述のように、これまでの日本語教育が、外国語として日本語を教える方法、つまり言語項目を、多様な練習方法を用いて学習者に身につけさせる方法を習得していることが日本語教師の専門性であるとし、教師養成・研修もそれを目的に行われてきたことがある。そのため「教師トレーニング」のみならず、「教師の成長」概念でも、教師

の成長を、内省によって、教授技能、つまり言語項目を習得させる方法を適切に用いられるようになる過程としてきた。協力者の多くが、養成講座や初任校あるいは参考書などから、教育実践を方法として学び、現職者日本語教師研修に参加しても、実践方法のバリエーションを増やすことが中心で、教育実践の立場を意識化することはなかった原因がここにある。

　本研究で分析・考察した5名の教師が、未知の異なる教育実践の立場に接したのち、自他の教育実践の立場を、背後にある学習観を含めて理解することになったのはなぜだろうか。それは5名の教師が、他者との相互作用・対話から、日本語教育の実践の立場の多様性、日本語教育コミュニティの広がりや限界に気づき、その中に自分の教育実践と自分自身を位置づける交渉をしてきた結果に他ならない。ところが、日本語教育コミュニティでは、これまで、こうした実践の立場間の対話が十分に行われてきたとは言えない。多くの教師は、方法のみに注目して、無意識に、ある一つの教育実践の立場の中いる。このような、単に方法として教室活動を組み合わせる教育実践は、教師自身の実践設計とはいえない。自分の教育実践の立場も、異なる教育実践の立場も認識できなければ、教育実践の立場間の対話をすることも不可能であり、複数の教育実践の立場を検討して、自分の教育実践の立場にもとづく実践を設計することもできない。そして、最も大きな問題は、教師が複数の教育実践の立場の検討から、自分の教育実践を設計することと、それにもとづく他者との対話がないことである。こうした教育実践のアイデンティティにもとづく日本語教師としてのアイデンティティの交渉がなければ、個々の教育実践の発展のみならず、日本語教育全体の発展も望めない。

　個々の教育実践の発展、日本語教育全体の発展とは、そこで当然視されている価値や考えや規範を見直していくことである。日本語教育において、無意識に同じ教育実践の立場にある教師同士の対話はモノローグと同じであり、これまでの教師の成長の議論もモノローグとして行われていたといえる。その閉鎖的な場からは、教師の教育実践の発展、ましてや日本語教育全体の発展を望むことはできない。それに対して、自分の教育実践の立場に意識的になった教師は、一人ひとりが自分の教育実践のアイデンティティを交渉し、それにもとづく日本語教師としてのア

イデンティティを交渉している。他者とは異なる自分自身の立場をもとに、教育実践のアイデンティティおよび日本語教師としてのアイデンティティを交渉していくことは、真の対話となり、日本語教育の規範やパラダイムを壊していくきっかけが生まれ、そこに新しいものが生み出されていくと考えられる。それは、日本語教師同士の対話をダイアローグとし、日本語教育コミュニティを、自分自身の立場にもとづく教育実践を設計する教師たちの「ポリフォニー」(バフチン 1995) で満たすということである。自分の教育実践の立場から実践を設計し、それにもとづいて他者と相互作用・対話し続ける教師は、自身の教育実践の立場を常に見直しながら教育実践を発展させ、同時に、クラスや教育機関、日本語教育全体の発展にも貢献する、教師個人の内面にとどまらない成長をする。日本語教育の発展のためには、このような教師による、教育実践の立場間の対話が重要であり、教師が教育実践のアイデンティティと日本語教師としてのアイデンティティを交渉し続けることが必要なのである。

6.4 今後の課題と展望

このように日本語教師の成長を再概念化することによって、今後、日本語教師を育成するための方向性が見えてくる。つまり、日本語教師の養成・研修の場を、これまでのように、教育実践の方法を身につけたり、内省によって実践方法を変化させることのみを学ぶ場とするのではなく、日本語教育の多様な教育実践の立場を認識し、自分が関わる教育実践の立場を意識化することが必要である。それをもとに他者と対話・相互作用し、多様な教育実践の立場を理解して、それらを検討し、教師自身の立場にもとづく教育実践の設計を目指す場とすることである。その過程を経て教師は、自らの教育実践のアイデンティティおよび日本語教師としてのアイデンティティの交渉を始めるだろう。それが、教師が行う教育実践と並行して行われ、教育実践と相互作用をしながら、交渉を続けていくという循環を、教師養成・研修の場で作っていくことが重要である。ただし本研究では、そうした教師養成・研修の具体的な方法の提案、実施まで含めることができなかった。そのため、教師養成・研修

の方法論の可能性として、ライフストーリー・インタビューと教師の成長との関係について展望を述べる。

　3.1.2で述べたとおり、これまで学校教師のライフヒストリー研究では、ライフストーリーを聞き取るインタビューの場で、教師の認識が変容し、それが後の教師の行動にも影響する、つまり教育実践が変容する可能性が示唆されてきた。それは心理学のライフストーリー研究や臨床分野のナラティヴ・アプローチにも通じるものである。本研究のライフストーリー・インタビューは教師の成長の一端を担う、教師研修として行ったものではない。インタビューでは、語り手に依頼して、これまでの日本語教師としての経験を語ってもらったため、語り手が何らかの形で意識化してきた経験の意味が語られていると感じることが多かった。ただしその中に時折、心理学のライフストーリー研究で言われているように、語り手も意識化していなかった経験の意味がその場で生成されて語られたと感じることがあった。これは「物語世界」や「ストーリー領域」では区別できない。しいて言えば、「物語世界」がその場で構成される瞬間、「物語世界」と「ストーリー領域」が重なるときと言ってもいいかもしれない。さらに本研究で分析・考察した5名の教師のインタビューのデータについて、インタビューの場で、筆者との対話的相互作用によって、語り手も意識していなかった、経験の新たな意味づけや、意味づけのし直しが行われたか、という視点から分析すると、そのような部分がいくつか抽出できる（飯野2010, 2015）。

　その中には、日本語教師としてのある経験を、自分の教授歴の中にどのように位置づけるか、それが後の経験とどのように結びついているか、などについての新たな発見、つまり自己理解といえるものが見られた。教師のライフヒストリー研究では、このような自己理解が教師の成長につながるとされてきた（例えば、山崎2002、横溝2006bなど）。しかし、その成長とは何を意味するのか、それが後の教育実践にどのように影響するのかは明らかにされてこなかった。

　ライフストーリー・インタビューが、本研究で示した教師の成長につながるためには、インタビューの場が、単なる自己理解ではなく、教師の教育実践のアイデンティティの交渉の場となること、さらには日本語教師としてのアイデンティティの交渉の場になるということである。つ

まり、教師が自分の教育実践の立場に意識的になって、異なる教育実践の立場との関係から、自分の教育実践を位置づけ、位置づけし直すこと、また、日本語教育コミュニティを意識化し、それとの関係から、日本語教師としての自分自身を位置づけ、位置づけし直すことが、インタビューの場で起きるということである。

　5名の教師の中には、インタビューの場で、経験を新たに意味づけ、意味づけし直し、それによって、自らの教育実践の立場に意識的になったり、教育実践の立場を実現するための課題を発見したとみられる教師もいた。これはインタビューの場が、教育実践のアイデンティティの交渉の場になり、またインタビューの後に、意識化した教育実践のアイデンティティをもとに他者と交渉していく契機にもなると考えられ、ライフストーリー・インタビューが教師の成長の一端を担う可能性を示していると考える。

　その一方でインタビューの場で、教育実践の立場の新たな意識化が起こったと判断できない教師、さらにそれ以前に、経験の新たな意味づけや意味づけのし直しも起こっていないと思われる教師もいた（飯野2015）。つまり、5名の教師はライフストーリーの中で、自らの教育実践の立場について意識化し、それを見直してきた過程を語っているのであるが、それはインタビューの場で起こるとは限らず、教師にとっては既に意識化されていることのみ語られている場合があるということである。

　5名の教師のライフストーリーからわかることは、教師を取り巻く環境が、日常的に自らの教育実践の立場について関係者と対話する環境であったり、研究会での発表や実践報告執筆などで、意図的にそのような機会を作ることが、教師の主体的な、教育実践の立場の意識化や見直しに寄与していることである。だからこそ、5名の教師たちは成長してきた。そのような環境にある5名の教師にとっても、ライフストーリーを語る機会は、自らの教育実践の立場を新たに意識化し、それについて聞き手と対話する機会となる可能性はある。しかしインタビューの場で、新たな経験の意味づけがなかったように思われる教師がいることは、聞き手である筆者にも原因がある。実は筆者は、Iのインタビューの場では、Iの経験の新たな意味づけが起こらなかったと考えている。それはI

自身が日ごろから教育実践の立場について他者と対話する環境にあるだけでなく、聞き手である筆者が、欧州の大学の日本学科の日本語教育に関わった経験がなく、Iと類似した問題意識を持っていなかったことや、Iの経験を筆者の経験と関連づけて質問できなかったことにも原因があると考えている。しかも、筆者から見ると、年齢的にも日本語教授歴でも大先輩であるIの既存の「お話」を拝聴する[2]ことに終始してしまい、Iの経験に新たな意味づけを生むような質問ができなかったと考えている。また、2回以上のインタビューを行ったY、Nが、インタビューの場で経験を新たに意味づけたり、意味づけをし直した部分は、2回目以降のインタビューに集中していた。それは、質問する筆者が、1回目のインタビューのデータを読み込み、教師の経験同士あるいは教師の経験と筆者の経験を結びつけて質問する準備ができたからである。そのため、Iも含め、1回のインタビューしかできなかった教師たちにも追加のインタビューを行えば、経験の新たな意味づけや意味づけのし直しから、教師たちに教育実践の立場の意識化が起こる可能性は高まると考える。

　さらに、インタビューの場で、教育実践の立場を意識化する教師はいたが、立場を見直すまでの教師はいなかった。教育実践の立場の見直しは、一度や二度の対話によって起こるようなものではなく、教師がさまざまな経験を振り返り、学習者や日本語教育関係者との相互作用や対話の繰り返しによって長期間かけて起こるものである。それは、教師たちのライフストーリーからも明らかである。したがって、インタビューの場で教師の教育実践の立場の見直しが起こるとは考えにくいが、インタビューの場での教育実践の立場の意識化が、それについて他者と対話する、教育実践のアイデンティティの交渉のきっかけになり、後に、教育実践の立場を見直していく契機になる可能性はあると考える。こうした本研究で得られた視点から、教師の成長のためのライフストーリー・インタビューの実施を今後の課題としたい。

注 [1] 日本語教師の成長を、教師の教育実践のアイデンティティにもとづく日本語教師としてのアイデンティティの交渉過程であるとすると、教師の成長は頭の中に何かを蓄積したり、能力を身につけたりして、段階的に垂直方向へ伸びるものではなく、移動とともに、他者と相互作用・対話を行う関係性を広げて、その中に自分や自分の実践を位置づけていくという、水平方向に広がっていくものであると考えられる。このような水平に広がる成長観は、学校教師の成長についても言われている。山崎（2002）は、教師のライフコース研究から、従来の「積み上げ型」で「垂直的な発達」観から、「選択的変容型」で、「水平的、ないしはオルターナティブな発達」観へと、その発達観の転換に伴って、教師としての力量観を、従来の「付与型」で「脱文脈・脱状況の力量」観から、「生成型」で、「文脈・状況依存性の力量」観へとそれぞれ転換していくことを提案している。この「水平的ないしはオルターナティブな発達」は、「一人一人が直面する状況と困難・課題とに対応して、いくつかの取るべき方向の中から、主体的な決断と選択によって、教師としての歩みゆく方向を見定めていく」（山崎2002: 359）ことであるという。日本語教育でも當作・横溝（2005）がこれを引用し、一定の教師研修や、教授能力を判断するための画一的な試験を取り入れるのではなく、教師間に存在するインフォーマルな研修を活性化させることを提言している。ただし、これらの特徴は、教師が、文脈や状況に依存している「力量」を生成すること、つまり、教師個人が内面的に変わっていくことを課題としていることである。

　一方、本研究の、成長を教師の内面のみの問題としない点は、学校教育で活動理論を実践する山住（2004）が述べる教師発達の考え方と共通性がある。山住は、「教師発達」を「境界を横断する水平的運動」として問い直すことができ、しかも決して孤立した個人の発達として見ることはできず、重要な他者とともに、新しい集団を構成するプロセスとして捉えられるとする。これは、本研究で再概念化する教師の成長と近い見方である。つまり、本研究における成長とは、日本語教師は日本語クラス、日本語コースといった実践コミュニティ間、そして実践の立場の間を越境し、他者と相互作用・対話することで、実践コミュニティを変容させ、それを拡張していくものである。このように、成長を教師の内面のみに起こることとしないこと、そして水平的な成長観は、学校教師の研究においても見られ、学校教師、日本語教師に限らず、重要な意味を持つ。ただし、本研究で示した教師の成長は、日本語教師を取り巻く状況、文脈から検討したものであり、あくまでも日本語教師におけるものである。

[2] やまだ（2005, 2006）はライフストーリー・インタビューにおいて、

語り手が語り慣れていたり、社会的地位が上で話しも巧みである場合、語り手の既存の「お話」を拝聴するだけになりがちであることを指摘し、注意を促している。加えて、やまだ（2006）はライフストーリー・インタビューのような非構造化インタビューでは「聞き手の質問の仕方が特に重要で、質問しだいで語りの内容は多様に変化する」（p.196）と述べ、「問う技法」の重要性を強調する。

参考文献

青山征彦・茂呂雄二（2000）「活動と文化の心理学」『心理学評論』Vol.43, No.1, pp.87–104.

秋田喜代美（2001）「専門家の認識論的展開」『専門家の知恵―反省的実践家は行為しながら考える』ゆみる出版　pp.211–227.

浅野信彦（2004）「教師教育研究におけるライフストーリー分析の視点―学校の組織的文脈に焦点をあてて」『教育学部紀要』第38集, pp.83–93.　文教大学教育学部

安藤知子（2000）「「教師の成長」概念の再検討」『学校経営研究』第25巻, pp.99–121.

飯野令子（2009a）「日本語コースにおける教師の学習―教師の参加の深まりと日本語コースの発展」『国際交流基金日本語教育紀要』第5号, pp.33–48.

飯野令子（2009b）「日本語教師の「成長」の捉え方を問う―教師のアイデンティティの変容と実践共同体の発展から」『早稲田日本語教育学』第5号, pp.1–14.

飯野令子（2010）「日本語教師のライフストーリーを語る場における経験の意味生成―語り手と聞き手の相互作用の分析から」『言語文化教育研究』第9号, pp.17–41.

飯野令子（2011）「多様な立場の教育実践が混在する日本語教育における教師の「成長」とは―教師が自らの教育実践の立場を明確化する過程」『早稲田日本語教育学』第9号, pp.1–21.

飯野令子（2012）「日本語教師の成長としてのアイデンティティ交渉―日本語教育コミュニティとの関係性から」『リテラシーズ』11, pp.1–10.

飯野令子（2015）「日本語教育に貢献するライフストーリー研究とは」三代純平編『日本語教育学としてのライフストーリー―語りを聞き、書くということ』くろしお出版　pp.248–273.

石川良子（2012）「ライフストーリー研究における調査者の経験の自己言及的記述の意義―インタビューの対話性に着目して」『年報社会学論集』25号, pp.1–12.

石黒広昭（1998）「心理学を実践から遠ざけるもの―個体能力主義の興隆と破綻」佐伯胖・宮崎清孝・佐藤学・石黒広昭『心理学と教育実践の間で』東京大学出版会　pp.103–156.

石黒広昭（2004）「学習活動の理解と変革にむけて―学習概念の社会文化的拡張」石黒広昭編著『社会文化的アプローチの実際―学習活動の理解と変革のエスノグラフィー』北大路書房　pp.2–32.

池上摩希子（2007）「「地域日本語教育」という課題―理念から内容と方法へ向けて」『早稲田大学日本語教育研究センター紀要』第20号, pp.105–117.

池田広子（2007）『日本語教師教育の方法―生涯発達を支えるデザイン』鳳書房

伊東祐郎・松本茂（2005）「日本語教師の実践的知識・能力」縫部義憲監修，水町伊佐男編『講座・日本語教育学　第4巻　言語学習の支援』スリーエーネットワーク　pp.2–24.

伊藤崇・藤本愉・川俣智路・鹿嶋桃子・山口雄・保坂和貴・城間祥子・佐藤公治（2004）「状況論的学習観における「文化的透明性」概念について―Wengerの学位論文とそこから示唆されること」『北海道大学大学院教育学研究科紀要』第93号, pp.81–157.

市嶋典子（2009）「日本語教育における「実践研究」論文の質的変化―学会誌『日本語教育』をてがかりに」『日本語教育論集』25, pp.3–17.

今津孝次郎（1996）『変動社会の教師教育』名古屋大学出版会

上野千鶴子（2005）「脱アイデンティティの理論」上野千鶴子編『脱アイデンティティ』勁草書房　pp.1–41.

上野直樹（1999）『仕事の中での学習』東京大学出版会

ヴィゴツキー，L. S.（2001）『新訳版・思考と言語』（柴田義松訳）新読書社

ヴィゴツキー，L. S.（2005）『文化的－歴史的精神発達の理論』（柴田義松監訳）学文社

江口英子（2008）「日本語教師、山川小夜さんのライフストーリー」『京都精華大学紀要』第34号, pp.1–23.

エンゲストローム，Y.（1999）『拡張による学習―活動理論からのアプローチ』（山住勝広他訳）新曜社

遠藤利彦（2006）「質的研究と語りをめぐるいくつかの雑感」能瀬正博編『〈語り〉と出会う』ミネルヴァ書房　pp.191–235.

大河原尚（2002）「日本語教育日記の自己分析から見た「内省」」『世界の日本語教育』12, pp.79–106.

太田裕子（2009）「日本語教師の学びを考える―オーストラリアの高校教師のライフストーリーから」川上郁雄編著『海の向こうの「移動する子どもたち」と日本語教育―動態性の年少者日本語教育学』明石書店　pp.198–220.

太田裕子（2010）『日本語教師の「意味世界」―オーストラリアの子どもに教える教師たちのライフストーリー』ココ出版

岡崎敏雄（1990）「日本語教授能力の測定」『平成元年度文部省科学研究費補助金総合研究（A）日本語教師の教授能力に関する評価・測定法の開発研究』

岡崎敏雄（1991a）「コミュニカティブ・アプローチ―多様化における可能性」『日本語教育』73号, pp.1–11.

岡崎敏雄（1991b）「教授能力向上の捉え方」『平成2年度文部省科学研究費補助金総合研究（A）日本語教師の教授能力に関する評価・測定法の開発研究』pp.4–17.

岡崎敏雄・岡崎眸（1990）『日本語教育におけるコミュニカティブ・アプローチ』凡人社

岡崎敏雄・岡崎眸（1997）『日本語教育の実習―理論と実践』アルク

岡崎眸（1996）「教授法の授業が受講生の持つ言語学習についての確信に及ぼす効果」『日本語教育』89号, pp.25–38.

岡崎眸（2002）「内容重視の日本語教育」細川英雄編『ことばと文化を結ぶ日本語教育』凡人社　pp.49–66.

岡崎眸（2008）「日本語ボランティア活動を通じた民主主義の活性化―外国人と日本人双方の「自己実現」に向けて」『日本語教育』138号, pp.14–23.

岡崎洋三（1998）「正統的周辺参加としての日本語学習―研究留学生対象の入門クラスでの場合」『大阪大学留学生センター研究論集　多文化社会と留学生交流』第2号, pp.17–27.

小澤伊久美（2002）「教師教育展望―状況的学習論の視点から」『ICU日本語教育研究センター紀要』11, pp.37–48.

小澤伊久美・嶽肩志江・坪根由香里（2005）「日本語教育における教師の実践的思考に関する研究（2）―新人・ベテラン教師の授業観察時のプロトコルと観察後のレポートとの比較より」『ICU日本語教育研究』2, pp.1–21.

尾関史（2007）「主体的な自己実現を目指す年少者日本語教育に向けて―ある外国人児童への日本語支援からの気づき」『早稲田大学日本語教育学』第1号, pp.11–23.

尾関史（2009）「JSLの子どもの成長・発達を支えることばの力を育てる―子どもの主体的な学びをデザインする」川上郁雄編著『「移動する子どもたち」の考える力とリテラシー―主体性の年少者日本語教育学』明石書店　pp.38–60.

小高さほみ（2010）『教師の成長と実践コミュニティ―高校教師のアイデンティティの変容』風間書房

ガーゲン，K. J.（2004a）『社会構成主義の理論と実践―関係性が現実をつくる』（永田素彦・深尾誠訳）ナカニシヤ出版

ガーゲン，K. J.（2004b）『あなたへの社会構成主義』（東村知子訳）ナカニシヤ出版

香川秀太・茂呂雄二（2003）「学校活動に対する学習論の検討―認知の状況生、学校の自己収束性、LPP、そして移動の概念から」『筑波大学心理学研究』第26号, pp.53–73.

加藤浩・有元典文（2001）「アーティファクト・コミュニティ・学習

の統合理論」加藤浩・有本典文編著『状況論的アプローチ2　認知的道具のデザイン』金子書房　pp.1–13.

金田智子（2006）「教師の成長過程」春原憲一郎・横溝紳一郎編著『日本語教師の成長と自己研修―新たな教師研修ストラテジーの可能性を目ざして』凡人社　pp.26–43.

金田智子（2009）「日本語教師の育成および成長支援のあり方―「成長」にかかわる調査研究の推進を目指して」水谷修監修、河野俊之・金田智子編集『日本語教育の過去・現在・未来　第2巻　教師』凡人社　pp.42–63.

亀井美弥子（2006）「職場参加におけるアイデンティティ変容と学びの関係―新人の視点から見た学びの手がかりをめぐって」『発達心理学研究』第17巻第1号, pp.14–27.

亀川順代（2006）「日本語教師の成長に関する意識調査―自己成長に関わる諸要因の基礎的研究」『日本語教育』131号, pp.23–31.

柄谷行人（1992）『探求Ⅰ』講談社学術文庫

川上郁雄（2005）「言語能力観から日本語教育のあり方を考える」リテラシーズ研究会編『リテラシーズ1―ことば・文化・社会の日本語教育へ』くろしお出版　pp.3–18.

川上郁雄（2006）「年少者日本語教育実践の観点―「個別化」「文脈化」「統合化」」川上郁雄編著『「移動する子どもたち」と日本語教育―日本語を母語としない子どもへのことばの教育を考える』明石書店　pp.23–37.

川上郁雄（2009a）「主体性の年少者日本語教育を考える」川上郁雄編著『「移動する子どもたち」の考える力とリテラシー―主体性の年少者日本語教育学』明石書店　pp.12–37.

川上郁雄（2009b）「動態性の年少者日本語教育とは何か」川上郁雄編著『海の向こうの「移動する子どもたち」と日本語教育―動態性の年少者日本語教育学』明石書店　pp.16–39.

川上郁雄（2010）『私も「移動する子ども」だった―異なる言語の間で育った子どもたちのライフストーリー』くろしお出版

川上郁雄（2011a）『「移動する子どもたち」のことばの教育学』くろしお出版

川上郁雄（2011b）「「移動する子ども」からことばとアイデンティティを考える」細川英雄編『言語教育とアイデンティティ―ことばの教育実践とその可能性』春風社　pp.28–30.

木原俊行（2005）「カリキュラム・コーディネーターの方策と力量形成過程についての考察―あるベテラン教師のライフストーリーから」『大阪市立大学大学院文学研究科紀要』第56巻, pp.45–64.

木谷直之・簗島史恵（2005）「大学院修士課程におけるノンネイティ

ブ現職日本語教師の意識変化―学生のジャーナルの分析を通して」『国際交流基金 日本語教育紀要』第1号, pp.21–36.

久保田賢一（2000）『構成主義パラダイムと学習環境デザイン』関西大学出版部

グッドソン, I. F.（2001）『教師のライフヒストリー――「実践」から「生活」の研究へ』（藤井泰・山田浩之編訳）晃洋書房

グッドソン, I.・サイクス, P.（2006）『ライフヒストリーの教育学――実践から方法論まで』（高井良健一・山田浩之・藤井泰・白松賢訳）昭和堂

グレイザー, B. G.・ストラウス, A. L.（1996）『データ対話型理論の発見―調査からいかに理論をうみだすか』（後藤隆・大出春江・水野節夫訳）新曜社

Gehrtz三隅友子・才田いずみ（1993）「教育課程の意識化を通した専門性の開発」『日本語学』第12巻第3号, 明治書院 pp.42–52.

コール, M.・エンゲストレム, Y.（2004）「分散認知への文化・歴史的アプローチ」G. ソロモン編『現代基礎心理学選書9 分散認知―心理学的考察と教育実践上の意義』（松田文子監訳）共同出版 pp.19–63.

小玉安恵・古川嘉子（2001）「ナラティブ分析によるビリーフ調査の試み―長期研修生への社会言語学的インタビューを通して」『日本語国際センター紀要』第11号, pp.51–67.

小林ミナ（2010）『日本語教育能力検定試験に合格するための教授法37』アルク

小森康永・野口裕二・野村直樹編著（1999）『ナラティヴ・セラピーの世界』日本評論社

才田いずみ（1992）「自己研修のための授業分析試案」『世界の日本語教育』2, pp.107–114.

齋藤恵（2006a）「JSL児童生徒の成長における「audibility」と「行為主体性」の意味―子どもの成長を支援する言語教育のために」『リテラシーズ2』くろしお出版 pp.113–128

齋藤恵（2006b）「年少者日本語教育におけるスキャフォールディングの意味」川上郁雄編著『「移動する子どもたち」と日本語教育』明石書店 pp.161–189.

齋藤令子・今尾ゆき子・稲葉みどり・田中京子・出口香（1992）「日本語教育実習への提言―実習経験を踏まえて」『日本語教育』76号, pp.55–66.

佐伯胖（1993）「訳者あとがき―LPPと教育の間で」J. レイヴ・E. ウェンガー著『状況に埋め込まれた学習―正統的周辺参加』（佐伯胖訳）産業図書 pp.183–191.

佐伯胖（1995a）『「学ぶ」ということの意味』岩波書店
佐伯胖（1995b）「文化的実践への参加としての学習」佐伯胖・藤田英典・佐藤学編『シリーズ学びと文化①学びへの誘い』東京大学出版会　pp.1-48.
佐伯胖（1998）「学びの転換―教育改革の原点」『岩波講座 現代の教育 第3巻 授業と学習の転換』岩波書店　pp.3-24.
佐久間勝彦（1999）「海外で教える日本語教師をめぐる現状と課題―タイでの聞き取り調査結果を中心に」『世界の日本語教育〈日本語教育事情報告編〉』5, pp.79-107.
佐久間勝彦（2006）「海外に学ぶ日本語教育―日本語学習の多様性」国立国語研究所編『日本語教育の新たな文脈―学習環境、接触場面、コミュニケーションの多様性』アルク　pp.33-64.
桜井厚（2002）『インタビューの社会学―ライフストーリーの聞き方』せりか書房
桜井厚・小林多寿子（2005）『ライフストーリー・インタビュー』せりか書房
桜井厚（2012）『ライフストーリー論』弘文堂
佐々木倫子（2006）「パラダイムシフト再考」国立国語研究所編『日本語教育の新たな文脈―学習環境、接触場面、コミュニケーションの多様性』アルク　pp.259-282.
佐藤公治（1996）『認知心理学からみた読みの世界―対話と協同的学習をめざして』北大路書房
佐藤公治（1999）『対話の中の学びと成長』金子書房
佐藤学（1996）「現代学習論批判―構成主義とその後」堀尾輝久・奥平康照・田中孝彦・佐貫浩・汐見稔幸・太田政男・横湯園子・須藤敏昭・久冨善之・浦野東洋一編『講座学校　第5巻　学校の学び・人間の学び』柏書房　pp.153-187.
塩谷奈緒子（2008）『教室文化と日本語教育―学習者と作る対話の教室と教師の役割』明石書店
下平菜穂（1992）「教師のダイアリー――自己のダイアリー分析の試み」『日本語教育論集9―日本語教育長期専門研修平成3年度報告』国立国語研究所日本語教育センター　pp.1-18.
下平菜穂（2001）「実践共同体としての日本語クラスに関する一考察」『日本語教育論集』17, pp.77-96.　国立国語研究所日本語教育センター
菅原和夫（1994）「教師ジャーナルによる授業の自己評価と内省」『日本語教育論集11―日本語教育長期専門研修平成5年度報告』国立国語研究所日本語教育センター　pp.37-57.
鈴木京子（2002）「オーストラリアの日本語教師たちの日本語教育観

　　　　　―その形成過程と実践を語りから考察する」『オセアニア研究』第9号, pp.24–36.
牲川波都季（2006）「『共生言語としての日本語』という構想―地域の日本語支援をささえる戦略的使用のために」『「共生」の内実―批判的社会言語学からの問いかけ』三元社　pp.107–125.
ソーヤーりえこ（2006）「社会的実践としての学習―状況的学習論概観」上野直樹・ソーヤーりえこ編著『文化と状況的学習―実践、言語、人工物へのアクセスのデザイン』凡人社　pp.40–88.
高井良健一（1994）「教職生活における中年期の危機―ライフヒストリー法を中心に」『東京大学教育学部紀要』第34巻, pp.323–331.
高井良健一（1995）「欧米における教師のライフヒストリー研究の諸系譜と動向」『日本教師教育学会年報』第4号, pp.92–109.
高井良健一（1996）「教師のライフヒストリー研究方法論の新たな方向―ライフヒストリー解釈の正当化理論に着目して」『学校教育研究』第11号, pp.65–78.
高井良健一（2005）「欧米における教師のライフヒストリー研究の系譜と動向（Ⅱ）―フェミニズムによる事例研究の展開」『東京経済大学人文自然科学論集』第120号, pp.3–25.
高井良健一（2009）「教師の中年期の危機と再生―金子奨のライフストーリーを通して」『東京経済大学人文自然科学論集』第127号, pp.59–99.
高井良健一（2015）『教師のライフストーリー―高校教師の中年期の危機と再生』勁草書房
高木光太郎（1992）「「状況論的アプローチ」における学習概念の検討―正統的周辺参加（Legitimate Peripheral Participation）概念を中心として」『東京大学教育学部紀要』第32巻, pp.265–273.
高木光太郎（1996）「実践の認知的所産」波多野誼余夫編『認知心理学5　学習と発達』東京大学出版会　pp.37–58.
高木光太郎（1999）「正統的周辺参加論におけるアイデンティティ構築概念の拡張―実践共同体間移動を視野に入れた学習論のために」『東京学芸大学海外子女教育センター研究紀要』10, pp.1–14.
高木光太郎（2001）「学習と移動―ヴィゴツキー理論の射程」茂呂雄二編著『状況論的アプローチ3　実践のエスノグラフィ』金子書房　pp.96–128.
高橋優子・柴原智代（1992）「教員の自己改善における同僚の役割の一考察」『日本語教育論集9―日本語教育長期専門研修平成3年度報告』国立国語研究所日本語教育センター　pp.19–34.
高見沢孟（1996）『初めての日本語教育・2　日本語教授法入門』アスク講談社

武一美（2006）「日本語教師の言語教育観とその意識化――大学院生を対象とした縦断的事例研究から」『早稲田大学日本語教育研究』第9号, pp.65–76.

舘岡洋子（2008）「協働による学びのデザイン――協働的学習における「実践から立ち上がる理論」」細川英雄・ことばと文化の教育を考える会編著『ことばの教育を実践する・探求する―活動型日本語教育の広がり』凡人社　pp.41–56.

田中望（1988）『日本語教育の方法――コース・デザインの実際』大修館書店

田辺繁治（2002）「日常的実践のエスノグラフィ―語り・コミュニティ・アイデンティティ」田辺繁治・松田素二編『日常的実践のエスノグラフィ―語り・コミュニティ・アイデンティティ』世界思想社　pp.1–38.

トムソン木下千尋（2007）「学習環境をデザインする―学習者コミュニティーとしての日本語教師養成コース」『世界の日本語教育』17, pp.169–185.　国際交流基金日本語国際センター

坪根由香里・小澤伊久美・嶽肩志江（2005）「日本語教育における教師の実践的思考に関する研究（1）―新人教師とベテラン教師の授業観察後のレポートの比較より」『ICU Language Research Bulletin 語学研究』20, pp.75–89.

塚田守（2008）「ライフストーリー・インタビューの可能性」『椙山女学園大学研究論集（社会科学篇）』第39号, pp.1–12.

寺谷貴美子（1999）「教師の自己研修における Peer Coaching」『世界の日本語教育〈日本語教育事情報告編〉』5, pp.187–201.

當作靖彦・横溝紳一郎（2005）「日本語教師の自己成長プログラム」縫部義憲監修、水町伊佐男編『講座・日本語教育学　第4巻　言語学習の支援』スリーエーネットワーク　pp.52–72.

西口光一（1995）『日本語教師トレーニングマニュアル④　日本語教授法を理解する本　歴史と理論編』バベル・プレス

西口光一（1999）「状況的学習論と新しい日本語教育の実践」『日本語教育』100号, pp.7–18.

西口光一（2001）「状況的学習論の視点」青木直子・尾崎明人・土岐哲『日本語教育学を学ぶ人のために』世界思想社　pp.105–119.

西口光一（2002）「日本語教師のための状況的学習論入門」細川英雄編『ことばと文化を結ぶ日本語教育』凡人社　pp.31–48.

西口光一（2008）「市民による日本語習得支援を考える」『日本語教育』138号, pp.24–32.

日本語教育学会（1990）『平成元年度文化庁日本語教育研究委嘱　教授活動における日本語教師の実践的能力と授業技術に関する調査

研究―初年度中間報告書』
日本語教育学会（1991）『平成2年度文化庁日本語教育研究委嘱　教授活動における日本語教師の実践的能力と授業技術に関する調査研究―中間報告書』
日本語教育学会（1992）『平成3年度文化庁日本語教育研究委嘱　教授活動における日本語教師の実践的能力と授業技術に関する調査研究―最終報告書』
日本語教育施策の推進に関する調査研究会（1985）『日本語教員養成について』
日本語教員検定制度に関する調査研究会（1987）『日本語教員検定制度について』
日本語教員の養成に関する調査研究協力者会議（2000）『日本語教育のための教員養成について』
ネウストプニー，J. V.（1982）『外国人とのコミュニケーション』岩波新書
能瀬正博（2006）「"語り"と"ナラティヴ"のあいだ」能瀬正博編『〈語り〉と出会う』ミネルヴァ書房　pp.11–72．
野家啓一（2005）『物語の哲学』岩波現代文庫
野口直子・及川千代香・本間淳子（2005）「日本語教師のためのCooperative Development―教師としての自己成長を目指して」『日本語教育論集』21号，国立国語研究所　pp.35–44．
野口裕二（2002）『物語としてのケア―ナラティヴ・アプローチの世界へ』医学書院
野口裕二（2005）『ナラティヴの臨床社会学』勁草書房
野口裕二編（2009）『ナラティヴ・アプローチ』勁草書房
畠弘巳（1989）「常識としてのコミュニカティブ・アプローチ」『日本語学』第8巻第8号，明治書院　pp.76–94．
バー，V.（1997）『社会的構築主義への招待―言説分析とは何か』（田中一彦訳）川島書店
バトラー，J.（1999）『ジェンダー・トラブル―フェミニズムとアイデンティティの擾乱』（竹村和子訳）青土社
バフチン，M.（1995）『ドストエフスキーの詩学』（望月哲男・鈴木淳一訳）ちくま学芸文庫
林さと子（2006）「教師研修モデルの変遷―自己研修型教師像を探る」春原憲一郎・横溝紳一郎編著『日本語教師の成長と自己研修―新たな教師研修ストラテジーの可能性を目ざして』凡人社pp.10–25．
平畑奈美（2007）「海外で活動する日本人日本語教師に望まれる資質―グラウンデッド・セオリーによる分析から」『早稲田大学日本

語教育研究』第10号, pp.31–44.
平畑奈美（2009）「海外で活動する日本人日本語教師に望まれる資質の構造化―海外教育経験を持つ日本人日本語教師への質問紙調査から」『早稲田日本語教育学』第5号, pp.15–29.
藤田裕子・佐藤友則（1996）「日本語教育実習は教育観をどのように変えるか―PAC分析を用いた実習生と学習者に対する事例的研究」『日本語教育』89号, pp.13–24.
藤原顕・遠藤瑛子・松崎正治（2003）「中学校における臨床国語教育研究―教師の授業実践経験へのナラティブ・アプローチ」『日本語学』第22巻第4号, pp.90–105.
藤原顕・遠藤瑛子・松崎正治（2006）『国語科教師の実践的知識へのライフヒストリー・アプローチ―遠藤瑛子実践の事例研究』渓水社
ブルーナー, J.（1998）『可能世界の心理』（田中一彦訳）みすず書房
古市由美子（2005）「多言語多文化共生日本語教育の意味づけ―実習生の「語り」を通して」『日本語教育論集』21号, pp.23–34. 国立国語研究所
古川ちかし（1990）「教員は自分自身をどう変えられるか」『日本語教育論集』7, pp.1–18. 国立国語研究所日本語教育センター
古川ちかし・山田泉（1992）「研究の目的と経緯」『平成3年度文部省科学研究費補助金総合研究（A）日本語教師の教授能力に関する評価・測定法の開発研究』pp.1–15.
文化庁文化部国語課（1976）『日本語教員に必要な資質・能力とその向上策について―日本語教育推進対策調査会報告（昭和51年3月31日）』
ホール, S.（2001）「誰がアイデンティティを必要とするのか？」『カルチュラル・アイデンティティの諸問題―誰がアイデンティティを必要とするのか？』（宇波彰監訳）大村書店　pp.7–35.
逢軍・江口英子（2003）「台湾人日本語教師のライフストーリー」『言語文化学会論集』第20号, pp.75–93.
細川英雄（1995）「教育方法論としての「日本事情」―その位置づけと可能性」『日本語教育』87, pp.103–113.
細川英雄（2002）『日本語教育は何を目指すか―言語文化活動の理論と実践』明石書店
細川英雄（2005）「実践研究とは何か―「私はどのような教室をめざすのか」という問い」『日本語教育』126号, pp.4–14.
細川英雄（2006）「日本語教育における教室実践と教師教育の統合」春原憲一郎・横溝紳一郎編著『日本語教師の成長と自己研修―新たな教師研修ストラテジーの可能性を目ざして』凡人社

pp.225-243.
細川英雄（2007）「日本語教育における「学習者主体」と「文化リテラシー」形成の意味」佐々木倫子・細川英雄・砂川裕一・川上郁雄・門倉正美・牲川波都季編『変貌する言語教育—多言語・多文化社会のリテラシーズとは何か』くろしお出版　pp.27-54.
細川英雄（2008a）「教育環境空間の設計・設定を目指して—実践を拓き、研究を紡ぐ教師へ」細川英雄・ことばと文化の教育を考える会編著『ことばの教育を実践する・探求する—活動型日本語教育の広がり』凡人社　pp.4-16.
細川英雄（2008b）「活動型日本語教育の実践から言語教育実践研究へ—岐路に立つ日本語教育とこれからの方向性」細川英雄・ことばと文化の教育を考える会編著『ことばの教育を実践する・探求する—活動型日本語教育の広がり』凡人社　pp.224-236.
ホルクウィスト，M.（1994）『ダイアローグの思想—ミハイル・バフチンの可能性』（伊藤誓訳）法政大学出版局
マクナミー，S.・ガーゲン，K. J.（1997）『ナラティヴ・セラピー—社会的構成主義の実践』（野口裕二・野村直樹訳）金剛出版
丸山敬介（1992）「教師の興味・関心の多様性に関する調査研究報告」『平成3年度文部省科学研究費補助金総合研究（A）日本語教師の教授能力に関する評価・測定法の開発研究』pp.119-125.
三井豊子・丸山敬介（1991）「自己評価システムの試み2」『平成2年度文部省科学研究補助金総合研究（A）日本語教師の教授能力に関する評価・測定法の開発研究』pp.62-80.
三代純平（2009）「留学生活を支えるための日本語教育とその研究の課題—社会構成主義からの示唆」『言語文化教育研究』8(1), pp.1-42.
三代純平・鄭京姫（2006）「「正しい日本語」を教えることの問題と「共生言語としての日本語」への展望」『言語文化教育研究』第5巻, pp.80-93.
森口祐子（2006）「イギリスで継承語として日本語を学んでいるバイリンガルの子どもたち—パワーリレーションの観点から」川上郁雄編著『「移動する子どもたち」と日本語教育—日本語を母語としない子どもへのことばの教育を考える』明石書店　pp.84-110.
山崎準二（2002）『教師のライフコース研究』創風社
山下隆史（2005）「学習を見直す」西口光一編著『文化と歴史の中の学習と学習者—日本語教育における社会文化的パースペクティブ』凡人社　pp.6-29.
山住勝広（2004）『活動理論と教育実践の創造—拡張的学習へ』関西大学出版部

山住勝広・エンゲストローム，Y. 編（2008）『ノットワーキング―学び合う人間活動の創造』新曜社

山田泉・丸山敬介（1993）「日本語教師の自己開発―発想の転換と実践的能力の形成」『日本語学』第12巻第3号, pp.13-20.

やまだようこ（2000）「人生を物語ることの意味―ライフストーリーの心理学」やまだようこ編著『人生を物語る―生成のライフストーリー』ミネルヴァ書房　pp.1-38.

やまだようこ（2005）「ライフストーリー研究―インタビューで語りをとらえる方法」秋田喜代美・恒吉僚子・佐藤学編『教育研究のメソドロジー』東京大学出版会　pp.191-216.

やまだようこ（2006）「非構造化インタビューにおける問う技法―質問と語り直しプロセスのマイクロアナリシス」『質的心理学研究』第5号, pp.194-216

やまだようこ（2007a）「ライフストーリー・インタビュー」やまだようこ編『質的心理学の方法―語りをきく』新曜社　pp.124-143.

やまだようこ（2007b）「質的研究における対話的モデル構成法―多重の現実、ナラティヴ・テクスト、対話的省察性」『質的心理学研究』第6号, pp.174-194.

横溝紳一郎（2000）『日本語教師のためのアクション・リサーチ』凡人社

横溝紳一郎（2001）「アクション・リサーチ」青木直子・尾崎明人・土岐哲編『日本語教育学を学ぶ人のために』世界思想社 pp.210-231.

横溝紳一郎（2002）「日本語教師の資質に関する一考察―先行研究より」『広島大学日本語教育研究』第12号, pp.49-58.

横溝紳一郎（2006a）「教師の成長を支援するということ―自己教育力とアクション・リサーチ」春原憲一郎・横溝紳一郎編著『日本語教師の成長と自己研修―新たな教師研修ストラテジーの可能性をめざして』凡人社　pp.44-67.

横溝紳一郎（2006b）「日本語教師養成・研修における「教師のライフヒストリー研究」の可能性の追求」春原憲一郎・横溝紳一郎編著『日本語教師の成長と自己研修―新たな教師研修ストラテジーの可能性をめざして』凡人社　pp.158-179.

横溝紳一郎（2008）「教師の資質・成長過程と、その支援方法」『講座社会言語科学　第4巻　教育・学習』ひつじ書房　pp.182-214.

米勢治子（2002）「地域社会における日本語習得支援―愛知県における活動」『日本語学』第21巻第5号, pp.36-48.

ロゴフ，B.（2006）『文化的営みとしての発達―個人、世代、コミュニティ』（當眞千賀子訳）新曜社

Bartlett, L. (1990) Teacher development through reflective teaching. In J. Richards & D. Nunan (eds.) *Second Language Teacher Education*. Cambridge University Press.

Hodges, D. C. (1998) Participation as dis-identification with/in a community of practice. *Culture, Mind and Activity*, 5, pp.272–290.

Lave, J. & Wenger, E. (1991) *Situated Learning: Legitimate Peripheral Participation*. Cambridge University Press.（佐伯胖訳『状況に埋め込まれた学習―正統的周辺参加』産業図書、1993）

Nunan, D. (1988) *The Leaner-Centred Curriculum*. Cambridge University Press.

Nunan, D. (1989) *Designing Tasks for the Communicative Classroom*. Cambridge University Press.

Richards, J. & Nunan, D. (1990) *Second Language Teacher Education*. Cambridge University Press.

Richards, J. & Rogers, T. (2001) *Approaches and Methods in Language Teaching*. Cambridge University Press.（アントニー＝アルジェイミー・高見沢孟監訳、アナハイム大学出版局協力翻訳チーム訳『アプローチ＆メソッド　世界の言語　教授・指導法』東京書籍、2007）

Schön, D. (1983) *The reflective practitioner: How professionals think in action*. Basic Books.（柳沢昌一・三輪建二監訳『省察的実践とは何か―プロフェッショナルの行為と思考』鳳書房、2007）

Wallace, M. (1991) *Training Foreign Language Teachers*. Cambridge University Press.

Wenger, E. (1998) *Communities of Practice: Learning, Meaning, Identity*. Cambridge University Press.

Young, K. G. (1987) *Taleworlds and Storyrealms: The Phenomenology of Narrative*. Nijhoff.

索引

[A]
Audiolingual Method (ALM)
　→オーディオリンガル・メソッド

[C]
Common European Framework of Reference for Languages (CEFR)
　→ヨーロッパ言語共通参照枠
Communicative Approach (CA)
　→コミュニカティブ・アプローチ

[G]
Grammar-Translation Method (GTM)
　→文法翻訳教授法

[L]
Legitimate Peripheral Participation (LPP)
　→正統的周辺参加

[S]
self-directed teacher
　→自己研修型教師

[あ]
アイデンティティ……47
アイデンティティ交渉……55
アイデンティティの交渉の場……258
アクション・リサーチ……30

[お]
オーディオリンガル・メソッド（Audiolingual Method、ALM）……2

[か]
学習者主体……39
学習者中心……27
学習者の多様化……5
拡張的学習……37
語りの位相……68
語りの様式……68
活動理論……36
構え……68

[き]
教育実践のアイデンティティ……235
教育実践の立場……9
教育実践の立場の変化・強化……246
教育実践の立場の意識化……245
教育実践の目的……227
教育実践の設計……249
教師トレーニング……1
教師の成長……13, 249
共生言語としての日本語……41

[く]
グラウンデッド・セオリー……82

[け]
経験の新たな意味づけ……259
継承語学校
　→日系人の子どもが継承語として日本語を学ぶ学校
継承語教育……199

[こ]
構成主義……34
行動主義心理学の学習観……21
個体能力主義……14
コミュニカティブ・アプローチ（Communicative Approach、CA）……2

[さ]
サジェストペディア……133
参加者の関係性……227

[し]
自己教育力……7
自己研修型教師（self-directed teacher）……12
実践コミュニティ……52
実践コミュニティの変容……54
社会的構成主義の学習論……40
社会文化的アプローチ……35
十全的な参加者……236
重層的なアイデンティティ……242
周辺的な参加者……240
自律学習……27, 224
新教授法→認知心理学にもとづく新しい教授法

[す]
スキャフォールディング……36
ストーリー領域……68

[せ]
「成長する教師」……6
「成長する力」……26
正統的周辺参加（Legitimate Peripheral Participation、LPP）……36

[た]
ダイアローグ……257
第一の立場……9
第三の立場……9
第二の立場……9
対話的構築主義……68

276

[な] 内省的実践家……6
ナラティヴ……69
ナラティヴ・アプローチ……75
[に] 日系人の子どもが継承語として日本語を学ぶ学校（継承語校）……86
日本語教育コミュニティ→日本語教育という実践コミュニティ
日本語教育全体の発展……256
日本語教育という実践コミュニティ（日本語教育コミュニティ）……53
日本語教育能力検定試験……122
日本語教育の専門性……246
日本語教師としてのアイデンティティ……236
日本語能力試験……100
日本語補習授業校（補習校）……87
認知心理学にもとづく新しい教授法（新教授法）……85
認知心理学の学習観……27
[は] 発達の最近接領域……36
場面シラバス……155
[ひ] 非同一化のアイデンティティ……239
ビリーフの形成・変容……29
[ふ] 文型シラバス……192
文型・文法積み上げ式……101
文法翻訳教授法（Grammar-Translation Method、GTM）……7
[ほ] 補習校→日本語補習授業校
ポリフォニー……257
本質主義……41
[ま] マイクロティーチング……4
[も] モジュール型教材……147
物語モード……69
物語領域……68
モノローグ……256
[よ] ヨーロッパ言語共通参照枠（Common European Framework of Reference for Languages、CEFR）……181
[ら] ライフコース研究……62
ライフストーリー……62
ライフストーリー・インタビュー……78
ライフヒストリー……62
[ろ] 論理実証モード……69

[著者]　飯野令子（いいの れいこ）

常磐大学准教授。早稲田大学大学院日本語教育研究科博士後期課程単位取得満期退学。博士（日本語教育学）。国際交流基金海外派遣日本語専門家、早稲田大学非常勤講師、金沢大学非常勤講師などを経て現職。専門は日本語教育。

主な論文に「日本語教師の成長としてのアイデンティティ交渉——日本語教育コミュニティとの関係性から」（2012年、『リテラシーズ』11、pp.1–10）、「日本語教育に貢献する教師のライフストーリー研究とは」（2015年、三代純平編『日本語教育学としてのライフストーリー——語りを聞き、書くということ』くろしお出版、pp.248–273）などがある。

日本語教育学の新潮流 19

日本語教師の成長
ライフストーリーからみる
教育実践の立場の変化

2017年12月25日　初版第1刷発行

著者……………………飯野令子
発行者…………………吉峰晃一朗・田中哲哉
発行所…………………株式会社ココ出版
　　　　　　　　　　〒162-0828
　　　　　　　　　　東京都新宿区袋町25-30-107
　　　　　　　　　　電話 03-3269-5438
　　　　　　　　　　ファックス 03-3269-5438

装丁・組版設計………長田年伸
印刷・製本……………モリモト印刷株式会社

ISBN 978-4-904595-95-4

ココ出版の書籍

日本語教育のための質的研究 入門
学習・教師・教室をいかに描くか
舘岡洋子 編　定価 2,400 円＋税　ISBN 978-4-904595-68-8

日本語教育学研究 4
実践研究は何をめざすか
日本語教育における実践研究の意味と可能性
細川英雄・三代純平 編　定価 3,600 円＋税　ISBN 978-4-904595-49-7

日本語教育学研究 5
日本語教育実習事例報告
彼らはどう教えたのか？
丸山敬介 著　定価 3,600 円＋税　ISBN 978-4-904595-63-3

日本語教育学研究 6
未来を創ることばの教育をめざして
内容重視の批判的言語教育
（Critical Content-Based Instruction）の理論と実践
佐藤慎司・高見智子・神吉宇一・熊谷由理 編
定価 3,600 円＋税　ISBN 978-4-904595-69-5

ココ出版の書籍

日本語教育学の新潮流 11
相互行為としての読み書きを支える授業デザイン
日本語学習者の推敲過程にみる省察的対話の意義
広瀬和佳子 著　定価 3,600 円＋税　ISBN 978-4-904595-57-2

日本語教育学の新潮流 12
接触場面における母語話者のコミュニケーション方略
情報やりとり方略の学習に着目して
栁田直美 著　定価 3,600 円＋税　ISBN 978-4-904595-58-9

日本語教育学の新潮流 13
第二言語としての日本語の発達過程
言語と思考の Processability
峯布由紀 著　定価 3,600 円＋税　ISBN 978-4-904595-64-0

日本語教育学の新潮流 14
人の主体性を支える日本語教育
地域日本語教室のアクション・リサーチ
野々口ちとせ 著　定価 3,600 円＋税　ISBN 978-4-904595-75-6

ココ出版の書籍

日本語教育学の新潮流 15
日本語教師の「葛藤」
構造的拘束性と主体的調整のありよう

有田佳代子 著　定価 3,600 円＋税　ISBN 978-4-904595-78-7

日本語教育学の新潮流 16
「日本語を話す私」と自分らしさ
韓国人留学生のライフストーリー

中山亜紀子 著　定価 3,600 円＋税　ISBN 978-4-904595-86-2

日本語教育学の新潮流 17
学習者の自己形成・自己実現を支援する日本語教育

寅丸真澄 著　定価 3,600 円＋税　ISBN 978-4-904595-87-9

日本語教育学の新潮流 18
接触場面における二言語使用の可能性
多言語多文化キャンパスの構築に向けて

田崎敦子 著　定価 3,600 円＋税　ISBN 978-4-904595-88-6